Renatus Deckert
Ruine und Gedicht

THELEM

2010

Renatus Deckert

Ruine und Gedicht

Das zerstörte Dresden im Werk
von Volker Braun, Heinz Czechowski
und Durs Grünbein

THELEM

2010

**Kulturstiftung Dresden
der Dresdner Bank**

Den Druck dieser Arbeit ermöglichte die Kulturstiftung
Dresden der Dresdner Bank, die sich seit 1991 für ein lebendiges
Kulturleben in der sächsischen Landeshauptstadt engagiert.

Bibliografische Information der Deutschen Nationalbibliothek
Die Deutsche Nationalbibliothek verzeichnet diese Publikation in der
Deutschen Nationalbibliografie; detaillierte bibliografische Daten sind im
Internet über http://dnb.d-nb.de abrufbar.

Bibliographic information published by the Deutsche Nationalbibliothek
The Deutsche Nationalbibliothek lists this publication in the Deutsche
Nationalbibliografie; detailed bibliographic data are available in the
Internet at http://dnb.d-nb.de.

ISBN 978-3-939888-94-9

Zugleich: Berlin, Humboldt-Universität, Philosophische Fakultät II,
Dissertation, 2008

Inhalt

Prolog

Zuerst war nur ein Knistern zu hören. Dann sank die steinerne Kuppel langsam in sich zusammen. Mit einem ungeheuren Knall barsten die Außenmauern der Kirche, und eine schwarze Staubwolke erhob sich über dem Neumarkt. So schildert eine Augenzeugin den Einsturz der ausgebrannten Dresdner Frauenkirche.[1] Es war der Morgen des 15. Februar 1945. Zwei Jahrhunderte lang hatte der markante Kuppelbau von George Bähr die Blicke der Betrachter auf sich gezogen. Im ersten Band seiner Biographie »Winckelmann und seine Zeitgenossen« von 1866 schreibt Carl Justi, der Ruhm der Frauenkirche sei die Gediegenheit ihrer Konstruktion, »ihre Wahrhaftigkeit«. Sie scheine »von Grund auf bis oben hinaus gleichsam nur ein einziger Stein«. Das gebe ihr das Gepräge fester, unverwüstlicher Geschlossenheit. So gewinne sie wie von selbst ihren hohen ästhetischen Wert und ihre malerische Wirkung. »Ihre Silhouette ist der gefälligste und bedeutendste Punkt in dem Bilde der Stadt, dessen Krone sie ist. Hier war also einmal das Ziel der Baukunst: Schönheit aus Wahrheit getroffen.«[2]

Als sich der Staub gelegt hatte, bot sich dem Auge nur mehr ein Trümmerberg, aus dem wie zwei Riffe der deformierte Rest des Nordportals und ein Fragment des Westgiebels ragten. Noch Carl Justi war die Frauenkirche unzerstörbar erschienen, da sie im Siebenjährigen Krieg den Bomben der preußischen Belagerer standgehalten hatte. Im Juli 1760 hatte die Artillerie von Friedrich II. weite Teile der sächsischen Residenz in Schutt und Asche gelegt. Während die gotische Kreuzkirche und etliche Paläste und Bürgerhäuser zerstört wurden, prallten die Geschosse an der Kuppel der Frauenkirche ab.

Acht Jahre später sah der junge Goethe von ihrer Laterne aus noch immer ein Bild der Verwüstung. Im zweiten Teil von »Dichtung und Wahrheit« erinnert er sich: »Die Mohrenstraße im Schutt, so wie die Kreuzkirche mit ihrem geborstenen Turm drückten sich mir tief ein und stehen noch wie ein dunkler Fleck in meiner Einbildungskraft. Von der Kuppel der Frauenkirche sah ich diese leidigen Trümmer zwischen die schöne städtische Ordnung hineingesät; da rühmte mir der Küster die Kunst des Baumeisters, welcher Kirche und Kuppel auf einen so unerwünschten Fall schon eingerichtet und bombenfest erbaut hatte. Der gute Sakristan deutete mir alsdann auf Ruinen nach allen Seiten und sagte bedenklich lakonisch: Das hat der Feind getan!«[3]

Der Siebenjährige Krieg traf eine Barockstadt, in deren Pracht sich das augusteische Zeitalter spiegelte. Augusteisch nannte man das Dresden jener sächsischen Kurfürsten und polnischen Könige, die den Namen des größten römischen Kaisers trugen. Unter der Regentschaft von August dem Starken und der seines Sohnes Friedrich August II. erwarb sich Dresden seinen Ruf als europäische Kunststadt. Er gründete sowohl auf den prächtigen Bauten, die in der ersten Hälfte des 18. Jahrhunderts entstanden waren, als auch auf den hier versammelten Kunstschätzen, welche die Stadt zu einem »Athen für Künstler« werden ließen. Diese Bezeichnung findet sich in Johann Joachim Winckelmanns kunsttheoretischer Schrift »Gedanken über die Nachahmung der griechischen Werke in der Malerei und Bildhauerkunst«, die 1755 mit einer Widmung an Friedrich August II. in Dresden gedruckt wurde. Es sei ein ewiges Denkmal der Größe dieses Monarchen, heißt es darin, daß »zu Bildung des guten Geschmacks die größten Schätze aus Italien, und was sonst vollkommenes in der Malerey in andern Ländern hervorgebracht worden vor den Augen aller Welt« in der Dresdner Galerie ausgestellt seien. »Sein Eifer, die Künste zu verewigen, hat endlich nicht geruhet, bis wahrhafte untrügliche Werke griechischer Meister, und zwar vom ersten Range, den Künstlern zur Nachahmung sind gegeben worden.«[4] Ein halbes Jahrhundert später huldigte Johann

Gottfried Herder der Stadt mit dem Pathos des Enthusiasten: »Blühe, Deutsches Florenz, mit Deinen Schätzen der Kunstwelt! / Stille gesichert sei Dresden Olympia uns.«[5]

Der Vergleich Dresdens mit Florenz galt der geistigen Ausstrahlung der beiden Kunststädte, nicht aber ihrer äußeren Erscheinung. Die Kuppel der Frauenkirche mag an die des florentinischen Domes Santa Maria del Fiore erinnert haben; auch werden beide Städte von einem Fluß durchzogen, und an ihren Talhängen wächst Wein. Doch darin erschöpfen sich bereits die Gemeinsamkeiten. Den Erbauern des augusteischen Dresden stand ein anderer Vergleich vor Augen. Seit August der Starke als Kurprinz das erste Mal in Italien gewesen war, ging für ihn eine große Verzauberung von Venedig aus. An den Ufern der Elbe, die in einem weitgespannten Bogen durch Dresden fließt, wollte er die Lagunenstadt nachgestalten; ihm schwebte ein zweiter Canal Grande vor. Nach seiner Thronbesteigung 1694 begann er, seine Vision von einer von prächtigen Gebäuden gesäumten Wasserstraße zu verwirklichen. Die Architektur sollte das Trennende des Flusses aufheben. Die Augustus-Brücke, die Zeitgenossen als »Sächsischer Rialto« galt, verband von 1731 an die linkselbische mit der rechtselbischen Stadt. Im Wasser spiegelte sich die neuerstandene Silhouette.

Erst nach dem Tod von August dem Starken wurde die Frauenkirche vollendet. Als die große Steinkuppel zwischen 1730 und 1736 über den Dächern und Festungswällen emporwuchs, krönte sie das von Venedig inspirierte Ensemble wie eine zweite Santa Maria della Salute. Von einem venezianischen Maler wiederum stammen die bekanntesten Ansichten der Stadt vor dem Siebenjährigen Krieg. Bernardo Bellotto, genannt Canaletto, hielt mit der Genauigkeit des spätbarocken Realismus das augusteische Dresden für die Nachwelt fest. Einige seiner Veduten geben den Blick von der anderen Elbseite auf das Stadtpanorama wieder. Unweit der im Weiß des Sandsteins strahlenden Frauenkirche ist die noch im Bau befindliche Katholische Hofkirche zu sehen. »War die massive Kuppel der Frauenkirche, war der neue Stil der Predigtkirche eine geistige Manifestation des

Protestantismus und des ihm anhängenden Bürgertums, so errichte-te die katholische Kirche [...] nicht nur ein Wahrzeichen römischen Geistes, sondern auch römischen Stils und höfischer Gesinnung«, schreibt Fritz Löffler über diese beiden Kirchen. »Die Grazilität des von der Luft durchwehten, fast entmaterialisierten Turmes Chiaveris läßt im Vergleich zur Kuppel Bährs deutlich werden, was für geistige Kräfte in diesen Tagen sich maßen, was für Spannungen man in einer Entfernung von wenigen hundert Metern nicht nur dokumentierte, sondern auch souverän zu überbrücken verstand.«[6]

Italienische Einflüsse prägten nicht nur die Dresdner Architek-tur, sondern auch die Künste. Heinrich Schütz und Johann Adolf Hasse, die bedeutendsten Hofkapellmeister der kurfürstlichen Re-sidenz, hatten in Italien studiert. Schütz komponierte mit der 1627 uraufgeführten »Daphne« die erste deutsche Oper und brachte den von Instrumenten begleiteten Kirchengesang der Venezianischen Schule nach Deutschland. Hasse folgte 1731 einem Ruf an die neu zu eröffnende Italienische Oper in Dresden, wo er gemeinsam mit seiner Gattin, der venezianischen Primadonna Faustina Bordoni, jahrzehntelang das Musikleben der Stadt beherrschte. Man feierte ihn als »Correggio der Kirchenmusik«. Die größte Bedeutung er-langte jedoch die Oper. Im 19. Jahrhundert schrieben Carl Maria von Weber und Richard Wagner in Dresden Operngeschichte. Und in Gottfried Sempers zweitem Hoftheater wurden die bekanntesten Opern von Richard Strauß uraufgeführt. Das Opernhaus war 1878 gegenüber der Hofkirche eröffnet worden, in direkter Nachbarschaft zur ebenfalls von Semper entworfenen Gemäldegalerie, die 1855 die königliche Gemäldesammlung aufnahm.

Der feingegliederte Museumsbau war von den Formen der ita-lienischen Hochrenaissance inspiriert. Semper entsprach damit den Forderungen seiner Zeit nach architektonischer Pracht. Das Äußere der Galerie korrespondierte mit den in ihrem Inneren ausgestellten Gemälden; den Höhepunkt der Sammlung bildeten die Werke der italienischen Hochrenaissance. Die meisten dieser Gemälde hat-te Friedrich August II. in den drei Jahrzehnten seiner Regierung erworben. Ein Coup gelang seinen Unterhändlern mit dem Ankauf der hundert bedeutendsten Bilder aus der Sammlung des Herzogs Franz III. von Modena. Dadurch gelangte der sächsische Hof mit einem Schlag in den Besitz einer Reihe von Werken der italienischen Meister, wie sie keine Gemäldesammlung nördlich der Alpen aufwies. Unter diesen befanden sich Tizians »Zinsgroschen« und Correggios »Heilige Nacht« sowie Bilder von Carracci, Tintoretto und Veronese. Im Jahre 1754 erwarb der Kurfürst schließlich Raffaels »Sixtinische Madonna«. Das Altarbild der Klosterkirche San Sisto in Piacenza wurde im Laufe der Zeit zum berühmtesten Bild der Galerie und einer Dresdner Ikone.

Sowohl die Dresdner Antikensammlung als auch die Gemälde, die bis 1855 im alten Galeriegebäude am Jüdenhof zu sehen waren, übten auf die Besucher eine ungeheure Faszination aus. Das belegt das 1799 im »Athenäum« erschienene Gespräch »Die Gemählde« von August Wilhelm und Caroline Schlegel. Der literarische Dialog geht auf Gespräche zurück, die einige der bekanntesten Dichter und Philosophen der Frühromantik im Sommer 1798 in Dresden führten. Das »Gespräch« findet auf den Elbwiesen statt, mit Blick auf den gegenüberliegenden Prospekt des augusteischen Dresden. Der Leser denkt sich die Gesprächspartner wie Figuren auf einem Bild von Canaletto. Tatsächlich hat sich der Maler auf einer seiner Veduten auf ganz ähnliche Weise dargestellt – im Gespräch vor seiner Staffelei. Die Aussicht auf die »lachende[n] Gegend« erweist sich als idealer Hintergrund für das Gespräch über Landschaftsmalerei und die italienischen Gemälde: »Vor uns der ruhige Fluß; jenseits erhebt sich hinter dem grünen Ufer die Ebne in leisen Wellen, dort unten spiegelt sich die Stadt mit der Kuppel der Frauenkirche im Wasser, oberhalb ziehn sich Rebenhügel dicht an der Krümmung hin, mit Landhäusern besäet und oben mit Nadelholz bedeckt.«[7]

Die Beschreibung der »Sixtinischen Madonna« wird als Höhepunkt des Dialogs inszeniert. Das entspricht der Einschätzung ihres künstlerischen Ranges, der als »das Höchste des Ausdruckes« bezeichnet wird.[8] Schon 1796 hatte Wilhelm Heinrich Wackenroder in seinen »Herzensergießungen eines kunstliebenden Klosterbruders« Raffael zur »leuchtende[n] Sonne unter allen Malern«[9] stilisiert und die Entstehung des Bildes zur Legende verklärt. Nicht nur für ihn wurde der Anblick des Gemäldes zu einem geradezu epiphanischen Kunsterlebnis. Fjodor Dostojewski, der sich zwischen 1862 und 1871 mehrfach für längere Zeit in Dresden aufhielt, suchte nahezu täglich die neue Galerie Sempers auf, um vor Raffaels Gemälde »Stunden tiefster Rührung und Ergriffenheit« zu verbringen. Er hielt die »Sixtinische Madonna« für »die höchste Offenbarung des menschlichen Geistes«.[10]

Die Gemäldegalerie grenzt an das beschwingteste Bauwerk Dresdens: den Zwinger. Er ist das Werk des Architekten Matthäus Daniel Pöppelmann und des Hofbildhauers Balthasar Permoser. Der ursprüngliche Plan, unweit vom Schloß eine Orangerie zu errichten, wurde mit Blick auf die bevorstehende Vermählung des Kurprinzen mit der Erzherzogin von Österreich Maria Josepha im Jahre 1719 verändert. Als Schauplatz für die prunkvollen Feierlichkeiten ließ man den Zwinger ausbauen. Es entstand ein Festspielplatz, der eingefaßt war von prächtigen Pavillons samt sie verbindenden Galerien aus Elbsandstein. Das Kronentor, »der späte Nachfahr antiker Triumphbögen«[11], präsentiert in einer glanzvollen Inszenierung des Absolutismus die von vier polnischen Adlern getragene vergoldete Königskrone. Man hat den Zwinger als Gipfel des Barock bezeichnet. Tatsächlich bezog Pöppelmann seine Anregungen aus einer Fülle von Vorbildern in ganz Europa. Er selbst nannte den Zwinger eine »römische Erfindung«, doch dürften ihn ebenso die Orangerie Ludwigs XIV. und das Grand Trianon in Versailles sowie die Spielarten des Barock in Böhmen und Wien inspiriert haben. »So entstand etwas, das in Originalität zu jener Zeit seinesgleichen nicht hat«, heißt es bei Carl Justi, der sich von der Heiterkeit des Bauwerks überwältigen ließ. Dessen Formsprache schien ihm noch hundertfünfzig Jahre später die Hoffeste von August dem Starken und damit »den lebendigen Kern dieser rätselhaften Schale« zu vergegenwärtigen. »Der Reiz des Zwingerstils«, schreibt Justi, »liegt in dem Mut, diese

Dekoration der Frucht- und Blumengehänge, diese Porzellanvasen mit Blumensträußen und zierlichen Vorhängen, alle diese Anspielungen von Emblemen und Wappenzeichen, so wenig stilisiert, fast naturalistisch, aber mit Geschmack und Anmut, in soliden Sandstein zu übersetzen. Die dichtgedrängten burlesken Satyr-Hermen verkündigten lärmend ebenfalls diesen permanenten Karneval. Grazie und grotesker Übermut wechseln ab. Mit einer jeden Griffs sicheren Gewandtheit sind alle Teile für die malerische Wirkung des Ganzen berechnet, selbst in dem tollen Zerreißen und Durcheinanderwerfen baulicher Glieder (in den Tortürmchen).«[12]

Der Siebenjährige Krieg und das Revolutionsjahr 1849, doch auch der Zahn der Zeit fügten dem Zwinger schwere Schäden zu. Erst zweihundert Jahre nach seiner Errichtung wurde Pöppelmanns Hauptwerk wiederhergestellt. So glich der Zwinger am Vorabend des Zweiten Weltkriegs weitgehend dem Original zu Lebzeiten seines Erbauers. Auch die Silhouette der Altstadt, wie sie sich vom Neustädter Ufer darbot, hatte sich über zwei Jahrhunderte hinweg erhalten. Sie unterschied sich in ihren Grundzügen kaum von den Veduten Canalettos: Noch immer dominierten die Kuppel der Frauenkirche und der grazile Turm von Chiaveris Hofkirche das Stadtbild. Es war nicht zuletzt diese Ansicht, die Dresden bereits in der ersten Hälfte des 19. Jahrhunderts zu der am meisten dargestellten deutschen Stadt machte. Eine Fülle von Zeichnungen, Radierungen und Lithographien bildete das berühmte Panorama ab.

Für die beiden großen Aufbrüche in der Malerei, die von Dresden ausgingen, die Landschaftsmalerei der Romantik und die Künstlergruppe »Brücke«, spielte der augusteische Barock kaum eine Rolle. Ölstudien von Caspar David Friedrich und Carl Gustav Carus zeigen eine gotisierte Stadt als ferne Vision. Erst Johann Christian Clausen Dahl richtet in seinem Gemälde »Dresden bei Mondschein« von 1839 den Blick auf die Elbfront: Die Kuppel der Frauenkirche steht als schwarzer Schattenriß vor dem nächtlichen Himmel. Die Maler der »Brücke« fanden ihre Motive eher in den Vorstädten, vor allem jedoch in der Parklandschaft des Großen Gartens und an den

Moritzburger Seen. Nur Fritz Bleyl und Ernst Ludwig Kirchner, gelegentlich auch Karl Schmidt-Rottluff, ließen sich vom Zwinger oder der Hofkirche inspirieren. Von Bleyl und Kirchner stammen auch einige Ansichten der Silhouette. Kirchners Zeichnungen haben nichts mit der Detailtreue von Canalettos Veduten gemeinsam. Eines der Blätter reduziert den Blick über die Elbe auf wenige, mit schwarzer Kreide flüchtig angedeutete Striche und Bögen; dennoch bleibt das Motiv erkennbar. Dies gilt auch für das Gemälde »Lot und seine Töchter« von Otto Dix aus dem Jahre 1939. Mit geradezu prophetischer Klarheit blickte der im Dritten Reich verfemte Künstler in die Zukunft: Das brennende Gomorrha, das sich im Fluß spiegelt, ist nicht die Stadt aus dem Alten Testament; deutlich zu erkennen sind George Bährs steinerne Glocke und der Turm der Hofkirche.

Ein Jahr zuvor war ein Bauwerk in Flammen aufgegangen, das hundert Jahre lang Teil der Silhouette gewesen war. Am 9. November 1938 steckten SA-Leute die von Gottfried Semper errichtete Synagoge unweit der Brühlschen Terrasse in Brand. Der Terror gegen die Dresdner Juden spielte sich inmitten der Kunststadt ab. Der Ort des Pogroms lag in der Nähe der Frauenkirche – zum Zwinger, zur Gemäldegalerie und zur Semperoper war es nur ein kurzer Weg. Erst, als alles das in Trümmern lag, hörten die Ende 1941 einsetzenden Deportationen in die Vernichtungslager des Ostens auf.[13] Am 13. Februar 1945 erging an die letzten Dresdner Juden der Deportationsbefehl, doch zu diesem Transport kam es nicht mehr. »Am Abend dieses 13. Februar brach die Katastrophe über Dresden herein«, schreibt Victor Klemperer. »Die Bomben fielen, die Häuser stürzten, der Phosphor strömte, die brennenden Balken krachten auf arische und nichtarische Köpfe, und derselbe Feuersturm riß Jud und Christ in den Tod; wen aber von den etwa 70 Sternträgern diese Nacht verschonte, dem bedeutete sie Errettung, denn im allgemeinen Chaos konnte er der Gestapo entkommen.«[14]

Klemperer, der zu den letzten Juden in Dresden gehörte, entkam. In seiner Abhandlung »LTI« erinnert er sich an das »Hochgefühl der märchenhaften Errettung« und an die Hoffnung auf das bevorstehende Ende des Krieges, die ihn »unter dem Eindruck dieser Vernichtung« erfüllte.[15] Dennoch spricht er von »unserm dies ater«, unserem Unglückstag.[16] Obwohl sie Klemperer das Leben rettete, war ihm die Zerstörung Dresdens nicht gleichgültig. Von der Brühlschen Terrasse aus blickte er auf die Brände ringsum, in denen das alte Dresden unterging. Nur wenige hundert Meter entfernt, zwischen Semperoper und Schloß, lag der Theaterplatz, der seit 1933 Adolf-Hitler-Platz hieß. Dort hatte Hitler am 30. Mai 1934 vor einer begeisterten Menge verkündet: »Dresden ist eine Perle, und der Nationalsozialismus wird ihr die richtige Fassung geben.«[17] In der Folge war Dresden zu einer der sogenannten »Führerstädte« bestimmt worden, was bedeutete, daß die geplante Neugestaltung von Berlin aus gesteuert wurde. Die Pläne für ein alle Maßstäbe sprengendes Gauforum mit Gauhaus, Glockenturm, einer »Sachsenhalle« und riesigen Plätzen für Massenaufmärsche in der Innenstadt lagen 1935 vor. Aber die Umstellung der Bauwirtschaft auf den Krieg verhinderte ihre Verwirklichung.[18] Und dennoch veränderte der Nationalsozialismus das Antlitz der Stadt so stark, daß man lange Zeit nicht mehr von einem Antlitz sprechen konnte.

Der Krieg, den das Deutsche Reich auf grausamste Weise entfesselt hatte, schlug zurück und verschonte Dresden nicht. Hitler hatte seinen Gegnern angekündigt, er werde »ihre Städte ausradieren«.[19] Warschau, Rotterdam, London, Coventry und Leningrad wurden von der deutschen Luftwaffe verwüstet. Im August 1942 ließen bei einem Luftangriff auf das von Flüchtlingen überfüllte Stalingrad vierzigtausend Menschen ihr Leben. Im selben Jahr begann auf Geheiß von Churchill die Royal Air Force mit dem Flächenbombardement deutscher Städte. Zuerst traf es den Norden und Westen des Reichs. Lübeck, Köln und Essen sanken in Trümmer; in Hamburg lösten britische und amerikanische Bomben zum ersten Mal den berüchtigten Feuersturm aus. Man sprach von »hamburgisieren« – in Anlehnung an das deutsche Wort »coventrieren«. Berlin wurde angegriffen, dann Leipzig. In Dresden jedoch wähnte man sich in Sicherheit; die Stadt galt als »Luftschutzkeller des Reiches«. Ihr geschichtlicher und ästhetischer Rang, so lauteten die Gerüchte, würde sie vor Bomben bewahren.

Doch die Rede von der Kunststadt ignorierte, daß dieser Ruf schweren Schaden genommen hatte. Weltweites Aufsehen hatten zwei Ereignisse erregt, die sich kurz nach dem Machtantritt der Nationalsozialisten abspielten. Am 7. März 1933 hinderte eine SA-Staffel den Dirigenten und Generalmusikdirektor der Staatsoper, Fritz Busch, Verdis »Rigoletto« zu dirigieren. Ihm wurde vorgeworfen, sich dem herrschenden Antisemitismus zu widersetzen. Busch hatte es abgelehnt, jüdische Musiker zu entlassen – das besiegelte seine eigene Entlassung.[20] Am 23. September desselben Jahres eröffnete im Lichthof des Neuen Rathauses die Ausstellung »Entartete Kunst«. Sie war landesweit die erste ihrer Art und diente als Vorbild für die größte, 1937 in München eröffnete Ausstellung. Auf einer vierjährigen Tournee wurde sie in zwölf weiteren Städten gezeigt. Unter den mehr als 200 Kunstwerken, die dem Publikum als angebliche Degenerationserscheinungen der Weimarer Republik vorgeführt wurden, befanden sich etliche Gemälde der »Brücke« und anderer Dresdner Künstlergruppen wie auch der Dresdner Maler und Kunstprofessoren Otto Dix und Oskar Kokoschka. Dix war bereits im April 1933 seines Amtes enthoben worden. Aus der Dresdner Gemäldesammlung entfernte man Werke von Beckmann, Chagall, Kandinsky, Klee, Kokoschka, Marc, Munch und Nolde.[21]

In der Nacht vom 13. auf den 14. Februar 1945 zerschlugen sich alle Hoffnungen, daß Dresden den Krieg unversehrt überstehen würde. In zwei Angriffswellen warfen 770 Flugzeuge der britischen und der amerikanischen Luftwaffe 1500 Tonnen Spreng- und 1200 Tonnen Brandbomben auf die Stadt. Bereits der erste Angriff entfachte den gefürchteten Feuersturm. Die Bomberbesatzungen der zweiten Angriffsflotte sahen aus einer Entfernung von achtzig Kilometern den Lichtschein der in Dresden tobenden Brände. Wahrscheinlich 25 000 Menschen verloren in dieser Nacht ihr Leben. Die Bauten aus augusteischer Zeit sanken in Schutt und Asche. Der Zwinger verlor alle Heiterkeit: Sprengbomben zerrissen den Wallpavillon und die angrenzenden Bogengalerien. Auch die Gemäldegalerie wurde schwer getroffen; allerdings war der größte Teil der Kunstwerke ausgelagert worden und entging so der Vernichtung. Das alte Residenzschloß brannte aus, ebenso die Semperoper. Der Turm der Katholischen Hofkirche überstand den Bombenhagel, nicht aber das Dach; mehrere Figuren brachen aus dem barocken Statuenkranz der Attika und stürzten herab. Wie durch ein Wunder erhob sich die Kuppel der Frauenkirche am Morgen des 14. Februar noch immer über dem Neumarkt. Doch auch sie war vollständig ausgebrannt. Einen Tag noch hielten die Innenpfeiler dem Druck der Kuppel stand. Dann neigte sie sich leicht nach Südosten und sank, während die Außenmauern barsten, in das Kirchenschiff hinab, wo sie zerschellte. Die Türme und Pfeiler donnerten in die Tiefe, und das große, schwere Kreuz stürzte aus neunzig Metern Höhe auf die Trümmer. Die Dresdner Silhouette war nur mehr ein rauchgeschwärzter Torso.[22]

Anderthalb Jahre später schrieb Erich Kästner über seine Heimatstadt: »Das, was man früher unter Dresden verstand, existiert nicht mehr. Man geht hindurch, als liefe man im Traum durch Sodom und Gomorrha. Durch den Traum fahren mitunter klingelnde Straßenbahnen. In dieser Steinwüste hat kein Mensch etwas zu suchen, er muß sie höchstens durchqueren. Von einem Ufer des Lebens zum anderen. Vom Nürnberger Platz weit hinter dem Hauptbahnhof bis zum Albertplatz in der Neustadt steht kein Haus mehr. Das ist ein Fußmarsch von etwa vierzig Minuten. Rechtwinklig zu dieser Strecke, parallel zur Elbe, dauert die Wüstenwanderung fast das Doppelte. Fünfzehn Quadratkilometer Stadt sind abgemäht und fortgeweht. Wer den Saumpfad entlangläuft, der früher einmal in der ganzen Welt unter dem Namen ›Prager Straße‹ berühmt war, erschrickt vor seinen eigenen Schritten. Kilometerweit kann er um sich blicken. Er sieht Hügel und Täler aus Schutt und Steinen. Eine verstaubte Ziegellandschaft. Gleich vereinzelten, in der Steppe verstreuten Bäumen stechen hier und dort bizarre Hausecken und dünne Kamine in die Luft. Die schmalen Gassen, deren gegenüberliegende Häuser ineinandergestürzt sind, als seien sie sich im Tod in die Arme gesunken, hat man durch Ziegelbarrieren abgesperrt. Wie von einem Zyklon an Land geschleuderte Wracks riesenhafter Dampfer liegen zerborstene Kirchen umher. Die ausgebrannten Türme der Kreuz- und der Hofkirche, des Rathauses und des Schlosses sehen aus wie gekappte Masten. Der goldene Herkules über dem dürren Stahlgerippe des Rathaushelms erinnert an eine Galionsfigur, die, seltsamerweise und reif zur Legende, den feurigen Taifun, dem Himmel am nächsten, überstand. Die steinernen Wanten und Planken der gestrandeten Kolosse sind im Gluthauch des Orkans wie Blei geschmolzen und gefrittet. Was sonst ganze geologische Zeitalter braucht, nämlich Gestein zu verwandeln – das hat hier eine einzige Nacht zuwege gebracht.«[23]

Luftkrieg und Literatur

Fünfzig Jahre waren seit Erich Kästners Gang durch das zerstörte Dresden verstrichen, als W. G. Sebald im Herbst 1997 in einer Poetikvorlesung an der Züricher Universität über »Luftkrieg und Literatur« sprach. Sebalds apodiktisch formulierte Thesen, die er 1999 auch in Buchform präsentierte, erregten großes Aufsehen und lösten eine zeitweilig heftig geführte Debatte aus. Es schien, als habe Sebald einen neuralgischen Punkt getroffen, als er der deutschen Literatur vorwarf, eine »in der Geschichte bis dahin einzigartige Vernichtungsaktion«[24], nämlich die Bombardierung deutscher Städte im Zweiten Weltkrieg, ignoriert zu haben. Die Ausnahmen, die Sebald selbst anführte, vermochten es nach seiner Einschätzung nicht, diesen Eindruck zu zerstreuen. Gewiß gebe es den einen oder anderen einschlägigen Text, doch stehe das wenige in der Literatur Überlieferte »sowohl in quantitativer als auch in qualitativer Hinsicht in keinem Verhältnis zu den extremen kollektiven Erfahrungen jener Zeit«.[25]

Sebald beließ es nicht bei dieser auf die Literatur bezogenen Feststellung. Er sah eine Leerstelle auch im kollektiven Bewußtsein: Die traumatische Erfahrung der Bombennächte scheine keine »Schmerzensspur« hinterlassen zu haben. Sie sei nie in Worte gefaßt und von den Betroffenen weder untereinander geteilt noch an die später Geborenen weitergegeben worden. So sei der Bombenkrieg aus der retrospektiven Selbsterfahrung der Menschen ausgeschlossen geblieben und habe auch »in den sich entwickelnden Diskussionen um die innere Verfassung unseres Landes nie eine nennenswerte Rolle gespielt«. Das aber sei »ein durchaus paradoxer Sachverhalt«, wenn man bedenke, wie viele Menschen den alliierten Luftangriffen ausgesetzt und wie lange sie, bis in die Nachkriegszeit hinein, noch mit deren verheerenden Folgen konfrontiert gewesen seien.[26] Nach Sebalds Worten liegt dieser Leerstelle ein bewußter, auf einer Art Selbstzensur beruhender Akt der Verdrängung zugrunde: »Der wahre Zustand der materiellen und moralischen Vernichtung, in welchem das ganze Land sich befand, durfte aufgrund einer stillschweigend eingegangenen und für alle gleichermaßen gültigen Vereinbarung nicht beschrieben werden. Die finstersten Aspekte des von der weitaus überwiegenden Mehrheit der deutschen Bevölkerung miterlebten Schlußakts der Zerstörung blieben so ein schandbares, mit einer Art Tabu behaftetes Familiengeheimnis, das man vielleicht nicht einmal sich selber eingestehen konnte.«[27]

Sebalds These vom Tabu stieß bald auf Widerspruch. Zunächst auf Zustimmung traf hingegen der Gedanke, daß der Luftkrieg von der deutschen Literatur nicht in dem Maße thematisiert worden sei, wie man aufgrund seiner Dimension hätte annehmen können. Um diese Dimension zumindest in Zahlen faßbar zu machen, führte Sebald Statistiken an, nach denen die Royal Air Force insgesamt eine Million Tonnen Bomben abwarf und dem Luftkrieg in Deutschland 600 000 Zivilpersonen zum Opfer fielen. Auf jeden Einwohner Dresdens kamen 42,8 Kubikmeter Schutt. Was all das aber bedeute, schreibt Sebald, wüßten wir nicht. Wollten sich die Nachgeborenen einzig auf die Zeugenschaft der Schriftsteller verlassen, könnten sie sich kaum ein Bild machen »vom Verlauf, von den Ausmaßen, von der Natur und den Folgen der durch den Bombenkrieg über Deutschland gebrachten Katastrophe«.[28]

Im Lauf der Debatte wurde allerdings deutlich, daß die literarischen Zeugnisse zahlreicher waren, als Sebald geglaubt hatte. Eine erstaunliche Reihe von Autoren wurde genannt, deren Werke er unbeachtet gelassen hatte. So stellte Volker Hage vier Jahre nach dem Erscheinen von »Luftkrieg und Literatur« fest, daß sich Sebalds Behauptung nicht aufrechterhalten ließ: »Trägt man die einzelnen Hinweise zusammen und forscht weiteren Beispielen nach, so ergibt sich am Ende ein literaturhistorisches Gesamtbild, das schon rein quantitativ zu einer Korrektur von Sebalds Ansicht zwingt.«[29] Ein solches Gesamtbild entwirft Hage in seinem Essay »Der Luftkrieg in der deutschen Literatur« (2003). Der scharfen Polemik gegen Sebalds Thesen mag er sich trotzdem nicht anschließen. Dessen Eindruck komme schließlich nicht von ungefähr. Die Lücke, die nicht nur Sebald als solche empfunden habe, sei allerdings »weniger eine der Produktion als der Rezeption« gewesen.[30] In der Nachkriegszeit seien zwar viele Romane über den Luftkrieg publiziert worden; allerdings habe man sie rasch wieder vergessen, wenn man sie denn überhaupt zur Kenntnis nahm.

Dieser Umstand läßt für Hage die Annahme eines Tabus plausibel erscheinen: Nach einer Phase der Ignoranz in der Nachkriegszeit, spätestens aber nach den Eichmann- und Auschwitz-Prozessen in den sechziger Jahren habe die Kenntnis vom Ausmaß des von den Deutschen begangenen Genozids deren Zungen gelähmt: »Darauf konnte die Literatur im Grunde nur mit dem Rückzug auf das Protokoll, das Dokument reagieren. Erzählen war danach schwierig geworden – und so lag der Gedanke eines weitreichenden Erzähltabus nah: Wenn schon deutsche Autoren, die nicht selbst im Ghetto oder KZ gewesen waren, vom Holocaust nicht schreiben konnten (weil es eine Anmaßung gewesen wäre), dann war damit auch die Darstellung der Leiden des Tätervolks so gut wie unmöglich geworden.«[31]

Als Beleg dafür, daß nicht die Autoren die Auseinandersetzung scheuten, sondern in der Bundesrepublik eine breite Öffentlichkeit dem Thema Luftkrieg ablehnend gegenüberstand, führt Hage die Reaktion auf Gert Ledigs Roman »Vergeltung« (1956) an. Dieser schildert mit den Mitteln der Montage, in einer Sprache, die den Schrecken und die Gewalt bis in die Struktur der parataktisch aufeinanderfolgenden, gleichsam atemlos herausgestoßenen Sätze hinein abbildet, einen siebzig Minuten dauernden Bombenangriff auf eine deutsche Großstadt an einem Tag im Juli 1944. Ledig erspart dem Leser auch nicht das grausigste Detail. Mit seiner schonungslosen, alles andere als heroisierenden Darstellung überschritt er offenbar die Grenze dessen, was in den fünfziger Jahren die Deutschen über ihre jüngste Vergangenheit zu lesen bereit waren. Sebald, der erst in die Buchfassung seiner Züricher Vorlesungen einige Gedanken zu Ledigs Roman aufnahm, nannte diesen »ein gegen die letzten Illusionen gerichtetes Buch, mit dem Ledig sich ins literarische Abseits manövrieren mußte«.[32] Tatsächlich wurde der Roman seinerzeit äußerst kritisch aufgenommen. Nur wenige Stimmen würdigten die Wahrhaftigkeit in der Darstellung des von dem Angriff ausgelösten Grauens und seine Vergegenwärtigung in der Sprache. Die Mehrheit der Rezensenten reagierte empört. Man warf Ledig »gewollte makabre Schreckensmalerei« und »abscheuliche Perversität« vor und sah »den Rahmen des Glaubwürdigen und Zumutbaren« verlassen. Zehn Jahre nach Kriegsende, so hieß es in einer Kritik, lehne der Leser Darstellungen ab, »die jeden positiv gerichteten metaphysischen Hintergrund und Ausblick vermissen lassen«.[33] Ledigs Romane über den Krieg, schreibt Sebald, »wurden aus dem kulturellen Gedächtnis ausgeschlossen, weil sie den cordon sanitaire zu durchbrechen drohten, mit dem die Gesellschaft die Todeszonen tatsächlich entstandener dystopischer Einbrüche umgibt«.[34]

Sebalds Formulierung kommt jener Terminologie nahe, mit der Sigmund Freud den Ausschluß von Erinnerungen aus dem Bewußtsein beschrieb: »Das Vergessen von Eindrücken, Szenen, Erlebnissen reduziert sich zumeist auf eine ›Absperrung‹ derselben.«[35] Einen solchen Akt der Verdrängung konstatierten bereits kurz nach Kriegsende etliche Besucher aus dem Ausland. Einer von ihnen war Alfred Döblin, der Ende 1945 mit den Augen des heimkehrenden Emigranten auf das Leben im zerstörten Stuttgart blickte. Die Menschen, schreibt er, bewegten sich, »auf der Straße zwischen den fürchterlichen Ruinen, wahrhaftig, als wenn nichts geschehen wäre und als wenn die Stadt immer so aussah«. Fassungslos beobachtet er eine allgemeine Gleichgültigkeit gegenüber der Verwüstung. Diese wirke auf die Menschen keineswegs deprimierend, sondern eher noch als Anreiz zur Arbeit: »Wenn sie die Mittel hätten, die ihnen fehlen, sie würden morgen jubeln, nur jubeln, daß man ihre alten, überalterten, schlecht angelegten Ortschaften niedergelegt hat und ihnen Gelegenheit gab, nun etwas Erstklassiges, ganz Zeitgemäßes hinzustellen.« Seine Eindrücke faßt Döblin in dem bemerkenswert illusionslosen Satz zusammen: »Es wird viel leichter sein, ihre Städte wieder aufzubauen, als sie dazu zu bringen, zu erfahren, was sie erfahren haben und zu verstehen, wie es kam.«[36]

Die Entschlossenheit, mit der sofort der Wiederaufbau in die Wege geleitet wurde, zeigt, wie groß der Wille war, nicht mehr zurückzuschauen. Nach der von den Bomben angerichteten Zerstörung kam der Wiederaufbau für Sebald »einer in sukzessiven Phasen sich vollziehenden zweiten Liquidierung der eigenen Vorgeschichte« gleich. Er habe »durch die Schaffung einer neuen, gesichtslosen Wirklichkeit von vornherein jegliche Rückerinnerung« unterbunden, »die Bevölkerung ausnahmslos auf die Zukunft« ausgerichtet und »sie zum Schweigen über das, was ihr widerfahren war«, verpflichtet.[37] Bereits in den sechziger Jahren deuteten Alexander und Margarete Mitscherlich die gewaltigen Anstrengungen, die Spuren der Katastrophe zu tilgen, in diesem Sinne: »Einzig die Verbissenheit, mit der sofort mit der Beseitigung der Ruinen begonnen wurde und die zu einfach als Zeichen deutscher Tüchtigkeit ausgelegt wird, zeigt einen manischen Einschlag. Vielleicht ist es auch von dieser manischen Abwehr her zu verstehen, mit wie wenig Anzeichen äußerer Gemütsbewegung die Nachrichten von den größten Verbrechen in unserer Geschichte hingenommen wurden.«[38] Die Realitätsverleugnung habe schon im Dritten Reich begonnen – angesichts des Abtransports der Juden. Trotz aller ideologischen Beeinflussung, so heißt es in ihrer Untersuchung »Die Unfähigkeit zu trauern«, sei die eigene Schuld wahrgenommen worden.

Das Wissen um den Genozid an den europäischen Juden und anderen von den Nationalsozialisten stigmatisierten Gruppen ist für Sebald der entscheidende Grund dafür, daß der Bombenkrieg später nie Gegenstand einer öffentlichen Debatte wurde. Ein Volk, das Millionen von Menschen in Lagern ermordet und zu Tode geschunden hatte, konnte von den Siegermächten unmöglich Auskunft über die militärpolitische Logik verlangen, die die Zerstörung der deutschen Städte diktierte. Zudem sei nicht auszuschließen, schreibt Sebald, daß nicht wenige »die riesigen Feuerbrände, trotz allen ohnmächtig verbissenen Zorns über den offenbaren Wahnsinn, als eine gerechte Strafe, wo nicht gar als Vergeltungsakt einer höheren Instanz empfanden, mit der nicht zu rechten war«.[39] Die von den Alliierten forcierte Konfrontation der Deutschen mit den nationalsozialistischen Verbrechen verstärkte nach Ansicht von Svenja Goltermann ein bereits vielfach ausgeprägtes »tiefsitzendes Gefühl der Scham«. Dieses verweise auf ein zumindest »rudimentär vorhandenes Gerüst an Moralvorstellungen«, das während des Vernichtungskriegs außer Kraft gesetzt worden sei. Das Empfinden von Scham ist jedoch nicht gleichzusetzen mit dem Eingeständnis persönlicher Schuld. Es schließt, wie Goltermann schreibt, nicht die »Abwehr eines tatsächlich erhobenen oder antizipierten Schuldvorwurfs« aus.[40] Tatsächlich stießen viele der erwähnten Besucher aus dem Ausland auf eine solche Abwehrhaltung.

Fünf Jahre nach Kriegsende schilderte Hannah Arendt die Deutschen als »lebende Gespenster, die man mit Worten, mit Argumenten, mit dem Blick menschlicher Augen und der Trauer menschlicher Herzen nicht mehr rühren kann«. Die Erfahrung des Totalitarismus habe sie »jeden spontanen Ausdrucks und jeder Fähigkeit des Verstehens beraubt, so daß sie nun, wo die offizielle Richtschnur fehlt, gewissermaßen sprachlos und unfähig sind, irgendwelche Überlegungen zu artikulieren oder ihre Gefühle angemessen zum Ausdruck zu bringen«. Beobachte man die Deutschen, »wie sie geschäftig durch die Ruinen ihrer tausendjährigen Geschichte stolpern und für die zerstörten Wahrzeichen ein Achselzucken übrig haben oder wie sie es einem verübeln, wenn man sie an die Schreckenstaten erinnert, welche die ganze übrige Welt nicht loslassen, dann begreift man, daß die Geschäftigkeit zu ihrer Hauptwaffe bei der Abwehr der Wirklichkeit geworden ist«.[41]

Die Erfordernisse des Alltags kamen der inneren Verfassung der Menschen entgegen. Die Notwendigkeit, das eigene Überleben zu sichern und die verwüsteten Städte vom Schutt zu befreien, traf sich mit dem Bedürfnis, die Vergangenheit hinter sich zu lassen. Die »Abwehr der Wirklichkeit« mag häufig mit dem Versuch einhergegangen sein, das eigene Versagen oder eine persönliche Schuld zu vertuschen. In vielen Fällen aber war sie schlicht ein Ausdruck der Hilflosigkeit gegenüber den unbewältigten Erlebnissen im Bombenkrieg. Die von Hannah Arendt beschriebenen Verhaltensweisen lassen auf ein erlittenes Trauma schließen. Die schon 1945 von Alfred Döblin beobachtete Teilnahmslosigkeit der Menschen erkannte Hans Rumpf noch 1961. Er sah darin die Folge einer Überbeanspruchung der Psyche während der regelmäßig wiederkehrenden nächtlichen Bombardements. Die gewaltige Anspannung sei im Laufe der Zeit einem Zustand der Gefühllosigkeit gewichen; die Menschen seien gleichsam erstarrt: »So wie ein Übermaß an körperlichem Schmerz in Bewußtlosigkeit übergeht, so wird ein Zuviel an Leid, Not und Schrecken schließlich nicht mehr gefühlt.«[42] Diese Apathie trug sicher dazu bei, daß eine öffentliche Debatte über den Bombenkrieg lange Zeit ausblieb. Als Rumpf sich mit diesem Thema befaßte, sah er sich dem Vorwurf ausgesetzt, »das Wachsen des über einer alten Sache mühsam herangezüchteten Grases zu behindern«.[43]

Es wuchs das Gras, und es wuchsen die neuen Häuser in die Höhe. Der Wiederaufbau geschah, wie Döblin vorhergesehen hatte, im Geiste eines verspäteten Modernismus. Der Bruch mit der historisch gewachsenen Stadtlandschaft folgte vielerorts dem Bedürfnis nach einem radikalen Neuanfang. Oft riß man im Zuge des Neuaufbaus auch Gebäude ab, die den Krieg mit geringen Schäden überstanden hatten. Nur in wenigen Fällen rekonstruierte man Teile eines verlorenen Stadtbildes. Die Vorstellung, man könne Geschichte auf die eine oder andere Weise gleichsam ungeschehen machen, hält Winfried Mönch allerdings für abwegig: »Die Zerstörungen im Gefolge der nationalsozialistischen Herrschaft waren so umfassend und so flächendeckend, daß kein noch so radikaler Neuanfang oder keine noch so gründliche Rekonstruktion die Spuren der städtebaulichen Destruktion je zu verwischen in der Lage wären.«[44]

Jörg Friedrich sieht in der Entscheidung für einen modernen Städtebau weniger den Versuch, die Geschichte zu verfälschen, als vielmehr eine logische Konsequenz aus den Erfahrungen im Luftkrieg. Die von den Bombardements ausgelösten Brände hatten in den jahrhundertealten deutschen Städten einen idealen Nährboden gefunden. Der häufig aus einem mittelalterlichen oder frühneuzeitlichen Bebauungsmuster hervorgegangene Stadtkern bot mit seinen engen, verwinkelten Gassen und den leicht entzündlichen Baumaterialien der dicht stehenden Häuser ein aus Sicht der Angreifer lohnendes Ziel.[45] Vielerorts weiteten sich die Brände zum Feuersturm aus, und die idyllisch anmutenden historischen Viertel wurden zur tödlichen Falle. Aus der Umgestaltung der Städte spricht für Friedrich daher in erster Linie »eine Abkehr vor der Szenerie, in der die Schrecknisse sich zugetragen haben«.[46] Die Überlebenden hätten »diese fatalen Gehäuse« nicht mehr sehen wollen. Die neuen Städte, schreibt Friedrich, sollten komfortabler sein als die alten und zudem ein größeres Verkehrsaufkommen reibungslos bewältigen. Vor allem aber sollten sie bombenfester sein.[47]

Dagegen weist Wolf Jobst Siedler dem Bombenkrieg nur eine Nebenrolle zu: Dieser sei nur »der Vollstreckungsbeamte der Geschichte« gewesen. Im zwanzigsten Jahrhundert sei die überlieferte Stadtkultur an ihr Ende gekommen; in der Radikalität des Neuaufbaus sieht er den Ausdruck eines neuen Zeitalters. Gegen die seiner Ansicht nach stadtfeindliche Philosophie der Nachkriegsarchitektur hat sich Siedler in einer Reihe von Aufsätzen gewandt, die 1964 unter dem programmatischen Titel »Die gemordete Stadt« erschienen. Das Adjektiv bezieht sich nicht auf den Luftkrieg. Stärker als dieser, so Siedler, habe der moderne Städtebau in die Substanz der alten Städte eingegriffen: »Die Melancholie angesichts einer in den Feuern des Krieges untergegangenen städtischen Zivilisation aber verkennt, was Ursache und was Wirkung ist: der Geist der Zeit bedarf nicht der Kanonaden, um sich zur Geltung zu bringen.«[48] Die Bomben und die Entwürfe der modernen Stadtplanung seien lediglich zwei verschiedene Ausprägungen dieses »widerstädtischen Geistes der Epoche«,

der schon lange vor den Bombardements sichtbar geworden sei:
in der Architektur von Le Corbusier, der Paris, und Scharoun, der
Berlin habe niederreißen wollen, um die alten Metropolen durch ein
System von Hochhäusern zu ersetzen.[49]

Wer durch Paris läuft, stellt rasch fest, daß der Geist der Zeit
keineswegs so umwälzende Veränderungen im Stadtbild hervorgebracht hat, wie sie die Philosophen des neuen Bauens anstrebten. Im
Umkehrschluß heißt das: Erst der Luftkrieg ließ den modernen Städtebau zum Zuge kommen, die Radikalität des Neuanfangs entsprach
dem Ausmaß der Zerstörung. Die Entscheidung hierfür fiel jedoch
nicht zwangsläufig. Wenn sich in den deutschen Städten tatsächlich
der Geist der Zeit zur Geltung brachte, wie Siedler schreibt, so wurde er anderswo geflissentlich ignoriert. In Polen, das die Deutschen
im Krieg fürchterlich zugerichtet hatten, setzte man vielerorts auf
eine historische oder zumindest historisierende Rekonstruktion. In
Breslau, Danzig und Warschau stiegen in den fünfziger Jahren ganze
Viertel in ihrer Vorkriegsgestalt aus dem Schutt empor. Zur selben
Zeit war in Deutschland, um mit Siedler zu sprechen, »eine zweite
und nachhaltige Zerstörung«[50] im Gange. Was es bedeutete, daß
Dresden 1956 als trümmerfrei galt, sieht man auf Fotografien, die
eine bis auf wenige Ruinen abgeräumte Innenstadt zeigen. In vielen
Städten westlich der Elbe verfuhr man nicht anders. Wer Bilder wie
diese gesehen hat, wird Sebalds Urteil, die Deutschen seien all ihren
Bekundungen zum Trotz »ein auffallend geschichtsblindes und tra-
ditionsloses Volk«[51], nur zögernd widersprechen.

In der Bundesrepublik ging der Wiederaufbau in einer erstaunlichen Geschwindigkeit vor sich. Mit der Währungsreform und dem
Marschallplan waren die Weichen gestellt; die Wirtschaft nahm einen
schon bald als legendär bezeichneten Aufschwung, in dessen Folge
die zertrümmerten alten den neuen Städten wichen. Mit den Ruinen
gerieten zwar der Krieg und das Dritte Reich aus dem Blick, doch
der Erinnerung an die Schrecken der Bombennächte war mit keiner
Spitzhacke beizukommen. Millionen Menschen litten unter trauma-
tischen Erfahrungen, die sie zu verdrängen suchten.[52] Dem stand im

Weg, wer die Vergangenheit thematisierte, statt sie abzuwehren; so rührte Gert Ledig mit seinem Roman »Vergeltung« an eine offene Wunde. Die Empörung, die ihm zehn Jahre nach Kriegsende entgegenschlug, verhinderte eine öffentliche Debatte über den Luftkrieg. Daß es zu einer solchen nicht kam, hatte aber auch politische Gründe. Die für die Bombardierung deutscher Städte verantwortlichen Staaten waren zu Verbündeten im Kalten Krieg geworden. Kritik an der alliierten Kriegführung hätte die Aussöhnung mit den einstigen Gegnern erschwert.

Das nach Sebalds Ansicht »skandalöse Defizit« glaubte er auch in der Geschichtsschreibung entdeckt zu haben: Kein deutscher Historiker, heißt es in »Luftkrieg und Literatur«, habe bisher eine umfassende oder auch nur grundlegende Studie über den Luftkrieg hervorgebracht. Einzig Jörg Friedrich befasse sich in seiner 1993 erschienenen Arbeit »Das Gesetz des Krieges« mit der Zerstörungsstrategie der Alliierten.[53] Hier irrte Sebald. Vor Friedrich hatten bereits Horst Boog und Olaf Groehler zu dem Thema publiziert; außerdem existierte eine Fülle von Veröffentlichungen über einzelne Städte im Luftkrieg.[54] Darauf wies auch Friedrich hin, als er 2002 ein Werk vorlegte, das die vermeintliche Leerstelle schließen sollte. Von der vorhandenen Literatur, auf die er sich bei seinen Recherchen gleichwohl gestützt hatte, grenzte er sich allerdings ab: »Über den Bombenkrieg ist viel geschrieben worden, seit langem aber nichts über seine Leideform.«[55] Ins Zentrum seiner eigenen Darstellung stellte er die Erfahrung der unmittelbar Betroffenen. »Der Brand« setzt die Luftangriffe auf deutsche Städte als Auswüchse einer verwerflichen Kriegführung in Szene; das Buch ist eine kaum verbrämte Anklage gegen die Alliierten. Ihnen kommt bei Friedrich die Rolle des Täters zu, während diejenigen, die mit dem Bombardement ganzer Städte begonnen hatten, als Opfer erscheinen. Friedrich schreibt: »Die erste Nation, an der die losgelassene Kriegsfurie der Lüfte gründlich, konsequent und bis zur Verwüstung erprobt wurde, ist die deutsche gewesen.«[56] Daß das nationalsozialistische Deutschland einen Krieg führte, der auf die physische Vernichtung des Gegners zielte und das

Kriegsvölkerrecht mit Füßen trat, blendet dieser Satz ebenso aus wie die Tatsache, daß auf Geheiß von Göring die deutsche Luftwaffe London »ausradiert« haben würde, wenn ihre technischen Mittel es ihr erlaubt hätten.

Die Einseitigkeit seiner Darstellung, die die Bombardierung der deutschen Städte aus dem Zusammenhang des Krieges herauslöst, wodurch Ursachen und Folgen aus dem Blick geraten, ist Friedrich vielfach zum Vorwurf gemacht worden. So verwies Ralph Giordano auf die von den Deutschen an der Ostfront verübten Greuel: »Was Hamburg, Köln, Pforzheim, Würzburg oder Dresden im Großen widerfuhr, das erlitten siebzehntausend durch Artillerie, Panzer, Granaten oder Flammenwerfer zerstörte Ortschaften allein in der deutsch besetzten Sowjetunion.« Friedrichs Darstellung suggeriere eine kriegshistorische Einmaligkeit, die es nicht gegeben habe.[57] Diesen Eindruck verstärkt der zwischen moralisierendem Pathos und einem merkwürdig kalten Sarkasmus changierende Stil. »Über weite Strecken«, so Winfried Mönch, »liest sich Friedrichs Buch wie ein populärer Reiseführer zu den untergegangenen Stätten deutscher Kultur. Doch gerade beim Ansprechen derartiger Verluste kommt ein seltsamer Unterton in den Text.«[58] So sieht Friedrich in der Bombardierung Nürnbergs einen Akt »vandalischer Tobsucht« und einen Angriff auf das kulturelle Erbe der Deutschen. Die Alliierten hätten das Ziel verfolgt, sie durch die Zerstörung ihrer Städte und Kunstdenkmäler ihrer Identität zu berauben. Friedrich schreibt: »Die intakt gebliebenen, militärisch nun irrelevanten geschichtlichen Schreine wie Hildesheim, Magdeburg, Dresden, Würzburg, Nürnberg werden im letzten Kriegsvierteljahr seriell zerstört. Allem Anschein nach ist dabei Verstand am Werk. Sind nicht diese Städte die großen Darsteller? Sie stellen dem Volk der Deutschen seine Herkunft dar.«[59]

In Sätzen wie diesen schwingt der von der nationalsozialistischen Propaganda erhobene Vorwurf der »Kulturbarbarei« mit. Doch nicht nur dieser Unterton wurde von Kritikern als Provokation empfunden. Widerspruch erhob sich auch gegen Friedrichs mitunter fragwürdige

Wortwahl. So bezeichnete er die alliierten Bomberstaffeln als »Einsatzgruppen« und verglich die Luftschutzkeller mit »Krematorien«; bei öffentlichen Auftritten sprach er sogar von »Gaskammern«. Die von den Bombardements ausgelösten Bibliotheksbrände nannte er die »größte Bücherverbrennung aller Zeiten«.[60]

Die Mehrheit der Kritiker wertete dies lediglich als Ausdruck einer von Emotionen überwältigten Sprache, in der sich die Erschütterung des Autors spiegele. Hans-Ulrich Wehler gestand Friedrich eine solche Erschütterung zwar zu, zog aber in Zweifel, daß diesem seine »semantischen Entgleisungen« nur im Zorn unterlaufen seien. Er warnte vor einem Opfermythos, der die selbstkritische Auseinandersetzung der Deutschen mit ihrer Geschichte gefährde.[61] Nicholas Stargardt wurde noch deutlicher. Er warf Friedrich vor, den Holocaust zu relativieren: »Die Juden, die in der Ukraine und in Litauen ihre eigenen Massengräber schaufeln mussten und die in die Gaskammern von Belzec, Sobibor, Treblinka und Auschwitz geschickt wurden, finden auf der Skala deutschen Leids keine Entsprechung.«[62] Solchen kritischen Stimmen standen zum Teil enthusiastische Reaktionen gegenüber. »Der Brand« avancierte innerhalb kurzer Zeit zum Bestseller; die Emotionalisierung des Themas durch die von Friedrich kultivierte »Leideform« erwies sich als publikumswirksam.

Auch die folgende Debatte war von Emotionen geprägt. Dagegen mahnten Stimmen wie die von Kurt Flasch Sachlichkeit an. Das Wort von Flasch hat Gewicht: Er ist der Überlebende einer Familie, die bei einem Luftangriff auf Mainz im November 1944 getötet wurde. Flasch wandte sich gegen das Zerrbild von den Deutschen als Opfer der alliierten Kriegführung und erhob Einspruch gegen einen »Viktimismus, der einen furchtbaren, aber gleichwohl sekundären Aspekt des geschichtlichen Vorgangs sentimental präpariert und zur gefälligen Einfühlung darbietet«. Den »moralistischen und viktimistischen Redensarten« von alliierten Menschenrechtsverletzungen widersprach er: Ein Bombenopfer, das Verstand und Rechtsbewußtsein nicht verloren habe, habe die Fortsetzung der Bombardierungen wünschen müssen, verhinderte diese doch die Fortsetzung der erzwungenen oder freiwilligen Mitwirkung am staatlich verordneten Unrecht. Wer immer bis Mai 1945 in Deutschland lebte, schreibt Flasch, habe die Kriegsmaschinerie in Gang gehalten, wenn er nicht klar zur Sabotage übergegangen sei.[63]

Drei Jahre nach dem Erscheinen von Friedrichs Buch ging ein Aufschrei durchs Land, als im Sächsischen Landtag ein Abgeordneter der NPD die Bombardierung Dresdens als »Bomben-Holocaust« bezeichnete. Wenige Tage später, am 27. Januar 2005, jährte sich die Befreiung des Vernichtungslagers Auschwitz durch die Rote Armee zum sechzigsten Mal. Kurz darauf gedachte man in Dresden der Toten des 13. Februar 1945. Man tat dies in klarer Abgrenzung von der Rhetorik der Rechten. In der Empörung über die Gleichsetzung von Dresden mit Auschwitz ging allerdings unter, daß diese nicht anders vorgegangen waren als Friedrich, der das Vokabular des Holocaust auf den alliierten Luftkrieg übertragen hatte. Was Friedrichs Leser nicht beirrte, löste aus dem Mund eines NPD-Abgeordneten einen Proteststurm aus.

Auf Winfried Mönch wirkte Friedrichs Buch wie »eine Antwort auf die bis dahin uneingelöste Forderung Sebalds« nach einer Literatur, die einen Eindruck vom Ausmaß und von der Gewalt des Bombenkriegs gibt. Doch obwohl Friedrich, wie Mönch hervorhob, »im sprachlichen Duktus literarische Qualität anstrebte«[64], wurde »Der Brand« nicht als ein dem Rayon der Literatur zugehöriges Werk gelesen, sondern als »intensiv erzähltes und umfassendes Werk der Geschichtsforschung«.[65] Wie sich Sebald, der noch vor dem Erscheinen des Buches starb, dazu gestellt hätte, wissen wir nicht. Volker Hage wies darauf hin, daß dieser eine bestimmte, durchaus eigensinnige Vorstellung von jener Art Literatur gehabt habe, die er der Darstellung des Themas für angemessen hielt. Texte, die dieser Vorstellung nicht entsprachen, weigerte er sich, in Betracht zu ziehen. Dies betraf fast alle Titel, die in der späteren Debatte genannt wurden. Nicht einmal der Roman von Gert Ledig fand Sebalds ungeteilte Anerkennung, so daß man, wie Hage schreibt, durchaus den Eindruck gewinnen konnte, daß er »das, was er angeblich suchte, eigentlich gar nicht finden wollte«.[66]

Angemessen erschienen Sebald nur solche literarischen Texte, die »keinen abstrakt-imaginären, sondern einen konkret-dokumentarischen Charakter« haben.[67] Dieser Vorstellung entsprach in seinen Augen Hans Erich Nossacks 1943 entstandener Bericht »Der Untergang«, vor allem aber Alexander Kluges 1977 erschienene Erzählung »Der Luftangriff auf Halberstadt am 8. April 1945«. Ihr Vorzug lag für ihn in dem weitgehenden Verzicht auf jede metaphysische Erhöhung. Das Ideal des Wahren, unprätentiös Sachlichen, schreibt Sebald, erweise sich angesichts der Katastrophe »als der einzige legitime Grund für die Fortsetzung der literarischen Arbeit«. Eine Literatur, die die Wirklichkeit durch die »Herstellung von ästhetischen oder pseudoästhetischen Effekten aus den Trümmern einer vernichteten Welt« mythisiere, verliere hingegen ihre Berechtigung.[68] Solche Effekte kritisierte Sebald sowohl an Nossacks Erzählung »Nekyia« als auch an Hermann Kasacks Roman »Die Stadt hinter dem Strom«, die beide 1947 publiziert wurden. Sie brächten »die realen Schrecken der Zeit durch Abstraktionskunst und metaphysischen Schwindel zum Verschwinden«.[69]

Bereits in seinem Essay »Zwischen Geschichte und Naturgeschichte« (1982), der eine Vorstufe zu »Luftkrieg und Literatur« darstellt, hatte Sebald die Texte von Nossack, Kasack und Kluge einer eingehenden Betrachtung unterzogen. Der Vergleich von Kasacks Roman mit Nossacks sachlich gehaltenem Bericht über die Zerstörung Hamburgs zeige, schrieb er schon damals, daß der Versuch der literarischen Beschreibung kollektiver Katastrophen, »dort, wo er Gültigkeit beanspruchen kann«, die Form romanhafter Fiktion durchbreche.[70] Die für die Dokumentierung einer solchen Erfahrung notwendige Technik des Schreibens habe sich die westdeutsche Literatur erst später erarbeitet.

Als herausragendes Beispiel, gleichzeitig aber als große Ausnahme gilt Sebald Kluges Text über den Angriff auf Halberstadt. Dieser ist keine Erzählung im herkömmlichen Sinn, sondern ein Arrangement aus erzählerischen Passagen, echten und fingierten Zitaten sowie dokumentarischem Material wie Fotografien, Tabellen und

Schaubildern. Kluge hat seinen Text dialektisch angelegt: Der »Strategie von unten« steht die »Strategie von oben« gegenüber. Aus den unterschiedlichen Elementen der Erzählung setzt sich die Wirklichkeit des dreißig Minuten dauernden Angriffs zusammen. Was Sebald an Kluges Methode einleuchtet, ist der grundlegende Gedanke, »daß Erfahrung im realen Sinn aufgrund der überwältigenden Rapidität und Totalität der Zerstörung schlechterdings nicht möglich war und erst auf dem Umweg über späteres Lernen zu machen ist«.[71] Aus dieser Einsicht erwächst auch Sebalds Mißtrauen gegen die Erfahrungsberichte der Überlebenden, deren stereotype Wendungen oft »den Anschein von Erfindung und Kolportage« erweckten: »Das anscheinend unbeschadete Weiterfunktionieren der Normalsprache in den meisten Augenzeugenberichten ruft Zweifel herauf an der Authentizität der in ihnen aufgehobenen Erfahrung. Der innerhalb weniger Stunden sich vollziehende Feuertod einer ganzen Stadt mit all ihren Bauten und Bäumen, mit ihren Bewohnern, Haustieren, Gerätschaften und Einrichtungen jeder Art mußte zwangsläufig zu einer Überladung und Lähmung der Denk- und Gefühlskapazität derjenigen führen, denen es gelang, sich zu retten.« Ihre Berichte seien deshalb nur von bedingtem Wert und bedürften der Ergänzung durch »das, was sich erschließt unter einem synoptischen, künstlichen Blick«.[72]

Sebalds Urteil mag wohlbegründet sein, doch wirft es ein diffuses Licht auf seine These vom Tabu. Die Behauptung, die Bombardierung deutscher Städte sei von der Literatur, und nicht nur von dieser, ignoriert worden, läßt sich nur aufrechterhalten, weil er jene Texte ausblendet, die seinen Kriterien nicht entsprechen. Ein Bericht wie der von Erich Kästner über das zerstörte Dresden steht daher in merkwürdigem Gegensatz zu der angeblichen Vereinbarung, die verheerenden Folgen des Bombenkriegs nicht zu beschreiben. Und dieser Text ist kein Einzelfall. Gerade was Dresden angeht, nennt Volker Hage in seiner von Sebalds Thesen angestoßenen Recherche eine ganze Reihe von Titeln – wobei auch diese Auflistung keineswegs vollständig ist, beschränkt sich Hage doch auf Romane.[73]

Um so erstaunlicher ist die in Sebalds Darstellung zutage tretende Leerstelle. Denn war in seinem Essay »Zwischen Geschichte und Naturgeschichte« noch ausdrücklich von der westdeutschen Literatur die Rede, bilanzierte er in den Züricher Vorlesungen die gesamte deutsche Nachkriegsliteratur.

Es spricht manches dagegen, daß Sebald auch die in der DDR entstandene Literatur zur Kenntnis genommen hat. Vor allem eine Passage in der Nachschrift zu seinen Vorlesungen gibt zu dieser Vermutung Anlaß: Eine Leserin, schreibt er, habe ihn darauf hingewiesen, daß in der DDR »das Thema des Luftkriegs durchaus nicht umgangen worden« sei; sie erwähnte das alljährliche Gedenken an die Zerstörung Dresdens. Sebald reagiert schroff: Von der »Instrumentalisierung des Untergangs dieser Stadt in der offiziellen Rhetorik des ostdeutschen Staats« scheine die Dame keine Vorstellung zu haben.[74] Ihm selbst jedoch scheint unbekannt gewesen zu sein, daß das Gedenken der Dresdner mit dieser Instrumentalisierung wenig zu tun hatte und es sogar eine Literatur gab, die sich den ideologischen Sprachregelungen widersetzte. Der von ihm erhobene Vorwurf der Ignoranz fällt somit auf Sebald zurück.

In Dresden waren die Folgen des Krieges noch viele Jahre später nicht zu übersehen. Als anderswo der Neuaufbau längst abgeschlossen war, prägten noch immer Ruinen und gewaltige Brachen das Bild der Stadt. Noch Ende der achtziger Jahre fühlte sich Durs Grünbein angesichts seiner Heimatstadt an die Bombardierung erinnert: »Eine ganze Stadt lag da niedergestreckt, scheinbar von Leben erfüllt und doch eine Ruine.«[75] Die bekannteste Ruine war die der Frauenkirche, mit deren Wiederaufbau erst 1994 begonnen wurde. Der brandgeschwärzte Trümmerhaufen inmitten der einstigen Altstadt war im sozialistischen Selbstverständnis ein »Mahnmal für die Lebenden im Kampf gegen imperialistische Barbarei«. So stand es auf einer Tafel. Doch nicht die von der Partei erhobene Anklage war der Grund, daß der Luftkrieg in Dresden kein Tabu war. Ungeachtet der Rhetorik des Kalten Krieges war die zerstörte Frauenkirche lange Zeit ein Zeichen dafür, daß Dresden mit diesem Kapitel seiner Geschichte lebte. Wie einst das Kronentor des Zwingers und Raffaels »Sixtinische Madonna« wurde die Ruine zu einem Dresdner Wahrzeichen.

Wer sich vor Augen führt, was 1945 verloren gegangen war, begreift die Trauer, die ihr Anblick noch Jahrzehnte später hervorrief. Diese Trauer konnten die Heilsversprechen des Sozialismus nicht lindern. Das neue Dresden sollte schöner werden als das alte. »Auferstanden aus Ruinen / Und der Zukunft zugewandt«[76], lautete die Devise. Aber in Dresden erschien nicht die Zukunft, sondern die Vergangenheit in einem verklärenden Licht. Die Partei versuchte schon bald, den Schmerz der Dresdner für ihre Zwecke zu instrumentalisieren. Mit der Rede vom »anglo-amerikanischen Terrorangriff« wollte man die Bevölkerung auf einen gemeinsamen Feind einschwören; bruchlos knüpfte man damit an das Vokabular der nationalsozialistischen Propaganda an. Den Ideologen kam entgegen, daß auch vielen Dresdnern die Bombardierung als Kriegsverbrechen galt. Begründet wurde dies mit der strategischen Sinnlosigkeit der Luftangriffe, der angeblichen militärischen Bedeutungslosigkeit der Stadt, vor allem aber mit ihrem symbolischen und ästhetischen Rang. »Das heitere Selbstbild der Kunststadt von zeitloser Schönheit war hier so verinnerlicht, daß die Sicht der Industrie- und Handelskammer, die Dresden 1941 als einen ›der ersten Industriestandorte des Reiches‹ beschrieb, weit in den Hintergrund trat«, schreibt Matthias Neutzner.[77] Das unreflektierte Bild von der »unschuldigen Stadt« ließ die verheerenden Luftangriffe drei Monate vor Kriegsende in den Augen vieler Dresdner als ungerechtfertigt erscheinen. Dennoch, und dies mag der Grund dafür sein, daß die martialische Rhetorik der Ideologen wenig Anklang fand, konnte man sich auch in Dresden der Einsicht nicht verschließen, daß der 13. Februar 1945 die logische Folge des von den Deutschen entfesselten Vernichtungskriegs war.

So prägte nicht Wut, sondern Trauer das Gedenken. Sie prägte auch die Literatur. Die »Schmerzensspur«, nach der Sebald vergeblich suchte, findet sich in den Elegien der Dresdner Dichter. »Dresdens Andenken« heißt ein autobiographischer Text, den Volker Braun fünfzig Jahre nach der Bombennacht schrieb. Er beginnt mit dem Satz: »Dresden ist meine Heimat, der heimliche Grund, der überwachsene Abgrund.«[78] Braun erzählt darin von dem glutroten Himmel über der Stadt, in der »Gestein und Fleisch zu schrecklichen Gebirgen / Zusammenglühten«[79], wie es in einem Gedicht von Karl Mickel heißt. Er spricht von dem Phantomschmerz, den der Anblick der Ruinen in ihm erzeugte. Es ist ein Schmerz, der immer wiederkehrt. Auch Heinz Czechowski sah vom Stadtrand aus die Feuersbrunst. Er bezeichnete diesen Anblick als auslösendes Moment für sein Schreiben. In dem Gedicht »Ich und die Folgen« steht der Satz: »Ich / Bin verschont geblieben, aber / Ich bin gebrandmarkt«.[80] Und auch die Nachgeborenen ließ die Zerstörung ihrer Stadt nicht los. Durs Grünbein beklagt, die wahrscheinlich »schönste italienische Stadt nördlich der Alpen«[81] nie gesehen zu haben. Das »Barockwrack an der Elbe«[82], das ihm als Kind vor Augen stand, weckte damals schon in ihm den Wunsch, in die Geschichte einzutauchen. Später widmete er dem Untergang Dresdens einen Zyklus von 49 Gedichten mit dem Titel »Porzellan«. Zu keinem dieser Dichter findet sich bei Sebald auch nur ein Wort. Er hätte nur ihre Gedichte zu lesen brauchen, um zu wissen, daß in Dresden das Thema Luftkrieg keineswegs nur verschwiegen oder instrumentalisiert wurde.

Das zerstörte Dresden

Nach dem Brand

Immer wieder wurden die Sätze zitiert, die Gerhart Hauptmann wenige Wochen nach der Brandnacht zu Papier brachte: »Wer das Weinen verlernt hat, der lernt es wieder beim Untergang Dresdens. Dieser heitere Morgenstern der Jugend hat bisher der Welt geleuchtet. Ich weiß, daß in England und Amerika gute Geister genug vorhanden sind, denen das göttliche Licht der Sixtinischen Madonna nicht fremd war und die von dem Erlöschen dieses Sternes allertiefst schmerzlich getroffen weinen.« Von Dresden aus, von »seiner köstlich-gleichmäßigen Kunstpflege in Musik und Wort«, seien herrliche Ströme durch die Welt geflossen, und auch England und Amerika hätten durstig davon getrunken: »Haben sie das vergessen?« Er habe die Zerstörung Dresdens in den »Sodom- und Gomorrha-Höllen der englischen und amerikanischen Flugzeuge« selbst erlebt. Nun stehe er am Ausgangstor des Lebens und beneide »alle meine toten Geisteskameraden, denen dieses Erlebnis erspart geblieben« sei. Er weine und schäme sich seiner Tränen nicht. »Ich bin nahezu dreiundachtzig Jahre alt und stehe mit einem Vermächtnis vor Gott, das leider machtlos ist und nur aus dem Herzen kommt: es ist die Bitte, Gott möge die Menschen mehr lieben, läutern und klären zu ihrem Heil als bisher.«[83]

Am 29. März 1945 wurde der Text im Rundfunk gesendet. Unter dem Titel »Die Untat von Dresden. Gerhart Hauptmann klagt an« druckten ihn mehrere Zeitungen – allerdings ohne den dritten Satz. In Goebbels' Tagebuch heißt es: »Gerhart Hauptmann hat uns eine ausserordentlich [*1 Wort unleserlich*] Erklärung zu den englisch-amerikanischen [Terror]angriffen auf Dresden zur Verfügung gestellt. Er hat diese Angriffe selbst mitgemacht und spricht darüber in einer Sprache, wie sie dem ersten Dichter des Reiches wohl ansteht.«[84] Am 11. Mai zitierte der New Yorker »Aufbau« den Text. Einige Tage später notierte Thomas Mann im kalifornischen Pacific Palisades: »Hauptmann, in der D. Allgem. Zeitung, vergoß Tränen (›Ich weine‹) über Dresden. Über sonst nichts.«[85] Drei Jahre zuvor, im April 1942, war Mann in einer seiner monatlichen Reden an die Deutschen, die von der BBC im Deutschen Reich ausgestrahlt wurden, auf die Bombardierung Lübecks zu sprechen gekommen, der auch »das Haus meiner Großeltern, das sogenannte Buddenbrook-Haus in der Mengstraße« zum Opfer gefallen war. Lieb sei es ihm nicht zu denken, so hatte er damals erklärt, daß seine Vaterstadt Schaden genommen habe. »Aber ich denke an Coventry und habe nichts einzuwenden gegen die Lehre, daß alles bezahlt werden muß.«[86]

Ein größerer Kontrast als der zwischen Manns in strengem Ton, doch mit hörbarer innerer Bewegung vorgetragenen Urteil und der geradezu tränenerstickten Stimme Hauptmanns ist kaum vorstellbar. In seinen Aufzeichnungen zeigt sich auch Mann bestürzt über die Nachrichten von den verheerenden Luftangriffen. Nach der Bombardierung Kölns im Mai 1942 notiert er, die Flammen seien bis Holland zu sehen gewesen: »Erschütternd, aber die Sühne beginnt.«[87] Von Schuld oder Sühne spricht Hauptmann nicht – und provoziert damit Manns kühle Reaktion. Anders als der Titel glauben machen will, ist sein Text jedoch eher eine Klage als eine Anklage. Sein Schmerz über die Zerstörung der von ihm geliebten Stadt äußert sich in Worten der Trauer, die ihrer Zeit enthoben scheinen; von Perikles und anderen Helden des Altertums ist die Rede. Der Duktus hebt sich deutlich ab vom Ton, den die Nationalsozialisten anschlugen. Am 16. Februar 1945 erschien die nach der Brandnacht erste Ausgabe der einzig verbliebenen Dresdner Tageszeitung »Der Freiheitskampf«. Unter der Überschrift »Trotz Terror: Wir bleiben hart« werden die Angriffe als »viehischer Mord« bezeichnet, in dem sich ein »talmudischer Haß«

entladen habe. Wenige Tage später heißt es, in dem »feigen und brutalen Anschlag« sei die »Skrupellosigkeit dieses jüdisch-sadistischen Untermenschentums besonders grauenvoll dokumentiert«.[88]

Die deutsche Propaganda erklärte Dresden zur Kunststadt ohne jede militärische Bedeutung. Die Bombardierung wurde als reiner Terrorakt bezeichnet und die alliierte Kriegführung als planmäßiger Vernichtungsfeldzug, der die Deutschen geradezu zwinge, sich mit ihren V-Waffen zur Wehr zu setzen. Mit einer groß angelegten Kampagne versuchte Goebbels, die öffentliche Meinung im Ausland zugunsten Deutschlands zu beeinflussen. Im Reich setzte man jedoch alles daran, zu verhindern, daß die wie ein Lauffeuer sich verbreitende Nachricht von der Zerstörung Dresdens die Moral von Armee und Bevölkerung untergrub. Eine Solidargemeinschaft der Deutschen wurde proklamiert und der unbedingte Wille zum Widerstand eingefordert. Der sächsische Gauleiter Mutschmann rief die Überlebenden auf, sich »der Größe des Schicksals nun weiterhin würdig [zu] zeigen«.[89] Anderenfalls drohten dem deutschen Volk »Ausrottung« und Versklavung. »Gegen diese Drohung gibt es keinen anderen Ausweg als den des kämpfenden Widerstandes«, hieß es am 4. März 1945 unter der Überschrift »Der Tod von Dresden. Ein Leuchtzeichen des Widerstandes« in der Wochenzeitung »Das Reich«.[90] Drei Wochen vor Kriegsende erklärte Mutschmann die Ruinenstadt zur »Festung«, die »bis zum letzten mit allen Mitteln« zu verteidigen sei.[91]

Während der Aufruf zum Widerstand in der Bevölkerung nur schwachen Widerhall fand, stieß die Darstellung und Bewertung des 13. Februar 1945 auf breite Zustimmung. Matthias Neutzner hat darauf hingewiesen, daß schon bei Kriegsende der Untergang Dresdens in einer festgefügten Erzählform erinnert wurde, deren zentrale Aussagen nicht mit der Realität übereinstimmten: »Dresden erschien als *einzigartige* und *unschuldige* Stadt, die *plötzlich* und *sinnlos* eine in ihren Auswirkungen ebenso *einzigartige* Zerstörung erfahren hatte.«[92] Diese Vereinfachungen und Überhöhungen gehen auf die deutsche Propaganda zurück, doch entsprachen sie auch dem Selbstbild einer Stadt, die sich über ihren Ruhm als Kunststadt definierte, nicht aber über ihre Rüstungsindustrie oder ihre strategische Bedeutung. »Von Fremdarbeiterlagern, KZ-Außenstellen, Gefängnissen und ähnlichem redete man ohnehin nicht«, schreibt Neutzner. »Die Stadt erschien fern des Krieges, unschuldig auch aus militärischer Perspektive.« Die Attribute, die damals die Erzählung von Dresdens Untergang bestimmten, bilden noch heute ihre wesentlichen Elemente. Daß sie in der lokalen Erinnerungskultur über sechzig Jahre hinweg nahezu unverändert erhalten blieben, ist das eigentlich Erstaunliche. Nach Ansicht von Neutzner ist der Grund dafür ideologischer Natur: »Die Chiffre Dresden erwies sich als unverändert brauchbar – auch für die politischen Auseinandersetzungen nach dem Mai 1945.«[93]

Schon bald erfuhr die Propaganda der Nationalsozialisten eine Fortsetzung, jedoch unter umgekehrtem, nunmehr kommunistischem Vorzeichen. Bezeichneten die neuen Machthaber die Zerstörung zunächst als »traurige Bilanz des hitleristischen Raubkrieges«[94], so griffen sie schon kurze Zeit später die Goebbelssche Sprachfügung vom »anglo-amerikanischen Bombenterror« auf. Der Kalte Krieg hatte begonnen. Dies äußerte sich in einer Rhetorik der Anklage gegen die westlichen Alliierten. Im Laufe des Jahres 1948 revidierte die kommunistische Propaganda das bis dahin verbindliche Geschichtsbild vom gemeinsamen Kampf der vier Alliierten gegen Deutschland. Es wurde behauptet, daß nur die Sowjetunion den Nationalsozialismus immer und konsequent bekämpft habe, während Großbritannien und die USA das Dritte Reich zunächst unterstützt hätten. Die Luftangriffe auf Dresden galten nunmehr als ein Kriegsverbrechen der westlichen Alliierten, das nicht zuletzt gegen die Sowjetunion gerichtet war, in deren künftiger Besatzungszone die Stadt lag. Auf einer Kundgebung zum fünften Jahrestag des Bombardements erklärte Gerhart Eisler für die DDR-Regierung: »Die anglo-amerikanischen Flugzeuge warfen ihre Bombenlasten auf Dresden, weil die Wallstreet wünschte, daß es der Sowjetunion, dem Verbündeten, unmöglich gemacht würde, der deutschen Bevölkerung nach Kriegsende zu helfen.«[95]

Die Dresdner wurden aufgefordert, unter folgenden Losungen zu demonstrieren: »Amerikanische Bomber zerstörten Dresden – mit Hilfe der Sowjetunion bauen wir es wieder auf!« und »Weil wir den Frieden lieben, hassen wir die amerikanischen Kriegshetzer!«[96] Daß nicht die Amerikaner, sondern die Deutschen die Welt in den Krieg gestürzt hatten, blendeten diese Parolen aus. In den offiziellen Verlautbarungen wurde der kausale Zusammenhang zwischen dem Dritten Reich und den Dresdner Ruinen zwar erwähnt, allerdings lassen deren Formulierungen eine wirkliche Einsicht in die eigene Verantwortung vermissen. Hieß es zuerst, das deutsche Volk sei von den faschistischen Verbrechern verführt worden, waren es bald nur noch diese selbst gewesen, die »den deutschen Namen in den Schmutz gezogen« hatten.[97] Walter Ulbricht sah im Nationalsozialismus eine »offene Terrorherrschaft der reaktionärsten, chauvinistischen, imperialistischsten Elemente des deutschen Finanzkapitals«.[98] Die »deutschen Rüstungsindustriellen und Bankherren«, erklärte er, seien schuld an der Machtergreifung Hitlers und am Krieg. Damit entlastete er die nach seiner Darstellung zum Opfer gewordene machtlose Masse von ihrer Verantwortung; sie rehabilitierte sich dadurch, daß sie am Aufbau des Sozialismus mitwirkte. So schied die Bevölkerung der DDR, auf deren Gebiet man mit der Beseitigung des Kapitalismus auch die deutsche Schuld bewältigt zu haben meinte, aus dem Kreis der Täter aus und wurde, was mit Blick auf Dresden offenbar keiner weiteren Begründung bedurfte, zum unschuldigen Opfer des amerikanischen Imperialismus erklärt. Auf diese Weise, schreibt Jeffrey Herf, »ordnete Ulbricht die Ostdeutschen in die Reihen der Sieger der Geschichte ein und nicht in die Reihen der schuldbeladenen Verlierer«.[99]

Die Trauer, die Gerhart Hauptmanns Worte bestimmte, paßte weder vor noch nach dem 8. Mai 1945 zur offiziellen Rhetorik. Selbst der offenkundig anerkennende Kommentar von Goebbels steht unter Vorbehalt: Daß es »dem ersten Dichter des Reiches wohl ansteht«, über den Untergang Dresdens zu weinen, heißt nicht, daß dies auch für andere galt. Vielmehr sollte die wuterfüllte Rede vom

»anglo-amerikanischen Terrorangriff« den Willen zum Widerstand anstacheln. Für Trauer war in der entscheidenden Phase des Krieges keine Zeit. So weinte Hauptmann gleichsam stellvertretend für das deutsche Volk um das verbrannte »Elbflorenz«. Aber auch nach Kriegsende waren Gefühle der Trauer strikt auf den Bereich des Privaten beschränkt. Im Mittelpunkt der von den neuen Machthabern organisierten Kundgebungen stand das erhebende »Vermächtnis der Helden des antifaschistischen Widerstandskampfes«.[100] Ab 1948 ging das Gedenken dann nahtlos über in scharfe Angriffe auf die angeblichen Kriegshetzer in den Vereinigten Staaten und der Bundesrepublik.

Nur die Kirchen gaben der Trauer der Menschen Raum. Am Abend des 13. Februar 1946, kurz nach zehn Uhr, läuteten die Glocken aller Dresdner Kirchen; zu dieser Stunde waren die ersten Bomben gefallen. Seither erfüllt das Geläut an jedem Jahrestag die Februarnacht. In Gottesdiensten wurde der Toten gedacht. Die Trauer fand auch ihren Ausdruck in Rudolf Mauersbergers Motette »Wie liegt die Stadt so wüst«. Unter dem Eindruck des Dresdner Infernos erschien dem Kreuzkantor die Klage des Propheten Jeremias über das zerstörte Jerusalem als zeitnahes, über die Jahrtausende hinweg gültiges Wort. In den biblischen Texten sahen die Menschen ihre eigene Situation gespiegelt; die alten Schriften gaben ihnen Halt und spendeten Trost in einer trostlosen Lage. Gerhart Hauptmann hatte von »Sodom- und Gomorrha-Höllen« gesprochen, und auch Otto Dix bezog sich bei seiner Darstellung des brennenden Dresden auf dem Gemälde »Lot und seine Töchter« auf das Alte Testament. Mauersbergers Trauerhymnus greift Sätze aus den Klageliedern auf: »Wie liegt die Stadt so wüst, die voll Volks war. Alle ihre Tore stehen öde. Wie liegen die Steine des Heiligtums vorn auf allen Gassen zerstreut. […] Ist das die Stadt, von der man sagt, sie sei die allerschönste, der sich das ganze Land freuet? […] Sie ist ja zu greulich heruntergestoßen und hat dazu niemand, der sie tröstet. Darum ist unser Herz betrübt, und unsre Augen sind finster geworden.«[101] Am 4. August 1945 sangen die Kruzianer Mauersbergers Motette in der ausgebrannten Kreuzkirche zum ersten Mal.

Fernab des ideologischen Getöses entstanden auch die Zeichnungen und Holzschnitte von Wilhelm Rudolph. Noch im Februar 1945 hatte er begonnen, die verwüstete Stadt zu zeichnen: die leeren Augenhöhlen der rauchgeschwärzten Fassaden, die gestürzten Mauern, die Gassen, in denen meterhoch Schutt und Trümmer lagen. Wie unter einem Zwang hielt er »die Unabsehbarkeit der zerstörten Flächen« fest. Jahrzehnte später erinnerte er sich: »Der Sandstein, das bevorzugte Baumaterial des alten Dresden, gab den Trümmern viel Skelettartiges. Seine Oberfläche war in den Flammen in schönen gelben und roten Farben verglüht. Den Fassaden schien die Haut abgezogen zu sein. Aber immer noch, auch im Tode, bewahrten sie den großartigen Formwillen ihrer Schöpfer. Als Zeugen einer großen früheren Epoche waren sie rührend schön und einsam in tiefer Trauer.«[102] Tag für Tag machte sich Rudolph auf den Weg in die Stadt, um zu zeichnen. So entstanden mehr als zweihundert Blätter.

Richard Peter hielt die Spur der Verwüstung mit der Kamera fest; er beließ es jedoch nicht bei der Dokumentation. »Dresden – eine Kamera klagt an« lautet der Titel seines 1949 erschienenen und in einer stattlichen Auflage verbreiteten Fotobildbandes. Er enthält auch Peters bekannteste, unzählige Male reproduzierte Aufnahme, die den Blick vom Rathausturm auf die zerstörte Altstadt zeigt: Eine steinerne Figur, die an einen Engel erinnert, aber im Statuenkranz des Turmes die Güte verkörpert, weist auf die unter ihr liegende Ruinenlandschaft. Der Titel von Peters Buch deutet die Geste unmißverständlich als Anklage gegen Briten und Amerikaner. Er erklärt die Fotografien zu Beweisstücken eines Tribunals, bei dem, wie Ludger Derenthal schreibt, »die objektiv die Tatbestände aufzeichnende Kamera die Rolle eines überparteilichen Staatsanwalts übernimmt«.[103] Jörn Glasenapp erhebt daher den Vorwurf des Revanchismus: »Hatten vier Jahre zuvor noch die Alliierten Anklage gegen die deutsche Bevölkerung erhoben und diese von ihrer Mitschuld am Holocaust zu überzeugen versucht, indem man sie vor allem mit fotografischen Beweisen, den in den befreiten Konzentrationslagern aufgenommenen Bildern, konfrontierte, so ist Peters Dresden-Band ganz offensichtlich in dem Glauben betitelt worden, dass es nunmehr an der Zeit sei, gewissermaßen moralisches Terrain zurückzuerobern, indem man die Rolle des Anklägers übernahm und den Siegern unter Zuhilfenahme des unbestechlichen Mediums Fotografie ihre Schuld, sich dagegen den eigenen Opferstatus vor Augen führte.«[104] Damit erklärt sich für Glasenapp auch der große Erfolg des Buches.

Dessen Komposition stimmt mit dem Bild überein, das die offizielle Propaganda von Dresden zeichnete. Am Anfang stehen drei Aufnahmen von der scheinbar vom Krieg unberührten, nächtlich illuminierten Kunststadt. Der dritten Aufnahme stellt Peter unvermittelt den schon erwähnten Blick vom Rathausturm gegenüber, woran sich mehrere Kapitel mit Bildern der Verwüstung anschließen. Nur hin und wieder werden diese von einer einzelnen Aufnahme eines noch unzerstörten oder bereits wiederaufgebauten Gebäudes unterbrochen. Das letzte Kapitel des ersten Teils zeigt exemplarisch für die Toten des 13. Februar 1945 die Leichen einiger im Feuersturm verbrannter oder in Luftschutzkellern erstickter Menschen. Der zweite Teil des Buches ist mit dem Wort »Aufbau« überschrieben. Zu sehen sind Menschen bei der gemeinschaftlichen Beräumung der Trümmer, beim Instandsetzen von Brücken und Verlegen von Gleisen. Glasenapp bezeichnet diese Bildfolge als »visuelle Apotheose des arbeitenden Kollektivs«.[105] Der Aufbau der neuen Stadt, so deutet Peter an, ging Hand in Hand mit dem Aufbau der sozialistischen Gesellschaft. Den Abschluß dieser Sequenz und zugleich ihren Höhepunkt bildet die Aufnahme eines Arbeiters, der mit einer Tragebütte auf dem Rücken eine Leiter hinaufsteigt, die an einer Ruine lehnt. Der niedrigere Standpunkt des Fotografen läßt den Betrachter zu dem Mann aufschauen; die Leiter ragt in den Himmel. Die Aufnahme erscheint wie ein Gegenbild zu der Fotografie vom Rathausturm hinab. Der Blick auf die Trümmerwüste wirkt nun wie ein Blick in die Vergangenheit. Auf dem letzten Bild tut sich dagegen eine neue Perspektive auf: Der Arbeiter steigt gleichsam einer lichten Zukunft entgegen.

Diese Fotografie ist ein Sinnbild für den Neuaufbau. Es geht wieder aufwärts, scheint die aufsteigende Diagonale der Leiter zu verheißen. Auf der gegenüberliegenden Seite ist das wiedererrichtete Dresdner Rathaus zu sehen, von dem es in der Überschrift heißt, es »wuchs empor!«[106] Das gleiche wird wenige Seiten vorher auch schon von den abgebildeten Ziegelstapeln und Wohnblocks gesagt. Damit nimmt Peter die Aufbau-Metaphorik der Nachkriegsjahre auf. Immer geht es darum, an Höhe zu gewinnen und die Vergangenheit hinter oder unter sich zurückzulassen. Johannes R. Becher wies in seinem 1949 zur Nationalhymne der DDR erklärten Text die Richtung: »Auferstanden aus Ruinen / Und der Zukunft zugewandt«.[107] Ins gleiche Horn stieß Max Zimmering, der in Peters Buch mit dem Gedicht »Dresden« zu Wort kommt. Der Text, der später auch unter dem Titel »Du Stadt am Strom« erschien, feiert die Auferstehung Dresdens vom »Phosphortod« und »aus Ruinenstaub und Wüstenei«. Sie verdanke sich den Arbeitern und Trümmerfrauen, vor allem aber den sowjetischen Soldaten: »Daß neue Kraft aus deinen Quellen fließt, kam durch den Tag, / an dem der Rotarmist in deine Mauern eingezogen ist, / von allen freien Herzen froh begrüßt.«[108] Nun, heißt es in dem Gedicht, hebe die Stadt wieder ihr Haupt empor.

Die Frage nach der Verantwortung für den 13. Februar 1945 wird in Zimmerings Gedicht »Frage und Antwort« (1950) verhandelt. Es setzt mit der offenbar an die Überlebenden gerichteten Aufforderung ein, nicht zu zögern, sondern die Frage auszusprechen: »Fragt: / Wer trägt die Schuld für dieses Trümmerfeld / und für den Schrei, der noch im Ohre gellt, / von all den Toten, die die Stadt beklagt?« Die Antwort, die den Fragenden gleichsam von einer höheren Instanz zuteil wird, besteht aus zwei Teilen. Zunächst, heißt es, »sei die eigne Schuld erkannt«. Die Zerstörung Dresdens wird als »bittrer Lohn für das infame Spiel / mit Macht und Haß und Mord und Raub und Brand« bezeichnet. Damit ist die deutsche Verantwortung auf eine so allgemeine Weise benannt, daß das Versagen des Einzelnen geradezu ausgeblendet wird. Der Mitläufer, der von den nationalsozialistischen Verbrechen wußte, sich aber persönlich nichts hatte zuschulden kommen lassen, dürfte sich nicht angesprochen gefühlt haben.

Nicht vier wie der erste Teil, sondern acht Verse nimmt der zweite

Teil der Antwort ein. Darin werden die Toten von Dresden gemäß Ulbrichts Doktrin zu Opfern des amerikanischen Imperialismus erklärt. Dresden, heißt es, sei zu einem Zeitpunkt bombardiert worden, »als man den Krieg zu Grabe trug«. Das ist schlicht falsch. Der Krieg mag im Februar 1945 entschieden gewesen sein, dennoch führte das Deutsche Reich ihn mit aller Macht weiter – um den Preis von einer weiteren Million Toten. Zimmering unterschlägt nicht zuletzt die verlustreiche Schlacht um Berlin, womit er ungewollt die Verdienste der von ihm stets gefeierten Roten Armee schmälert. Seine Anklage mündet in der letzten Strophe in eine Reihe rhetorischer Fragen. Die Schuld an der Dresdner Trümmerwüste, so verkünden die mit einem unsichtbaren Ausrufezeichen versehenen Verse, trügen die Imperialisten in der Wall Street: »War da kein Stempel auf dem Leichentuch? / Kein Dollarzeichen? Sagt, wer sah es nicht?«[109]

Zimmerings anklagenden Versen zum Trotz scheint sich sein Bedauern in Grenzen gehalten zu haben. In seiner »Dresdner Kantate«, die den Untertitel »Vom Untergang und Aufstieg einer Stadt« trägt, heißt es: »Es entstehen tausend Fundamente, / und das Leben baut und pflügt und webt, / und es stirbt, was morsch und überlebt / und was Mensch und Mensch noch gestern trennte.«[110] Auch die Nationalsozialisten waren gegen das zu Felde gezogen, was ihnen als morsch und überlebt galt. Das alte Dresden bedeutete ihnen weit weniger, als ihre empörten Tiraden nach dem 13. Februar 1945 glauben machen sollten. Das zeigt der Kommentar von Robert Ley in der Zeitschrift »Der Angriff«. Nach der Bombardierung Dresdens, heißt es da, »atmen wir fast auf«. Man werde nun »im Blick auf den Kampf und den Sieg durch die Sorge um die Denkmäler deutscher Kultur nicht mehr abgelenkt. [...] So marschieren wir ohne allen überflüssigen Ballast und ohne das schwere ideelle und materielle bürgerliche Gepäck in den deutschen Sieg. Wir treten an zum Sturm. Sturm – Sturm – Sturm läuten die Glocken von Turm zu Turm.«[111]

Gemessen an Leys im Vernichtungsrausch schwelgender Brandrede mögen Zimmerings Agitprop-Verse harmlos sein. Allerdings verband sich mit der auf Fortschritt und Zukunft ausgerichteten

Geschichtsphilosophie des Kommunismus, die seine Verse spiegeln, eine Traditionsfeindlichkeit, die der der Nationalsozialisten kaum nachstand. Das wurde bei der Umgestaltung Dresdens zur sozialistischen Großstadt deutlich. Die Neugestaltung führte, wie Matthias Lerm in seiner Untersuchung »Abschied vom alten Dresden« zeigt, zu einem unermeßlichen Verlust an historischer Bausubstanz. Lerm spricht von einer »Vollendung des Werkes der Kriegszerstörung«. Der Abriß der Sophienkirche, die eine der vier Hauptkirchen der Altstadt und das älteste in wesentlichen Teilen erhaltene Baudenkmal Dresdens war, ist nur eines von zahllosen Beispielen dafür, »wie verheerend sich Dummheit und Arroganz der Macht auf unwiederbringliche bauliche Zeugen der Vergangenheit auswirkten«.[112] Wie viel Verachtung Ideologen wie Zimmering der überlieferten Kultur entgegenbrachten, zeigt eine Szene in seinem Roman »Phosphor und Flieder« (1956), der eine Chronik der Dresdner Nachkriegsjahre sein soll. Der Heimkehrer Hermann, eine von Zimmering positiv gezeichnete Figur, verrichtet ausgerechnet an der Mauer des Fürstenzuges »eine dringende Notdurft«.[113] Das Wandbild in der Altstadt, das die Brandnacht wie durch ein Wunder überstand, zeigt die sächsischen Regenten hoch zu Roß. Die Stelle mag banal sein; eine bloße Laune des Erzählers ist sie nicht. Gerade die Beiläufigkeit der Mitteilung deutet darauf hin, mit welcher Selbstverständlichkeit Zimmering jene Geschichte und Tradition ablehnte, die nicht die der Arbeiterbewegung war.

Zu Recht ist Zimmering nicht einmal als Fußnote in die Literaturgeschichte eingegangen. Schon 1966 attestierten Adolf Endler und Karl Mickel seinen Gedichten literarische Bedeutungslosigkeit, als sie keines davon in ihre Anthologie »In diesem besseren Land« aufnahmen.[114] Und das, obwohl in der DDR der fünfziger und sechziger Jahre der von Zimmering angeschlagene Ton der vorherrschende war. Gemäß der orthodoxen Kulturpolitik der Ulbricht-Zeit hatte die Literatur im Sozialismus eine klar umrissene Aufgabe: Sie sollte das »neue Leben« in der klassenlosen Gesellschaft künstlerisch gestalten; ihre Grundhaltung war Parteilichkeit. Die Folge waren zahllose

Gedichte, die voller Überschwang den Aufbau des Sozialismus besangen. In seinem 1970 erschienenen Gedicht »Lagebericht: Sachsen« hat Volker Braun diese Art der lyrischen Produktion mit Spott bedacht: »Lob / Trieft aus den Blättern, jeder Furz klingt als Fanfare [...] Die permanente Feier verkünden Schaumschlägertrupps«.[115]

Max Zimmering übte sich in beidem: im Lob des Sozialismus und in der Anklage gegen den »Klassenfeind«. Seine einzigen Verse, die den Wechsel der Zeiten überdauert haben, finden sich auf dem Heidefriedhof in Dresden. Seit 1965 erinnert dort ein monumentaler »Ehrenhain« an die »Opfer des Faschismus« und die Toten der Luftangriffe. Noch heute ist er einer der zentralen Orte des Gedenkens an den 13. Februar 1945. In Stein gemeißelt stehen dort die Verse: »Wieviele starben? Wer kennt die Zahl? / An deinen Wunden sieht man die Qual / der Namenlosen, die hier verbrannt / im Höllenfeuer aus Menschenhand.«[116] So lautet die erste Strophe von Zimmerings Gedicht »Dresden«. Am sechzigsten Jahrestag der Bombennacht legten der britische und der amerikanische Botschafter vor diesem Stein Kränze nieder.

Das Bild der Ruinen

Ein Jahr nach Kriegsende notierte Victor Klemperer nach einem Gang durch die Dresdner Trümmerwüste einige Gedanken über die Folgen der gewaltigen Zerstörungen für die Künste: »Wir werden eine neue Ruinenmalerei und -dichtung bekommen, aber sie wird anders sein als die des achtzehnten Jahrhunderts.« Die Gefühle beim Anblick der zerbombten deutschen Städte hätten nichts zu tun mit jenen erhabenen Gedanken, der sich einst die Maler und Dichter hingaben, wenn sie vor den verfallenen Mauern mittelalterlicher Klöster und Burgen oder antiker Tempel standen und sich ihrer eigenen Vergänglichkeit bewußt wurden. Der Schmerz um deren

Schicksal sei ein allgemein-menschlicher, philosophischer und im Grunde sanfter Schmerz gewesen. Davon könne in der Gegenwart keine Rede sein. Wer unter einem Trümmerfeld seine vermißten Angehörigen vermute und in einem hohlen Mauerviereck sein in Jahrzehnten mühsam erworbenes Hab und Gut zu Asche verbrannt wisse, der fühle etwas anderes: »Nein, zu sanfter Melancholie regen sie nicht an, unsere Ruinen. Und wenn zur Bitterkeit des Anblicks das Wort ›coventrieren‹ tritt, dann schleift es einen trostlosen Gedankengang hinter sich her. Er heißt: Schuld und Sühne.«[117]

In ihrer Untersuchung »Erinnerungsräume« spricht Aleida Assmann von der Ruine als Stütze und Unterpfand des Gedächtnisses. Dies gelte allerdings nur, wenn die mit ihr verbundene Geschichte und die »Geschichten, die man für sie erfindet und die sich wie Efeu um die Trümmer ranken«, tradiert und erinnert würden. Sobald eine Ruine getrennt von ihrer Geschichte in eine fremd gewordene Welt hineinrage, würde sie zu einem Monument des Vergessens, das nur mehr malerisch erscheine. Ende des 18. Jahrhunderts, schreibt Assmann, sei in England eine Ruinen-Romantik kultiviert worden, welche die Reste vergangener Kulturen ästhetisiert habe. In einer Epoche, die von Wandlungsbeschleunigung und Industrialisierung gekennzeichnet gewesen sei, seien die wandlungsbeständigen Ruinen der Geschichte entzogen und der Natur zugerechnet worden. So verweise in William Wordsworths poetischer Autobiographie »The Prelude« eine verfallene Abtei nicht auf ihre Geschichte, sondern auf die überzeitliche Dauer des Ortes.[118] Inmitten der Trümmer bewegt den Dichter nicht die blutige Historie, sondern ein Zaunkönig, der »So lieblich sang […], daß / Ich gerne mir zur Heimstatt hätt' erkoren / Den Ort, um ewig dort zu leben und / Auf die Musik zu lauschen«.[119]

Die neue Ruinenmalerei, die Klemperer vorhergesagt hatte, begann in Dresden mit den Rohrfederzeichnungen von Wilhelm Rudolph. Dieser zeichnete als erstes die Ruine seines Hauses; hier hatte er den größten Teil seiner Arbeiten verloren, darunter alle seine Holzstöcke. Fritz Löffler schrieb über diese Zeichnungen: »Das Dämonische und

Schreckliche, das Hereinbrechen des Nichts, die letzten Zuckungen des Unterganges sind in diese Blätter hineingeschrieben. Aber nichts Menschliches und Kreatürliches blieb zurück; kaum, daß eine Baumrinde an ein ehemaliges Leben erinnert.« Und er setzt fort mit einem Gedanken, der schon Klemperer umtrieb: »Was für ein anderes geistiges und seelisches Klima herrscht hier als in Piranesis Ruinendarstellungen Roms, an die man zuerst denken muß, wenn man auf die Suche nach kunstgeschichtlichen Vorbildern geht. Das vollständig Neue der Situation erhellt sich dabei schlagartig …«[120]

Zwei Jahrhunderte zuvor hatte Giovanni Battista Piranesi es sich zur Aufgabe gemacht, »die Spuren der ewigen Stadt von den Schändungen und Verwundungen der Zeiten« zu erretten. Im Jahre 1756 erschienen vier Bände mit dem Titel »Le Antichità Romane«, deren über 250 Radierungen die römischen Monumente vor ihrem endgültigen Verfall dokumentieren sollten. In der Vorrede zum ersten Band schreibt Piranesi: »Da ich sah, daß die Überreste der antiken Bauten Roms […] von Tag zu Tag mehr zusammenschrumpfen, teils durch die Verwüstungen der Zeit, teils durch die Habgier der Besitzer, die mit barbarischem Gleichmut die Ruinen heimlich abreißen und die Steine zur Verwendung bei Neubauten verkaufen, habe ich mir vorgesetzt, sie durch den Druck zu bewahren.«[121] Dabei betätigte sich Piranesi als Archäologe. Allerdings maß er der Imagination eine ebenso große Bedeutung zu wie der Erfahrung.[122]

Als Wilhelm Rudolph das verbrannte Dresden zeichnete, bedurfte es keiner Phantasie; der Anblick überstieg alle Vorstellungskraft. Die Dresdner Ruinen ragten nicht mehr wie zu Zeiten Piranesis die römischen in eine fremd gewordene Welt hinein – vielmehr war alles Ruine in dieser Welt. Rudolph blickte auch nicht aus dem Abstand der Zeiten auf die Trümmerlandschaft, sondern war selbst ein Teil von ihr. Auch die Menschen auf seinen Zeichnungen erinnern an Ruinen: die Ausgebombten, die Flüchtlinge und die »Trümmer der Wehrmacht«, wie er die Blätter nannte, auf denen Kriegsverwundete zu sehen sind. Bezeugten die römischen Ruinen noch, wie »Geschichte in den Schauplatz hineinwandert«[123], so trifft diese

Formulierung von Walter Benjamin nicht mehr auf die Trümmer zu, die der moderne Bombenkrieg hinterließ. Dem allmählichen, jahrhundertelangen Verfall der antiken Bauten steht die in wenigen Stunden planmäßig ausgeführte Zerstörung einer Stadt gegenüber. In Dresden, heißt es bei Karl Mickel, »stellten sie Ruinen technisch her«.[124]

»Die Maler in Dresden« nannte Volker Braun ein Gedicht, zu dem ihn im November 1962 Bernhard Kretzschmars Trümmerbild »Heimkehr« inspirierte. Das Gedicht erzählt von den Malern, die zwischen den Ruinen vor ihren Pappen sitzen; sie »Mischten Weiß und Schwarz zum elenden Grau des Februar / Türmten graue Steine und wieder Steine und darüber andere Steine / Schabten mit Fingern Skelette verendeter Häuser / Wuschen mit Tränen Tupfen mutlosen Grüns weg.« Der Aufforderung, die aschfarbene Tristesse mit unrealistisch leuchtenden Farben zum Verschwinden zu bringen, schenken sie keine Beachtung. Doch es kommt nicht zum Konflikt, das Gedicht endet versöhnlich: Als die Maler ihre Bilder an die Mauern hängen, erkennen die Menschen ihre zerstörte Stadt. Aber im Licht des Frühlings erscheinen die Farben plötzlich nicht mehr grau und trostlos. »Hellblau und gelb und warm vom Ocker« leuchten die Leinwände und erzeugen einen »Schimmer von Hoffnung«. Die Menschen schöpfen neuen Mut: »Elend die Steine, doch lohnend sie fortzuschaffen.«[125]

Die Schlußsentenz weist in eine Zukunft, die sich nur verschwommen abzeichnet. Die Erwartungen sind gedämpft, wenn es mit Blick auf die Trümmerwüste heißt: »Wenigstens / Nicht aufzugeben. Möglicherweise bewohnbar zu machen.«[126] Brauns zurückhaltende Formulierungen heben sich wohltuend ab von der rhetorischen Kraftmeierei und dem bedenkenlosen Optimismus der gängigen Aufbau-Lyrik. Wie die Bilder der unbestechlichen Maler sind seine Verse wahrhaftig; sie verklären und schönen nichts: weder die Mühsal noch die Mutlosigkeit. Indem auch die Möglichkeit des Scheiterns aufscheint, stellt das Gedicht die übliche Siegesgewißheit in Frage. Es liegt nahe, die Skepsis dieser Zeilen mit Brauns Biographie und dem

Erlebnis der Dresdner Brandnacht in Verbindung zu bringen. Heinz Czechowski wies darauf hin, daß es sich bei Gedichten wie diesem, die »ohne jeden Opportunismus« und jegliche »Feiertags-Rhetorik« ihren Gegenstand erfassen, um »ausgesprochene Erfahrung« handelt.[127]

Georg Maurer sprach 1965 in seiner Rede »Was vermag Lyrik?« von der Genauigkeit als einer ästhetischen Kategorie, die in der Lyrik des Sozialismus »verwildert« sei; allerdings werde diese Kategorie soeben von einigen jüngeren Autoren wiederentdeckt.[128] Gemeint waren jene Autoren, von denen Adolf Endler ein Jahrzehnt später als von »einer Dresdener, besser: Sächsischen Dichterschule« sprechen sollte. Als Begründung führte Endler an, daß viele von ihnen aus Sachsen stammten, die meisten aber aus Dresden, und daß in den Gedichten gerade der letzteren diese Herkunft ihre Spuren hinterlassen habe. Er erinnerte an »eine spezifische Dresdener Kulturtradition«, derer sie sich hoch bewußt seien, und erwähnte »den für das Werk dieser Autoren ebenso entscheidenden Tag, an dem der alte Gerhart Hauptmann auf den Hügeln über Dresden in Tränen ausbrach, die Augen brandgerötet«.[129] Zwei wesentliche Punkte sind damit benannt: *Erfahrung* und *Genauigkeit* kennzeichnen die Gedichte der Dresdner Lyriker, die in den sechziger Jahren darangingen, jene neue Ruinendichtung zu schaffen, von der Klemperer kurz nach dem Krieg gesprochen hatte.

Heinz Czechowski, Karl Mickel und Volker Braun blickten vom Stadtrand aus auf das brennende Dresden. B. K. Tragelehn entkam den Bomben nur mit knapper Not; direkt hinter dem Haus, in dessen Keller er dem Dröhnen der Geschwader lauschte, schlug eine Luftmine ein. Sechzig Jahre danach zeigt er auf die silberne Kaffeekanne, die seine Mutter später in der Asche wiederfand – sie war ein wenig verzogen, der Ebenholzgriff war verbrannt. »Die Erfahrung der Brandnacht«, sagt er, »das ist die Erfahrung, davongekommen zu sein.«[130] Seine Kindheit war eine Kindheit im Krieg. Wie die anderen war er zu jung, um zur sogenannten Flakhelfer-Generation zu gehören, doch alt genug, um zu begreifen, was in Dresden geschah.

Sowohl Czechowski und Mickel, die 1935 geboren wurden, als auch Tragelehn (1936) und sogar Braun (1939) erinnerten sich später noch an die unzerstörte Stadt; auch die eine oder andere Beobachtung aus dem nationalsozialistischen Dresden hat sich ihnen eingeprägt. Allerdings stellt Tragelehn diese frühen Erinnerungen unter Vorbehalt: »Es sind Fetzen, an die man sich erinnert. Und auch mit den Fetzen ist es schwierig. An dem, was tatsächlich passiert ist, lagern sich spätere Meinungen, Assoziationen, Haltungen ab.«[131] In Czechowskis Texten über das alte Dresden schwingt immer auch die Frage mit, ob man seinem Gedächtnis überhaupt trauen kann. In dem Gedicht »Kindheit« nennt er die Erinnerung einen blassen Schatten: »Eine Kopie, / Kopiert und wieder kopiert, / Auf das Papier, / Das allmählich zerfällt.«[132]

Schon Freud erkannte, daß Wahrnehmungen erst in der Erinnerung ihre Deutung erfahren; das kann auch erst Jahre später der Fall sein. Er prägte dafür den Begriff »Nachträglichkeit«. Erinnern ist demnach kein passiver Reflex der Wiederherstellung, sondern der produktive Akt einer neuen Wahrnehmung.[133] Damit stellt sich in der Tat die Frage nach der Zuverlässigkeit von Erinnerungen. Auch Aleida Assmann kommt in ihrer Studie über »Formen und Wandlungen des kulturellen Gedächtnisses« darauf zu sprechen. Stets sei das Gedächtnis den Imperativen der Gegenwart unterstellt, zitiert sie jene Theoretiker, die die Vorstellung vom Gedächtnis als einem Speicher durch die These vom rekonstruktiven Charakter von Erinnerungen ersetzt haben: »Aktuelle Affekte, Motivationen, Intentionen sind die Wächter über Erinnern und Vergessen.«[134] In der späteren Deutung sieht Assmann aber nicht zwangsläufig ein Defizit. Es sei voreilig, sie als Fiktion oder Lüge zu bezeichnen, wenn sie nicht mit der historischen Wahrheit übereinstimme: »Während ein Lebenslauf sich aus objektiv verifizierbaren Lebensdaten zusammensetzt, beruht eine Lebensgeschichte auf interpretierten Erinnerungen, die sich zu einer erinnerbaren und erzählbaren Gestalt zusammenfügen. Solche Gestaltgebung nennen wir Sinn; sie ist das Rückgrat gelebter Identität.«[135] Die Wahrheit könne gerade auch in der Verformung von Fakten bestehen – verformt durch Stimmungen und Gefühle, die in keine sachliche Beschreibung eingehen würden: »Erinnerungen also, auch wenn sie manifest falsch sind, sind auf einer anderen Ebene wahr.«[136]

Ähnlich argumentiert Heinz Czechowski mit Blick auf seine Erlebnisse als Kind. Bei vielen Details frage er sich: Ist es wirklich so gewesen oder nicht? Habe er tatsächlich nach den Angriffen einen amerikanischen Bomber auf dem Altmarkt liegen sehen? »Ich glaube, daß es so war. Freilich könnte ich es mir ebensogut auch einreden. Aber selbst in diesem Fall würde es stimmen.« Ebenso wie die Erzählung seiner Patentante, die nach dem zweiten Angriff durch die brennende Stadt geflohen war. Auf der Prager Straße, berichtete sie später, seien ihr Pferde entgegengerast. Czechowski vermutet, daß es Pferde aus dem Zirkus Sarrasani waren. Mitunter glaubt er sich sogar selbst daran zu erinnern: »Ich habe diese Pferde ebenfalls gesehen. Aber das ist Einbildung. Es ist gar nicht möglich, daß ich sie gesehen habe, denn ich war am Wilden Mann, wo man vom Dach aus nur den Feuerschein der brennenden Stadt erkannte. Aber das Bild ist so stark, daß es mir manchmal vorkommt, als hätte ich es selbst gesehen.«[137] In beiden Fällen kann man mit Aleida Assmann von einer atmosphärischen Wahrheit sprechen. Czechowskis Erinnerungen sind demnach, wie sie in ihrer Untersuchung schreibt, »keine dokumentarischen Splitter, die sich zu einem kohärenten historischen Gesamtbild zusammensetzen lassen, sondern Verdichtungen von Erfahrungen unter dem affektiven Druck der historischen Stunde«.[138]

Die Zweifel, die Czechowski und Tragelehn äußern, betreffen nur Details. Das Bild der Ruinenstadt steht ihnen hingegen klar vor Augen. Der Eindruck vertiefte sich mit den Jahren, in denen Dresden vom Krieg gezeichnet blieb. Noch Mitte der fünfziger Jahre blickte Volker Braun vom Wachwitzer Weinberg aus »stundenlang, das Physikbuch auf den Knien, auf die leuchtenden Trümmer«.[139] Karl Mikkel sah in der zerstörten Stadt sogar ein Kunstwerk: »Inmitten der heitersten Natur, im anmutigen Elbtal zu Füßen der Weinberge war

ein Ensemble kostbarster Ruinen erstanden.« Ihr ästhetischer Reiz
sei außerordentlich gewesen, heißt es in dem Essay »Naturform und
Menschenwerk«, der sich als eigenständiges Kapitel auch im postum
erschienenen Zweiten Buch seines Romans »Lachmunds Freunde«
findet.[140] Als Elfjähriger, schreibt Mickel, sei er stundenlang durch
diese Trümmerlandschaft gelaufen »wie durch die Gründe eines
Gemäldes von Nicolas Poussin«. Erst dieses Erlebnis habe ihn dazu
befähigt, vor dem Pillnitzer Schloß ein Konzert der Sächsischen
Staatskapelle mit der C-Dur-Sinfonie von Schubert zu genießen. Ob
der Elfjährige beim Anblick der brandgeschwärzten Ruinen seiner
Heimatstadt tatsächlich eine Schönheit des Schrecklichen empfand?
Mickel jedenfalls wollte es so sehen. Er schreibt: »Vanitas und Pulch-
ritudo sind ein- und dieselbe Person: das steht für mich von Kind
an außer Zweifel.«[141]

Nicht weniger irritierend ist ein Gedanke, der sich in Tragelehns
Gedicht »Grundschule« (1985) findet. Darin heißt es über die Empfindungen des Kindes in der Bombennacht: »Die Stadt brennt. Acht-
jährig hatte ich / Zum ersten Mal ein Urteil. Sie gefiel mir.«[142] Sechzig
Jahre später kam Tragelehn noch einmal auf diesen Moment zu sprechen: »Als wir raus sind aus dem Haus, mußten wir uns an der Wand
entlangdrücken in der Durchfahrt. Der brennende Phosphor tropfte
den Lichtschacht herunter. Wir haben eine Weile im Sandkasten auf
dem Platz gesessen, und ringsherum brannte alles. Mir gefiel das.«
Der Schritt aus dem Keller, in dem er während des ersten Angriffs
Todesängste ausgestanden hatte, kam ihm »wie eine Befreiung oder
eine Geburt« vor. Eine solche Befreiung, sagt Tragelehn, sei für ihn
auch die Zerstörung der bürgerlichen Dresdner Welt gewesen: »Ich
war plötzlich im Freien.«[143]

In dem Prosagedicht »Grundschule 2. Nach Tragelehn« (1997)
nahm Mickel diesen Gedanken auf: »Da die Welt in Trümmern lag,
bedrohte sie mich nicht; an den zerstreuten und durcheinander ge-
worfenen Bruchstücken ersah ich die Schönheit, welche aus ihrer
gefügten Ordnung mich ausgeschlossen gehalten gehabt hätte. Gerechtigkeit hatte gewaltet, das ist: die Vergangenheit war begehbar

geworden.«[144] Hier spricht, wie Volker Braun angemerkt hat, das »Arbeiterkind aus Altgorbitz, das sich die Hochkultur aneignete auf den Schutthaufen«.[145] Mickel war überzeugt, nicht nur für sich zu sprechen: »Die Gedichte zeigen, daß meine Confratres Braun, Czechowski und Tragelehn vom Aufenthalt im Innern des Kunstwerkes gleichermaßen sich gefördert fanden.«[146] Ein ungeahnter Zwiespalt tut sich auf: Dem Verlust, den die Zerstörung des alten Dresden bedeutete, steht für Tragelehn und Mickel ein Gewinn gegenüber. Was der kindliche Blick intuitiv als neue Freiheit erfaßt, begreift der Dialektiker mit Marx als Umsturz der Verhältnisse. Daß die Freiheit indes nicht von Dauer war, läßt Tragelehns Gedicht »Das unvergeßliche Jahr 1945« erahnen. Darin heißt es: »Ein Augenblick Freiheit / Ration für ein Leben«.[147] An die Stelle des Augenblicks trat schon bald eine andere »gefügte Ordnung«, die ihrerseits ausgrenzte.

»Einen Wimpernschlag lang mochten wir haben glauben können, unsere Generation sei gekommen, die Welt nun einzurenken«, erinnerte sich Mickel später in seinem Essay »Naturform und Menschenwerk«. Der Aufbau einer sozialistischen Gesellschaft erschien nicht nur ihm als der richtige Weg, jene Gerechtigkeit herzustellen, von der in seinem Prosagedicht die Rede ist: Proletarische Herkunft und Hochkultur sollten einander nicht mehr ausschließen. Es war nicht der einzige Gegensatz, den die neuen Machthaber versprachen aufzuheben. »Ich erinnere«, schreibt Mickel, »die kommunistische Intention zweckte letztlich die Aufhebung dreier Gegensätze; Stadt / Land; geistige / körperliche Arbeit; Mann / Frau; Aufhebung hegelisch dreifach verstanden: Beseitigung / Bewahrung / Erhöhung.« Das Schreiben der vier Dresdner blieb davon nicht unberührt: »Jeder von uns arbeitete dran, diesem wesentlichen Gehalt die klassisch-dauerhafte Form zu geben. Geglückt ist es keinem. Die Gedichte wurden verworfen.«[148]

Bei einem Wimpernschlag blieb es nicht, und das Verwerfen der affirmativen Gedichte, mit denen sie begannen, geschah auch nicht über Nacht. Noch Mickels »Lobverse und Beschimpfungen« (1963)

und Brauns Gedichtband »Wir und nicht sie« (1970) sind staatstragend und für den Gebrauch im Sozialismus bestimmt. Eines der frühesten Gedichte dieser Art, das von Dresden handelt, stammt von Tragelehn. Es trägt den Titel »Sich Änderndes« und erschien im April 1959 in der Zeitschrift »Neue Deutsche Literatur«. Erzählt wird von einer Straßenbahnfahrt durch eine namenlose Stadt; die Ruinen sind längst abgerissen, und dort, wo seither nichts war als eine »kahle Ebene«, ertönt nun das »Kreischen der Mischmaschinen. Turmkräne, die rote Fahne obenauf, / heben Fertigteile zum Bau«. Ein neues Viertel ist am Entstehen, einige Häuser sind schon fertiggestellt und »bunt bemalt«. Unter ihnen steht noch ein altes Haus, abwertend als »Mietskaserne« bezeichnet, das sich inmitten des Neuen wie ein Fremdkörper ausnimmt. Doch das Gedicht endet nicht mit diesem Kontrast. Es folgt, durch eine Leerzeile von der nüchternen Beschreibung abgehoben, das überschwengliche Lob des Sozialismus: »O Schönheit der Bauplätze! / Sich Änderndes! Das / ist die sozialistische Landschaft.«[149] In Tragelehns Auswahlband »Nöspl« aus dem Jahr 1982 ist das Gedicht in einer deutlich veränderten Fassung enthalten. Unmißverständlich heißt es nun: »Besuch in D«.[150] Vom Sozialismus ist keine Rede mehr, sogar die rote Fahne ist verschwunden. Der Text, der nunmehr mit dem Bild des alten Hauses schließt, hat jetzt eine andere Stoßrichtung. Walter Schmitz sieht in dem Gedicht nun ein »Modell dieses neuen, von der ›grauen‹ Vergangenheit immerhin irritierten Anfangs«.[151]

Einen zweiten Text von 1959 hat Tragelehn später nicht wiederveröffentlicht: »Die alte und die neue Stadt« variiert das Aufbau-Thema. Der erste Teil schildert die alte Stadt als elenden, menschenfeindlichen Ort; die Häuser sind »geschwärzt / vom Rauch benachbarter Fabriken«, im Hinterhof trifft der Blick auf Gerümpel und ein verkümmertes Bäumchen: »Malerischer Dreck, anachronistische Idylle!« Im zweiten Teil werden den alten Quartieren »freundliche, ruhige Viertel« gegenübergestellt, Resultat des hymnisch besungenen Aufbaus: »Wie Musik / klingt dem Ohr des Wohnungsuchenden / der Lärm der Bauplätze.«[152] Die Emphase, mit der Tragelehn hier das

Neue feiert und das Alte als unzeitgemäß abtut, entsprach jenem Zeitgeist, der ablehnte, was mit der Vorstellung vom »neuen Leben« nicht übereinstimmte.

Bereits kurz nach dem Krieg warnte der Verkehrsplaner Gotthold Weicker davor, mit »dem Festhalten am Alten das Hemmnis« zu verewigen: »Der Bombenterror hat freie Bahn geschaffen, sie ist zu nützen.« Das, was man einst als Sünde des Liberalismus bezeichnet habe, sei »dank dem 13. Februar« zum größten Teil ausgelöscht. »Verschwunden sind sowohl die auf ›Repräsentation‹ ausgehenden Viertel mit überladenen Schauseiten, verschwenderischen Treppenhäusern, zu hohen und zu zahlreichen, nicht wirklich ausgenützten Zimmern, wie die Viertel mit zu kleinen, vom Keller bis zum Boden jeden Winkel, auch im Hinterhaus ausnützenden Wohnungen, wie auch die aus älterer Zeit stammenden innerstädtischen Viertel, hinter deren künstlerisch so reizvollen Schauseiten doch vielfach gesundheitlich gänzlich unzureichende Behausungen sich dem Blick entzogen.«[153] Weickers Argumentation traf sich mit den Vorstellungen der neuen Machthaber, denen es um die Manifestierung der neuen Gesellschaftsordnung im Stadtbild ging. So erklärte Mitte der fünfziger Jahre der damalige Oberbürgermeister Walter Weidauer voller Stolz, daß die »Atmosphäre der ehemaligen Residenz«[154] verschwunden sei. Dresden sollte eine Stadt der Werktätigen werden. In einem Papier der SED-Bezirksleitung von 1960 heißt es: »Die sozialistische Großstadt Dresden muß sich dadurch auszeichnen, daß alle Industriebetriebe ständig ihre Pläne erfüllen und die sozialistischen Großbetriebe zu wirklichen Festungen der Arbeiterklasse in der Stadt werden«.[155] Auf diese legte der Arbeiter- und Bauernstaat naturgemäß mehr Wert als auf Schlösser und Kirchen. Nicht mehr die Kunststadt stand im Mittelpunkt, sondern die industriell bedeutsame und verkehrsgerechte sozialistische Großstadt. Um diese Vision zu verwirklichen, hatte man die Innenstadt fast völlig leergeräumt; zwischen Hauptbahnhof und Kreuzkirche blieb kaum ein Stein auf dem anderen. Hunderte von Gebäuden, deren Abriß nicht zwingend notwendig gewesen wäre, fielen Sprengkommandos oder

der Spitzhacke zum Opfer. Als Zeugnisse bürgerlicher Stadtkultur gehörten sie zum ideologischen Feindbild.

Die Residenzstadt mit, wie Weidauer es ausdrückte, »ihrem starken parasitären Einschlag« sollte verschwinden. Stehen blieb nur, was als Kulturdenkmal galt und dem Neuen nicht im Weg war. Zumeist vergeblich bemühten sich Denkmalschützer zu retten, was abgerissen werden sollte. Die Häuser in der Rampischen Straße, einige der schönsten Beispiele des Dresdner Barock, mußten einem Parkplatz weichen. Auch die Sophienkirche mit ihrem 1271 entstandenen spätromanischen Saalbau wurde abgebrochen. Anderes blieb entgegen den ursprünglichen Plänen erhalten. Die zerstörte Semperoper wurde zunächst gesichert, später rekonstruiert und am 13. Februar 1985 wiedereröffnet. Auch einige Altbauviertel, die der Krieg verschont hatte, die aber den Mächtigen ein Dorn im Auge waren, überlebten. Ihr sofortiger Abriß hätte die Wohnungsnot nur vergrößert. Weidauer forderte: »Keine Paläste für die Reichen und Hütten für die Armen, sondern Demokratie im Wohnungsbau.« Das wiederum sollte dem Aufbau des Sozialismus zugute kommen: »Je besser und zweckmäßiger der Mensch wohnt, umso größer seine Leistungsfähigkeit.« Dieser Vorgabe hatte alles sich unterzuordnen, auch das an historischen Gebäuden reiche Dresdner Stadtbild: »Was nützt dem Menschen die Tradition, wenn er dadurch in eine Zwangsjacke gesteckt wird, wenn er unbequem wohnt und den Krankheiten Vorschub leistet. Besser wohnen wollen wir, schöner und freier soll unser Leben sich gestalten.« Darum, erklärte Weidauer, dürfe ein großer Teil des Zerstörten »in seinen alten Formen nie wieder erstehen«.[156]

Der Kontrast zwischen der alten und der neuen Stadt beschäftigte nicht nur Tragelehn. 1961 erschien der Auswahlband »Bekanntschaft mit uns selbst«, der Gedichte von sechs jungen Lyrikern der DDR enthielt, darunter Heinz Czechowski und Karl Mickel. Im Nachwort spricht der Herausgeber Gerhard Wolf von einer neuen Autorengeneration, deren Erleben nicht mehr mit Faschismus und Krieg belastet sei, auch wenn sich noch manche Ruine zwischen den allerorten entstehenden neuen Häusern finden lasse: »In deren Mauern sind sie schon zu Hause und beklopfen sie nach allen Seiten. Sie nehmen von dieser Welt Besitz, freundlich der Gemeinschaft sozialistischer Menschen zugewandt.«[157] Die Errungenschaften würden nicht mehr besungen; die neue Generation gehe schlicht von ihnen aus. Das trifft in der Tat auf Mickels Gedicht »Dresdner Häuser (Weißer Hirsch und Seevorstadt)« zu, eine frühe Fassung des 1965 entstandenen Gedichts »Dresdner Häuser«. Wie die Texte von Tragelehn hat es den Gegensatz zum Thema, den die Reste der alten Stadt und die neu errichteten Straßenzüge bilden; auch Mickels Gedicht könnte »Die alte und die neue Stadt« heißen. Anders als Tragelehn, der auf eine Ortsangabe verzichtet und dessen Verse daher für den sozialistischen Aufbau insgesamt stehen können, verankert Mickel sein Gedicht schon durch die Überschrift im Elbtal. Der Weiße Hirsch und die Seevorstadt sind zwei Dresdner Stadtteile, die von den Bombardierungen unterschiedlich stark betroffen waren. Während die auch als Kurort berühmte Villengegend im Nordosten kaum zerstört wurde, lag die Seevorstadt mit dem Hauptbahnhof im Zentrum der nächtlichen Angriffe. Von den Bürgerhäusern und Villen der Prager Straße und des Englischen Viertels blieb nichts erhalten; nach der Enttrümmerung war die Seevorstadt nur mehr eine öde Fläche.

Im ersten Teil von Mickels Gedicht ist von den Villen am Weißen Hirsch die Rede, deren allmählicher Verfall einem Naturgesetz zu folgen scheint: »Seltsamer Hang! Die Häuser stehn, als sei / nie Krieg gewesen, als sei das Mauerwerk / von Regen nur und Winden angegriffen, als / hab nur der Hagel Fenster eingeschlagen. / Die schöngeschnittnen Räume! Ihr Verfall / rührt, scheint es, nur vom ungehemmten / Wachstum wilder Kirschen im Parterre.« Das Bild, das sich dem Auge des Betrachters bietet, mutet geradezu idyllisch an. Doch der Schein trügt: Auch der Weiße Hirsch, von dessen Höhen Gerhart Hauptmann auf das brennende Dresden sah, blieb nicht völlig verschont; auch hier fielen Bomben. Aber anders als die Ruinen im Stadtzentrum, an deren Stelle das sozialistische Dresden entstand, blieben die zerstörten Villen unangetastet. Nicht die Arbeiterklasse, sondern die Natur nahm von ihnen Besitz. Im zweiten Teil folgt das Gedicht Hauptmanns Blick. Die Stadt zu seinen Füßen, in der »in wenig Stunden, einer halben Nacht« Ruinen technisch hergestellt wurden, gibt es freilich nicht mehr. Statt dessen »stehn jetzt Häuser hell auf übergroßen, / nur schwach ergrünten Flächen«; und während »noch die Bagger das Geländ aufwühlen« und keiner der neu gepflanzten Bäume »mehr als mannshoch« ist, beginnt schon der Einzug der neuen Bewohner in die ersten Wohnungen in der Seevorstadt.[158]

Anders als in der späteren Fassung enthält sich Mickel eines klaren Urteils. Weder wird der sozialistische Aufbau lauthals bejubelt noch das Überkommene als anachronistisch abgetan. Im Gegenteil: Von den Räumen der alten Villen heißt es, daß sie schön geschnitten seien; die neu erbauten Häuser werden lediglich als hell bezeichnet. In die Betrachtung des Neuen drängt sich unweigerlich der Gedanke an die Vergangenheit. Die Brandnacht wird in kräftigen Farben gemalt, doch auch hier beläßt es Mickel bei der Schilderung; eine Schuldzuweisung unterbleibt ebenso wie ein Wort der Trauer. Die Distanziertheit des Beobachters und ein leichtes Erstaunen sprechen aus dem Gedicht. Vergleicht man diese Haltung mit dem Enthusiasmus von Max Zimmering, so klingen Mickels Verse geradezu skeptisch.

Einen anderen Ton schlägt er in dem offenbar früher entstandenen Gedicht »Kleiner Choral« an, das sich ebenfalls in Wolfs Anthologie findet. Die zwei letzten Strophen lauten: »Aus unsern Trümmern zogen / wir Werkzeug und Maschin'. / Das Krumme gradgebogen, / daß es uns künftig dien! / Die roten Fahnen flogen, / der Mai war frisch und grün. // Der Plan ist uns geraten, / der Staat in unsrer Hand, / zehntausend gute Taten / verbessern unser Land: / So schlingt um unsre Staaten / der Mai des Friedens Band.«[159] Zu einer eindeutigen Haltung, das zeigen die beiden Gedichte, hatte Mickel damals noch nicht gefunden.

Auch Czechowski preist in seinen ersten veröffentlichten Gedichten den sozialistischen Aufbau: »Wo Ginster einsam dürrte, / bauscht sich heut kühler Wind / in Fahnen über Werken, / die unsre Werke sind. // O neue, große Schönheit! / Mit neuer Leidenschaft / verändern wir die Erde / mit neuer, größrer Kraft.«[160] Das Stichwort ist *neu*. Dreimal fällt es in der letzten Strophe von Czechowskis »Lied«. Mit viel Pathos wird dieses Neue beschworen; ein Wir-Gefühl soll im Leser geweckt werden. Zweifel an der Identifikation des Verfassers mit dem Sozialismus kommen auch bei der Lektüre seiner anderen Gedichte in der Anthologie nicht auf. Im Nachwort schreibt Gerhard Wolf über die sechs Autoren: »Sie wissen um die Bedrohung ihres Landes, das ihnen Heimat ist, dessen Existenz sie nicht mehr ängstlich zu betonen brauchen.«[161] So nimmt Czechowski in dem Gedicht »Frühling 1958« die »Raketen auf westdeutschem Boden« zum Anlaß einer offenbar von Brecht inspirierten Reflexion über das Schreiben von Gedichten im Zeitalter der Atombombe: »Der sorglose Blick in die ziehenden Wolken kann / abgelöst werden vom suchenden: nach Bombern. / Da darf das Liebesgedicht nicht geschrieben werden / vor dem Pamphlet gegen die Kriegstreiber.«[162] Vielleicht standen Czechowski, als er diese Zeilen schrieb, die Bilder seiner Kindheit vor Augen; womöglich erinnerte er sich, daß die »Kriegstreiber« auch damals schon die anderen gewesen sein sollten. Dennoch folgt sein Gedicht der gängigen ideologischen Rhetorik. Es ist nur ein Beispiel von vielen, die zeigen, wie groß die Wegstrecke war, die die Dresdner Autoren im Laufe der Jahre zurücklegten.

Der verschüttete Grund

Am ersten Jahrestag der Zerstörung sprach der Stadtbaurat Herbert Conert den Dresdnern Mut zu. Er tat es, indem er einen Klassiker zitierte: »Immer hat neues Leben aus den Ruinen geblüht!«[163] Im vierten Akt von Schillers Drama »Wilhelm Tell« spricht der sterbende Attinghausen die Worte: »Das Alte stürzt, es ändert sich die

Zeit, / Und neues Leben blüht aus den Ruinen.«[164] Das »neue Leben« war das Schlagwort der Nachkriegsjahre; mit ihm verbanden sich jene Blütenträume, in denen die sozialistische Aufbau-Lyrik schwelgte. In Max Zimmerings Gedicht »Du Stadt am Strom« heißt es: »Sieh, aus Ruinenstaub und Wüstenei / erblühn Musik, / Theater, / Malerei«.[165]

Einer der ersten, die dieser Rhetorik mit beißendem Spott begegneten, war Otto Dix. Sein 1948 vollendetes Gemälde »… und neues Leben blüht aus den Ruinen« zeigt das Gegenteil von dem, was sich die Funktionäre unter diesem Titel vorgestellt haben mögen. Fritz Löffler spricht von einem »modernen Totentanz«. Zu sehen sind Figuren, wie sie sich schon auf dem Triptychon der »Großstadt« aus den zwanziger Jahren finden: »der Kavalier mit Monokel, die halbentblößten Mädchen, die die Unterwäsche zeigen, mit ihren mickrigen mageren Beinen und den schlappen Busen, sowie der Krüppel. Der Putz ist von der Mauer geblättert, drei Gestalten hausen in einem Keller, und im Vordergrunde liegen die Gerippe.«[166] Doch das Gemälde ist kein Ausdruck von Zynismus. Ebenso wie zwei andere Bilder, die Dix in diesen Jahren malte, »Fasching in Trümmern« und »Masken in Trümmern«, erinnert es nur daran, daß der 13. Februar 1945 der Faschingsdienstag und der Tag danach der Aschermittwoch gewesen war.

Von der Kulisse der Ruinen sollte sich das »neue Leben« nur um so strahlender abheben. Johannes R. Becher brachte dies auf die Formel: »Auferstanden aus Ruinen / Und der Zukunft zugewandt«. Gemeinsam, heißt es in seiner Hymne, gelte es, die alte Not zu zwingen, auf daß »die Sonne schön wie nie / Über Deutschland scheint«.[167] Schöner denn je sollte auch Dresden aus den Trümmern auferstehen. Doch mit den Jahren, die verstrichen, ohne daß sich das Bild einer ruinierten Stadt grundlegend veränderte, erschien diese Verheißung immer unwirklicher. Der Aufbau erwies sich als mühsam und langwierig. Davon ist in Karl Mickels Gedicht »Dresdner Häuser« (1965) die Rede, das sich wesentlich von der vier Jahre zuvor gedruckten Fassung unterscheidet. Darauf deutet bereits der größere Umfang hin: Während jenes nur eine Seite umfaßte, ist dieses vier Seiten lang. Offenbar mißt Mickel dem Thema nun größeres Gewicht bei. Auch sein Zugriff ist ein anderer. Mickel läßt es an Klarheit nicht fehlen; in barschem Ton weist er Bechers Vision zurück: »Das Neue Leben blüht nicht aus Ruinen / Da blüht Unkraut«. Der angeblichen Euphorie setzt er die nüchterne Realität entgegen: »Unkraut / Muß weg, eh Neues hinkann: kein Baum / Ist mehr als mannshoch, wo späte Eile / Wohnraum hinsetzt, kahle Häuser, reizlos / Eins wie's andre, buntgemalt, mit dünnen / Wänden, niedern Zimmern, Bad / Ungekachelt […] Und angemessen dem Finanzplan«. Das »neue Leben« im Sozialismus läßt sich so mühsam an wie der entbehrungsreiche Aufbau: »Vor bessern Zeiten kommen schlimme Winter«. Dabei stellt sich heraus, daß die »Wohnpaläste« der Arbeiter, als die man die Neubauten anpreist, dem ebensowenig gewachsen sind wie die von Weicker als »gesundheitlich gänzlich unzureichende Behausungen« geschmähten Altbauten: »Im Krafthaus Havarie, die Kindlein heizen / Mit ihrem Fieber ihre Krankenzimmer«.[168]

Die fällige Entgegnung auf das so drastisch Beschriebene nimmt Mickel selbst in einer Parodie vorweg. »Nicht diese Töne, Freunde!« ruft der Vater der fiebernden Kinder, der Schichtarbeiter und Fernstudent von nebenan. »Des Dichters Lied sei heiter!« spricht er aus, was sich der Staat von seinen Dichtern erwartet: »Eure Stimme / Soll hinbaun was, wo vorher nichts war, Wald / Niederreißen, Schornsteinwälder hochziehn / In kürzern Zeiten als ein Ästlein wächst […] und zwei Ähren wachsen lassen / Wo eine wuchs, bewässern und entwässern / Natur uns unterwerfen, uns natürlich / Benehmen lernen: das ist Arbeit, aller / Genüsse erster, edelster, der Ziele / Äußerstes Ziel«.[169] Erneut nimmt Mickel hier an einem Vers von Schiller Anstoß: »Ernst ist das Leben, heiter ist die Kunst«, heißt es im Prolog zum »Wallenstein«.[170] Für Mickel ist die Kunst jedoch keineswegs nur ein Beiwerk, das »zur Aufmunterung der Arbeitsleistung beizutragen« hat, wie Gerhard Wolf schreibt: »Des Dichters Lied kann nicht heiter sein, wo das Leben alles andere als heiter ist.«[171] Mickels Heiterkeit ist eine sarkastische, es ist die Heiterkeit des Parodisten und Polemikers gegen die apologetisch-hymnische Freundlichkeit, die allerdings auch etliche seiner frühen Verse prägt.

In einem Punkt allerdings bleibt Mickel der herrschenden Ideologie verpflichtet: Anders als vier Jahre zuvor wirft er in der neuen Fassung der »Dresdner Häuser« die Frage nach der Verantwortung für den 13. Februar 1945 auf – und beantwortet sie im Sinne der Partei. Ausgangspunkt seiner Betrachtung sind erneut die Ruinen am Weißen Hirsch; diesmal lenkt Mickel den Blick auf ihre früheren Besitzer: »Die hier wohnten / Inmitten großer Industrie, erhabener / Natur, die Stadt zu Füßen, setzten in Gang / Des Todes Fließband: welke Lausejungen / Kommerzienräte, mordgeil vor Alter, Nutten / Zahnarm mit fünfundzwanzig, Buckelköpfe / In sichern Bunkern, westwärts weg, bevor / Gestein und Fleisch zu schrecklichen Gebirgen / Zusammenglühten stadtwärts«.[172] Damit folgt er der propagierten Legende, nach der allein die kapitalistischen Eliten für Hitlers Machtergreifung und den Krieg verantwortlich waren. Da diese jedoch »westwärts weg« geflohen waren, hatte die DDR mit dem Faschismus nichts zu tun. Dieser war allein ein Erbe der Bundesrepublik, wo die Kapitalisten ihre Fließbänder wieder in Gang gesetzt hatten. Diese Argumentation blendet aus, daß Hitler durch das Votum der deutschen Bevölkerung an die Macht gekommen war, nicht aber durch eine Verschwörung von »dreihundert deutschen Rüstungsindustriellen und Bankherren«, wie Ulbricht behauptete.[173] Auch Mickel begnügt sich mit dieser Antwort, die bequem ist, aber nicht der Wahrheit entspricht. Der »Prolet aus Sachsen«[174], wie er sich selbst nannte, gibt dem Affekt gegen »die Reichen« nach.

Dennoch ist dieser Text von großer Bedeutung für die Dresdner Dichtung nach 1945. Mickels Bruch mit der Konvention und seine Absage an die einfältige Aufbau-Lyrik eröffneten eine Perspektive, die bis dahin von ideologischen Barrieren verstellt gewesen war. »Einwurzeln dichtes Baumwerk in den Städten / Auf Kellern, die ein Krieg geebnet hatte / Mit Stein und Fleisch und Eisensplittern«, heißt es in dem Gedicht über die Art der Landschaftspflege, der sich die Schriftsteller im Sozialismus befleißigen sollten.[175] Aleida

Assmann spricht davon, daß ein »Vergessen der Orte« nur dann
vermeidbar ist, wenn Menschen dafür Sorge tragen, daß dies nicht
geschieht: »Wie sich die Oberfläche sofort wieder schließt, wenn ein
Stein ins Wasser gefallen ist, so schließen sich auch an den Orten die
Wunden bald wieder; neues Leben und neue Nutzung lassen bald
kaum noch die Narben erkennen.« Es bedürfe ungeahnter Anstrengungen, »die Leerstelle als Spur der Vernichtung zu bewahren«.[176]
Hier wird nun genau das Gegenteil gefordert: Die Spuren sollen nicht
bewahrt, sondern getilgt werden; und ausgerechnet den Dichtern
fällt diese Aufgabe zu. »In kürzern Zeiten als ein Ästlein wächst«,
sollen sie ihr nachkommen. So wie in den neuen Vierteln »späte
Eile / Wohnraum hinsetzt, kahle Häuser«[177], die freilich gegen das
jahrhundertealte Ensemble der sächsischen Residenz abfallen, soll
die Kunst die Natur an Wachstum übertreffen. Nicht nur das sprich-
wörtliche Gras des Vergessens soll über dem Alten wachsen, nein,
gleich ein ganzer Wald soll sich darüber erheben. Nur ein Dichter
ohne Gedächtnis wäre dieser Aufgabe gewachsen; ein solcher aber
ist kaum vorstellbar, denn Dichtung im zwanzigsten Jahrhundert ist
immer Gedächtniskunst.

Vor dem Bewahren steht das Erinnern, stehen die Spurensuche
und die Rekonstruktion. Freud hat diese Tätigkeit mit der Arbeit
eines Archäologen verglichen. So wie dieser in der Erde nach einer
verschütteten Vergangenheit forscht, gräbt der sich Erinnernde im
eigenen Gedächtnis. Marcel Proust hatte nicht das Erdreich, sondern
den Meeresgrund vor Augen, als er von den in der Tiefe verborgenen
Erinnerungen schrieb, die nur durch geduldiges Meditieren wieder
an die Oberfläche des Bewußtseins steigen: »[Ich] spüre, wie etwas in
mir sich zitternd regt und verschiebt, wie es sich zu erheben versucht,
wie es in großer Tiefe den Anker gelichtet hat; ich weiß nicht, was es
ist, doch langsam steigt es in mir empor; ich spüre dabei den Widerstand und höre das Rauschen und Raunen der durchmessenen Räume.«[178] Die Kategorie der Tiefe steht laut Aleida Assmann für »ein
räumliches Gedächtnismodell, das Raum nicht mit Speicherkapazität
und Ordnung, sondern mit Unzugänglichkeit und Unverfügbarkeit

verbindet«.[179] In diese Regionen dringt nur vor, wer bereit ist, den Dingen auf den Grund zu gehen. In seinem Gedicht »Die Richtung der Märchen« (1962) bezeichnete Franz Fühmann diese Richtung mit den Versen: »tiefer, immer / zum Grund zu, irdischer, näher der Wurzel der Dinge, / ins Wesen«. Diesen Weg forderte er auch für die Gegenwart ein: »dem Grund zu, wir zerrn an den Strängen«, heißt es am Ende seines Gedichts gleich dreimal. Das Zerren bezieht sich auf den Helden, der sich in die Höhle des Drachen wagt. Bevor man ihn mit Seilen in den Schacht hinabläßt, spricht er: »Laßt mich hinunter, und wenn ich / vor Angst an den Strängen zerre, dann folgt meinem Zerren nicht, / laßt mich noch tiefer hinunter, und je mehr ich zerr, desto tiefer laßt mich hinunter.« So geschieht es: »er kam, zerrend, in die Höhle, / und er besiegte den Drachen«.[180]

Dort, wohin Fühmann weist, liegt die verschüttete Vergangenheit, liegen die Keller mit den Toten. Fühmanns Gedicht war in der Anthologie »In diesem besseren Land« dem Kapitel »Bewußtsein« zugeordnet.[181] Es war ein listiger Zug der beiden Herausgeber, den Ideologen auf diese Weise vor Augen zu führen, was diese verdrängten. Ihrer Geschichtsvergessenheit galt Fühmanns Kritik. Der Held, der sich in die Tiefe wagt, ist ein Gegenbild zu dem einer lichten Zukunft entgegensteigenden Arbeiter auf Richard Peters Fotografie. Der Kategorie der Höhe steht die Kategorie der Tiefe gegenüber. Geht es hier darum, in die Geschichte einzutauchen, will man dort die Vergangenheit hinter oder unter sich zurücklassen. Der Spaten, den der Ausgräber in die Erde stößt, steht gegen die aus dem kollektivierten Boden gestampften »Schornsteinwälder« und Neubauviertel. Empor! tönt es in den Aufbau-Hymnen. Hinunter! ruft der Held in Fühmanns Gedicht. Bechers Formel »Auferstanden aus Ruinen / Und der Zukunft zugewandt« entgegnet Fühmann: »tiefer, immer / zum Grund zu«. Georg Maurer hatte erkannt, was gemeint war, als er über dieses Gedicht schrieb: »Dieser Grund ist fest, er trägt. Auf ihm wird der entscheidende Kampf ausgetragen.«[182]

Ende der achtziger Jahre ging Karl Mickel in seinem unvollendeten Roman »Lachmunds Freunde« der Dresdner Trümmerwüste auf den Grund. Im Zweiten Buch schildert er die Aufräumarbeiten der Nachkriegsjahre: das Fortschaffen der Trümmer, das Abtragen der Restmauern sowie das Freilegen der Kellerdecken. Bär, einer von Lachmunds Freunden, erzählt: »Wir mußten sie mit Vorschlaghämmern aufbrechen, wo die Wölbung den höchsten Punkt hatte. Wenn das Loch da war, rief der Polier das Spezialkommando, von der Polizei, das holte die Wertsachen. Die Burschen hatten Gasmasken und Gummihandschuhe. Sie führten Karbid-Lampen. Sie seilten sich in die Tiefe.«[183] Für die einfachen Arbeiter ist die Unterwelt tabu, doch einer von ihnen, Harry, hält sich nicht an das Verbot und steigt nach der Arbeit in das Gewölbe hinab. Hinter einer mit LSR bezeichneten Stahltür bietet sich ihm ein schauriger Anblick: »Frauen / Kinder / Greise, karnevalistisch vermummt (: Tommy und Ami hatten faschingsdienstags gebombt), aber die solidesten Wintermäntel um die Schultern, umherliegen und -sitzen, verkrümmt und weggesunken, wie nach und nach sie erstickt waren; Hände, welche Hemden vom Hals zum Gürtel aufrissen oder um Stahlkassetten krallten, quellende Augäpfel, blaue Lippen und Zungen«. Im Luftschutzkeller des Nachbarhauses stößt er auf eine Mutter mit ihrem Sohn; daneben sitzt der Vater: »Die Kinnbacken aus den Gelenken gelöst und weit vorhängend, wie wenn unmäßiges Gebrüll (oder der letzte Schrei) die Maulsperre verursacht hätte. Die Führerlocke fiel über das blanke Stirnbein und die linke Augenhöhle, das gestutzte Bärtchen deckte den Os intermaxillare. Am Unterarm die Hakenkreuz-Binde war frisch gestärkt und geplättet gewesen; SA-Uniform.«[184]

In seinem Alterswerk nimmt sich Mickel eine Freiheit, die in der DDR der sechziger Jahre undenkbar gewesen wäre. Die Wirklichkeit, die er schildert, konterkariert das von der Partei propagierte »neue Leben«. In den Fundamenten der neuen Gesellschaft entdeckt Mickel die alten Gespenster, und es zeigt sich: Das angeblich »bessere Land« gründet auf einer finsteren Geschichte; der Neubeginn bringt die eigene Schuld nicht zum Verschwinden. Die »Absperrung«[185] der Vergangenheit, wie Freud den Ausschluß von Erinnerungen aus dem Bewußtsein nannte, geschieht in Bärs Erzählung ganz wörtlich:

Nachdem die Arbeiter ein Kellergewölbe aufgebrochen haben, wirft der Polier »einige gesengte Dielen und einen Arm voll linkerhand gerupfter Goldruten kreuzweise über das Loch«.[186] Am anderen Morgen, heißt es, würde er die Spezialeinheit rufen. Folgt man auf den nächsten Seiten dem verbotenerweise hinabgestiegenen Harry auf seinem Gang durch die Unterwelt, könnte man in dieser Maßnahme fast schon eine Art staatlicher Fürsorge sehen. Denn Harry trifft nicht nur auf die Gespenster der Vergangenheit, sondern auch auf den Teufel.

Indem Mickel die Keller der Geschichte öffnet, zieht er dem Sozialismus gleichsam den Boden unter den Füßen weg. Angesichts der glänzenden Geschmeide entpuppt sich der »neue Mensch« als genauso korrupt wie der alte: Harry steigt nicht etwa aus Abenteuerlust in den Schacht, sondern um sich zu bereichern. An das sozialistische Kollektiv verschwendet er keinen Gedanken. In den Häusern, deren Gewölbe er durchwandert, scheint ein solcher Eigensinn Tradition gehabt zu haben. Die Zirkusstraße, heißt es, sei eine noble Adresse gewesen; dem entspricht die Ausbeute: »mehrere Pfunde Edelmetall, Ringe und Zähne, dazwischen die Juwelen von der feinsten Art«.[187]

Daß Harry nicht einmal davor zurückschreckt, die Leichen ihres Zahngoldes zu berauben, darf als Hinweis auf die jüngste deutsche Geschichte verstanden werden. In den Vernichtungslagern des Ostens waren den in den Gaskammern ermordeten Juden die Goldzähne ausgebrochen worden. Bei dem bloßen Gedanken daran müßten Harry die Hände gezittert haben; davon aber steht bei Mickel nichts. Man könnte die Stelle auch als Parabel darauf lesen, wie vollständig die Deutschen beiderseits der Elbe nach dem Krieg die Vergangenheit verdrängten. Der Staat, in dem Harry Trümmer beräumte, tat sich dabei auf eine Weise hervor, die Mickels Travestie noch übertraf. In der Nähe des brandenburgischen Ortes Jamlitz stieß man 1971 auf Massengräber mit den sterblichen Überresten von 577 jüdischen Häftlingen, die bei der Auflösung des KZ-Außenlagers Jamlitz im Februar 1945 ermordet worden waren. Bevor man die

Leichen verbrannte und die Asche anonym entsorgte, brach man ihnen die Goldzähne aus. Das Zahngold ging, wie Dokumente belegen, die in den neunziger Jahren gefunden wurden, an die Staatskasse der DDR.[188]

Mickels Beschreibung der funkelnde Geschmeide tragenden Toten im Luftschutzkeller, deren Finger sich um Geldkassetten krallen, mutet gar zu phantastisch an, um der Wirklichkeit zu entsprechen. Auch wenn die Bewohner der Häuser in der Zirkusstraße reiche Leute waren, werden sie bei Bombenalarm kaum ihren gesamten Schmuck angelegt haben. Man kann in dieser Passage ein Spiel Mickels mit den ideologischen Klischees sehen, die Staat und Partei vierzig Jahre lang verbreiteten. Anders als in seinem Gedicht »Dresdner Häuser« haben die dort von ihm als »welke Lausejungen« verspotteten Kapitalisten die Angriffe vom Februar 1945 eben doch nicht allesamt in »sichern Bunkern« überlebt, wenn sie nicht vorher schon »westwärts weg« geflohen waren. In Mickels Roman sitzen einige von ihnen noch immer, halb verwest, in ihren verschütteten Kellern, neben dem als Hitler-Karikatur gezeichneten SA-Mann. Die Welt über ihnen interessiert sich zwar für ihre Habseligkeiten, will ansonsten aber nichts mit ihnen zu schaffen haben – und hat es laut Ulbricht auch nicht nötig. Nicht die DDR, sondern die Bundesrepublik war schließlich der Nachfolgestaat des Dritten Reiches und galt damit, der kommunistischen Logik zufolge, als die neue Heimat der Imperialisten. Die Schuldfrage war damit also beantwortet. Diesseits der Elbe gab es niemanden mehr, der in irgendeiner Weise verantwortlich war für die Verbrechen des Nationalsozialismus – sieht man einmal ab von den sprichwörtlichen Leichen im Keller; doch die waren begraben und vergessen.

Auch in Bärs Erzählung sollen die aufgebrochenen Keller wieder zugeschüttet werden. Das unterirdische Gewölbe erweist sich jedoch als Abgrund: Bärs Kolonne stellt mit Erstaunen fest, »daß wir ganz Dresden hätten in das Loch versenken können. Der Schlund schlang, was wir hineinwarfen, und wurde und wurde nicht voll. Der Schutt hätte längst obenan stehen müssen, und immer noch rollte und grollte es; die Zahl der Echos nahm zu.« Am Ende kippten sie »die komplette Häuserzeile« hinein – vergebens: »Schließlich gaben wir es auf.« Der folgende Absatz besteht aus nur einem Satz, der die Dresdner Wirklichkeit zu DDR-Zeiten treffend beschreibt: »Alles ist hohl.«[189]

Keiner der genannten Autoren hätte Anfang der sechziger Jahre die »abgesperrte« Vergangenheit auf diese Weise darstellen können; ein solcher Text wäre nicht publiziert worden. Vermutlich wäre auch keiner von ihnen in der Lage gewesen, sich diesem Thema so forsch zu nähern. Überhaupt entstanden ihre bedeutenden Texte über Dresden erst sehr viel später. Lange Zeit war ihre Heimatstadt für sie nur, wie Volker Braun es für sich formuliert hat, »der heimliche Grund, der überwachsene Abgrund«.[190] Sieht man von einigen frühen Versuchen ab, spielte der 13. Februar 1945 in ihrem Schreiben keine Rolle. Diese Leerstelle weist auch auf die Unsicherheit hin, wie man den Untergang Dresdens überhaupt zur Sprache bringen konnte. Dem Schreiben ging ein Ringen um die Form voraus. Angesichts der Massengräber, die das Dritte Reich hinterlassen hatte, war die Selbstverständlichkeit dahin, mit der man einst im Gedicht Ich gesagt hatte. Genauso wichtig aber war, sich vom Wir der politischen Indoktrination und der geschichtsvergessenden Parole vom »neuen Leben« abzusetzen. Dies gelang durch die Besinnung auf das Eigene; man setzte die persönliche Erfahrung und die Emphatie für die Stadt, in der man aufgewachsen war, gegen die Agitation des Staates. Auf diese Weise wurde es wieder möglich, Ich zu sagen.

Für Heinz Czechowski war die Zerstörung Dresdens die entscheidende Prägung; doch es brauchte seine Zeit, bis er sich dessen bewußt wurde. Die romantisierenden Verse seines ersten Lyrikbandes »Nachmittag eines Liebespaares« (1962) ignorieren das Entsetzliche, das nur wenige Jahre zuvor geschehen war. In dem Gedicht »Der Nachmittag eines deutschen Liebespaares« heißt es: »Und es gab da Eichen, schön in dieser Stunde, / die wie deutsche Alte Meister standen«.[191] Zehn Jahre zuvor war in Paul Celans Gedichtband »Mohn und Gedächtnis« ein Text erschienen, an dem sich in der

Bundesrepublik eine heftige Kontroverse entzündet hatte, die in Theodor W. Adornos Frage gipfelte, ob man nach Auschwitz überhaupt noch Gedichte schreiben könne: Auch da, in Celans »Todesfuge«, die schon 1945 entstanden war, ist von einem deutschen Meister die Rede: »der Tod ist ein Meister aus Deutschland / er ruft streicht dunkler die Geigen dann steigt ihr als Rauch in die Luft / dann habt ihr ein Grab in den Wolken da liegt man nicht eng [...] der Tod ist ein Meister aus Deutschland sein Auge ist blau / er trifft dich mit bleierner Kugel er trifft dich genau«.[192]

Die Unbedachtheit seiner frühen Gedichte erschien Czechowski später unverzeihlich. Spätestens mit dem Erscheinen von Mickels Gedicht »Dresdner Häuser« (1965) war es mit der apologetisch-hymnischen Freundlichkeit auch bei ihm vorbei. Es entstanden Gedichte, die nicht mehr über das Geschehene hinweg gingen. Czechowski machte sich daran, in seinen Erinnerungen zu graben und Spuren zu sichern. Am Anfang stand dabei nicht die politische Stellungnahme, sondern das eigene Erleben; dieses öffnete ihm die Augen für den »Widerspruch, der / In den Steinen sitzt«, wie er einige Jahre später in dem Gedicht »Stadtgang« formulierte.[193] Indem er diesen Widerspruch fortan benannte, setzte er sich von der sozialistischen Aufbau-Literatur ab und deren nivellierender Tendenz entgegen. Auf seinem eigenen, dem Dresdner Grund und Boden verteidigte er seine Kindheit und seine Erfahrung, die eher keinen Anlaß zu Hoffnung bot. Noch wenige Jahre zuvor hatte er geschrieben: »O neue, große Schönheit! / Mit neuer Leidenschaft / verändern wir die Erde / mit neuer, größrer Kraft.«[194] Das war einmal. Das sozialistische Wir kam Czechowski schon bald nicht mehr über die Lippen; in seinen Gedichten sagte er von da an nur noch: Ich.

Das Gedicht »Auf eine im Feuer versunkene Stadt« (1967) ist das erste, fast schon programmatisch zu nennende Resultat dieser Emanzipation. Schon in den ersten Versen formuliert Czechowski seine Absage direkt: »Ich kann nichts lernen von einigen Dichtern, / Auch nicht von dir, der du vom Feuer sprichst / Wie vom Fernsehn, Mensch unterm Himmel, / Gnadenlos nächtlich beschienen

und Pappeln gekrümmt / Von rasenden Winden.«[195] Er selbst hat
als Kind vom Dach eines Vorstadthauses den Dresdner Feuersturm
gesehen. Es steht ihm daher zu, Gedichte abzulehnen, denen keine
solche Erfahrung zugrunde liegt – was deren Verfasser nicht davon
abhält, sich agitatorisch zu verbreiten. Vom Feuer sprechen, hieß in
jenen Jahren: von Vietnam sprechen. Im Fernsehen der DDR war der
Krieg in Fernost überaus präsent; die Bilder und Berichte von den
Schlachtfeldern in Indochina und vom Leid der Zivilbevölkerung
hatten zahllose Solidaritätsadressen von Schriftstellern zur Folge.
Gleichsam vor dem Fernseher wurden Gedichte über Napalmbom-
ben am Mekong geschrieben. So heißt es in Zimmerings Gedicht
»Vietnamesische Vision« (1966): »Ihr Augen mein! / Ihr blicktet in
der Abendsterne Schein – / doch plötzlich ist der Himmel feurig
rot / und speit auf Dorf und Stadt den Bombentod. [...] Mein Herz
schlägt wild! / Schlag wilder noch bei jedem Schreckensbild, / denn
wer Vietnam peinigt, peinigt mich, / und was Vietnam leidet, leide
ich.«[196] Gegen eine solche Anmaßung zieht Czechowski zu Felde.
Der Provinzialismus dieser Art von Lyrik, formulierte er einmal sarkastisch, äußere sich in einem »kalten, kalkulierten Kunstgewerbe«,
das »diese für uns oft unvorstellbaren Leiden und Kämpfe, mit Bam-
bus, Wasserbüffeln und dem Mond über dem Mekong garniert«.[197]
Echte Betroffenheit sehe anders aus.

Dagegen setzt Czechowski das eigene Erleben. In seinem Gedicht »Hybris« (1974) heißt es: »Ich sah / Wie die Bomben fielen, / Ein
Feuer, metaphernlos, / Schlimmer als Einsamkeit, eine Angst, / Die
sich fraß / In die Augen der Kinder.«[198] Die Angst, die er selbst als
Zehnjähriger verspürte, begann jedoch nicht erst mit den Bomben.
In dem Gedicht »Auf eine im Feuer versunkene Stadt« schildert er in
einem idyllisch anmutenden Stück Naturlyrik die Dresdner Peripherie vor den Angriffen vom Februar 1945: »Zwischen den Hängen: Geplärr / In den Wäldern: Ergüsse / Des Frühlings: Soviel Grün! / Und
Haut! Und die Luft voll / Von dem Geschmetter der Vögel und Küsse.«[199] Doch das Gespräch über Bäume schließt, nach Brecht, die
Untaten mit ein. Gerrit-Jan Berendse hat darauf hingewiesen, daß

das Gedicht »auf Doppeldeutigkeit in der Assoziation aufgebaut« ist; in der Idylle lauere das Zerstörerische.[200] Dies äußert sich in einer Metaphorik der Gewalt: Wörter wie »Geplärr« und »Geschmetter« lassen nicht an Vogelgezwitscher und Küsse denken, sondern an Kriegslärm. Hinzu kommt der Name des Ortes, der in der nächsten Strophe fällt und auf eine blutige Vergangenheit im Mittelalter verweist: »Mordgrund« heißt eine Felsschlucht, die nach der Elbe zu die Höhe durchschneidet. Auf der Landstraße, die über den Mordgrund führt, wurde am 27. März 1820 der Maler Gerhard von Kügelgen Opfer eines Raubmordes. Assoziationen wie diese sind beabsichtigt; das Bild vom alten Dresden, das Czechowski zeichnet, ist keineswegs das der unschuldigen Kunststadt. »Zwischen den Kurven der Mordgrund, da / Bin ich gezeugt«, heißt es düster. »Da war die Stadt schon den Feuern geweiht.«

Die Menschen wollen davon nichts wissen. Das Geschrei aus »Goebbels' Empfänger« tut, wie es in dem Gedicht heißt, ihrer Stimmung keinen Abbruch, im Gegenteil: es scheint sie sogar anzuheizen. Das »fröhliche Leben« beherrscht die Tage; die Rede ist von »Maskenzügen, die Lidränder streifend, / Kaum Pauken, nur Trommeln«.[201] Gemeint sind nicht nur die Faschingsumzüge, sondern auch die Aufmärsche der Hitlerjugend, die Czechowski auch in dem autobiographischen Prosatext »Die Elbe bei Pieschen« erwähnt: »Am Nachmittag werden sie mit Trommeln und Fanfaren durch die stillen, grünen Straßen marschieren, bis zum Schützenhof, wo dann später die Schüsse der Kleinkalibergewehre die Stille zerpeitschen.«[202] Victor Klemperer sah vom Fenster des ihm zugewiesenen Judenhauses am Zeughausplatz immer wieder »die Kolonnen der SA und SS, der HJ und des BDM mit ihren Fahnen und Gesängen« über die Carolabrücke marschieren: »Noch ganz wenige Tage vor unserm *dies ater,* dem 13. Februar 1945, zogen sie so über die Brücke, in guter Haltung, mit lautem Singen. Es klang ein wenig anders als die Marschlieder, die die Bayern im ersten Weltkrieg gesungen hatten, etwas abgehackter, gebellter, unmelodischer –, aber das Militärische hatten die Nazis ja immer und in allen Punkten übertrieben, und so marschierte und sang da unten noch immer ihre alte Ordnung und Zuversicht.«[203]

Mit der Zuversicht und auch mit der Ordnung war es in Dresden bald vorbei: »Hinab in den Keller, atmen / Den Modergeruch der eignen / Verwesung.«[204] Das ist die Erfahrung des Zehnjährigen, den in der Nacht die Sirenen aus dem Schlaf rissen. In einem Erinnerungstext von 1968 beschreibt Czechowski, was folgte: »Im Keller flackert elektrisches Licht. Ich weiß nicht mehr, ob im Rhythmus der ersten fallenden Bomben wie später beim zweiten Angriff. Vielleicht aber fallen jetzt noch gar keine Bomben. Vielleicht ist noch alles so still wie immer im Keller mit seinem Modergeruch und dem warmen Atem der Menschen, die aus ihren Betten kommen und, in Mäntel und Decken gehüllt, in der feuchten Luft frösteln. Das Dröhnen der Flugzeugmotoren, das, Welle auf Welle, unser Haus überzieht, hören wir aber so sicher wie das Ticken der Zähler im hölzernen Schränkchen der Kellerecke.«[205] Im Gedicht wird der Modergeruch des Kellers zum »Modergeruch der eignen / Verwesung«. Das Undenkbare ist damit benannt: die Möglichkeit, diese Nacht nicht überlebt zu haben, im Keller erstickt zu sein oder verschüttet von den Trümmern des eingestürzten Hauses.

Dem Geschrei aus Goebbels' Empfänger und dem Trommeln der Hitlerjungen antworten im zweiten Teil des Gedichts die Einschläge der Bomben. Geradezu atemlos, im Reihungsstil, stellt Czechowski infernalische Bilder nebeneinander. Es sind keine authentischen Aufnahmen aus jener Nacht, sondern surreal überhöhte Bilder. »Da dröhnten die Pauken über / Den nächtlichen Himmel. Da fielen / Phosphor, Thermit. / Da blieb nicht viel von der Stadt. Da floß nicht Wein / Auf Europas Terrasse. / Da wurden nie schneller / Gräber gegraben. / Da krampften sich Nägel wie nie / In die härtesten Steine. / Da wurden Menschen wie nie / Von klassisch behauenen Steinen erschlagen.«[206] Kunst und Barbarei, das letzte Bild deutet es an, schließen einander nicht aus. »Auch die Kunst«, schreibt Walter Schmitz über diese Verse, »kann zum Mordinstrument werden.«[207] Doch Kunst kann auch dann schon ein Verbrechen sein, wenn sie, wie es bei Brecht heißt, »ein Schweigen über so viele Untaten einschließt«.[208] Diesem Schweigen setzt Czechowski die eigenen Erinnerungen entgegen – gegen die neue Stadt »Mit ihren Häusern / Und ihren guten Vergessern«.[209] Der 13. Februar 1945, so ist seine Überzeugung, enthebt die Dresdner nicht ihrer Verantwortung für das, was in der Zeit des Nationalsozialismus geschah. Der Blick in den Abgrund, der Dresden damals war, wird von nun an zum bestimmenden Thema seines Schreibens. Der Titel des Gedichts, »Auf eine im Feuer versunkene Stadt«, zeigt die Richtung an. Die verschüttete Vergangenheit wird in die Höhe gestemmt und ins Bewußtsein gerufen – die verdrängte Schuld, die Toten unter dem Pflaster: die Geschichte.

Die Nachgeborenen

Die Erinnerung, so hat Czechowski einmal erklärt, sei »das einzige Kapital«, das ein Schriftsteller habe.[210] Sechs Jahrzehnte nach Kriegsende nimmt die Zahl derjenigen ab, die wie er Auskunft über das alte Dresden geben können: »Ich kann mich noch genau erinnern, wie ich mit der Straßenbahn allein zum Albertplatz fuhr. Dann lief ich über die Augustusbrücke, durch das Georgentor, die Schloßstraße entlang, überquerte den Altmarkt, passierte den Portikus am Centraltheater und war in der Prager Straße.«[211] Immer seltener werden Stimmen wie die von B. K. Tragelehn, der Zeuge des alltäglichen Terrors gegen die Dresdner Juden wurde: »Ich erinnere mich an einen Mann mit dem gelben Stern am Mantel und einer eigenartigen Haltung. Verdrückt, verkrochen, in sich gewendet. Als ob er sagt: Mich gibt es nicht.«[212] Und auch diejenigen, die wie Volker Braun von der Brandnacht berichten können, werden immer weniger: »Im Luftschutzkeller unter Wolldecken hörten wir das Tosen in der Luft, nach der Entwarnung öffnete Herr Schmidt die Stahltür und wir sahen den glutroten Himmel, ein Sandsturm wehte aus der Stadt, wir drückten die Hände auf die Augen.«[213]

Diese Erfahrungen prägten die in den dreißiger Jahren geborenen Autoren viel stärker als der sozialistische Wiederaufbau samt der dazugehörigen Rhetorik. Diese wurde bald schon verworfen; die Rede vom »anglo-amerikanischen Terrorangriff« war den Autoren aus ihrer Kindheit im Dritten Reich nur allzu bekannt. Wendungen wie diese finden sich ab Mitte der sechziger Jahre bei keinem von ihnen mehr. Die Regel war das allerdings nicht. Sogar bei einem so sprachbewußten Autor wie Wulf Kirsten heißt es noch 1977 in einer Anmerkung zu einem Gedicht über George Bähr, die Frauenkirche sei »bei dem anglo-amerikanischen Terrorangriff im Februar 1945 zerstört« worden.[214] Eine solche Formulierung wäre Czechowski bereits damals nicht mehr unterlaufen. Der Kampf um die Deutungshoheit wurde in Dresden zwar nicht von den Dichtern entschieden; doch die Genauigkeit, auf der sie gegenüber ihren geschichtsvergessenden Zeitgenossen beharrten, war ein Stachel im Fleisch der Ideologen.

Von den Augenzeugen der Brandnacht trennt die Nachgeborenen ein Abgrund. Michael Wüstefeld, Jahrgang 1951, schreibt: »Im Tal bin ich geboren / Sechs Jahre nach dem FebruarBrand / Wie meiner Mutter Scham war auch / Die Stadt ganz kahl geschoren«.[215] Prägend war für ihn dieser Anblick: »Vom Ruinenschutt leer geräumte Straßenzüge, gesäumt von Fundamenten, die in jedem Jahr ab Mai mit Birkengrün und Huflattich überwachsen waren.«[216] Doch das Gras des Vergessens war noch nicht hoch genug und die Erinnerung der Älteren zu frisch; ihren Gesprächen entnahm das Kind das ihm Unvorstellbare: »Sehr früh ist mir klar geworden: Ich bin in einer Stadt, die es eigentlich gar nicht mehr gibt.« Immer wieder fragte er nach dem, was vor seiner Geburt gewesen war. »Wenn andere Kinder ihren Vater baten: Erzähl mir noch einmal die Geschichte von ›Einem, der auszog, das Fürchten zu lernen‹, dann sagte ich: Erzähl mir etwas vom alten Dresden!« Dem Grund zu war die »Richtung der Märchen« in Fühmanns Gedicht; Wüstefeld erschien das alte

Dresden als »ein Bilderbogen wie aus einer Märchenstunde«.[217] Sein Gedicht »An den Ufern beginnt der Tag eher« (1979) hält die Erinnerung an eine dieser Märchenstunden fest: Vater und Sohn steigen den Loschwitzer Elbhang hinauf, zu ihren Füßen liegt Dresden: »Unsere Schatten fallen hinauf / Die Stufen den Berg die Jahre bergauf / mit jedem Schritt wird das Tal schöner«. Der Abstand nimmt zu: der räumliche ebenso wie der zeitliche, und je größer er wird, um so verlockender erscheint die Stadt in der Tiefe und mit ihr das, was das Gedächtnis des Vaters bewahrt hat: »Erklär mir die Stadt Vater / Noch einmal durch Dresdens Gassen / zur Huschhalle Frühstück am Postplatz / Mit dem Fahrrad fährt der Klempner / über das Wasser Augustusbrücke Albertplatz / Am Lohntag Pralinen für Mutter / am Abend Richard Tauber im Zentraltheater«.[218]

Den Nachgeborenen müssen Überlieferungen das Erlebnis ersetzen und Fotografien die Erinnerung. Ein Atlas des Verlorenen war Fritz Löfflers kunsthistorischer Bildband »Das alte Dresden«, der von 1955 an in etlichen Auflagen gedruckt wurde und illustrierte, was Carl Justi 1866 über die Dresdner Baukunst geschrieben hatte. Den Jüngeren gab er eine Vorstellung von dem, was ihre Stadt vor dem Krieg gewesen war. »Dieses Buch hat mir erst die Augen geöffnet. Das war ein Schock, in dem sich in gewisser Weise das Trauma der Älteren fortsetzte«, erinnert sich Thomas Rosenlöcher, der 1947 geboren wurde. »Man erkannte manches, was noch dastand, wie den Rathausturm. Aber das waren einzelne Stümpfe in einer völlig unbekannten Welt. Erst da habe ich den Untergang Dresdens begriffen.« Zu dem Erstaunen trat das Bewußtsein, einer Katastrophe entgangen zu sein. Das Märchen von ›Einem, der auszog, das Fürchten zu lernen‹ hätte ihm keinen größeren Schrecken einjagen können als die Erzählungen der Älteren: »Es hieß immer, der und der ist ausgebombt, und der ist nochmal rausgegangen, um noch etwas zu retten und ist nicht wiedergekommen. Daß die Menschen brennend auf die Straße gelaufen seien – so etwas habe ich als Kind öfter gehört. Und daß Menschen brennend in die Elbe sprangen, und als sie aus dem Wasser kamen, wieder brannten.«[219] Auf diese Weise übertrug sich die Angst der Überlebenden vor einer Wiederkehr des Krieges auf die Jüngeren. Wenn die Sirenen ertönten, und das war stets an einem bestimmten Tag der Woche zu einer festgesetzten Stunde der Fall, waren ihnen die Erzählungen sofort präsent. »Immer war da der Gedanke: So muß es geklungen haben, als die Bomberstaffeln im Anflug waren«, erinnert sich Wüstefeld. »Dieses Angstgefühl war im Unterbewußtsein ständig da.«[220]

Die Furcht vor einem neuen Krieg grundiert etliche Texte der Älteren. Czechowskis Gedicht »Auf eine im Feuer versunkene Stadt« endet mit den Zeilen: »Manchmal, / Ich geb es zu, / Steht es nicht gut um mich: / Die Stadt sehe ich im Feuer, aber: / Die Zukunft kommt mir entgegen, sicher berechnet, / Doch die Zeit, der wir entronnen sind, / Weint.«[221] Und in Mickels Anfang der sechziger Jahre entstandenem Gedicht »Lamento und Gelächter« heißt es gleich dreimal, nach Art eines Refrains: »Ich gehöre zu den Toten des nächsten Kriegs«.[222] In Endlers und Mickels Anthologie »In diesem besseren Land« folgt das Kapitel »Brände«, das Gedichte zu Faschismus und Krieg enthält, auf Texte zu den Themen Aufbau und Arbeit. Diese auf den ersten Blick überraschende Reihenfolge begründete Elke Erb in ihrer Rezension in der Zeitschrift »Forum« damit, »daß diese Probleme, wenn auch auf unserem Territorium überwunden, für die übrige Welt noch akut sind und in diesem weiteren Zusammenhang auch für uns gelten«.[223] Doch »überwunden« waren »die ungeheueren / Gebirge von Rauch«, von denen Brecht in seinem Gedicht »Die Rückkehr« spricht, mit dem das Kapitel »Brände« einsetzt, keineswegs.[224] Erb selbst weist auf die mangelnde poetische Verarbeitung des Themas in vielen Gedichten hin: »Bewältigt« sind weder die von den tödlichen Schwärmen der Bomber entfachten »Feuersbrünste«, die bei Brecht der Heimkehr des Sohnes vorausgehen, noch der Rauch der Vernichtung über Auschwitz und den anderen deutschen Todesfabriken. Anders als der ostdeutsche Staat, der sich zu den Siegern der Geschichte zählte und nicht bereit war, sich ernsthaft mit dem Genozid an den europäischen Juden zu befassen, kamen Autoren wie Sarah Kirsch und Günter Kunert immer wieder darauf zu sprechen.

Die Anordnung des Kapitels »Brände« scheint vielmehr anzudeuten, daß das Feuer jederzeit wiederkehren und sich die Zerstörung wiederholen kann. Diese Befürchtung entsprach dem Empfinden vieler in dieser Zeit. Bereits in den fünfziger Jahren hatte die Staatsführung der DDR »Abscheu und Hass gegen die barbarischen Welteroberungspläne der amerikanischen Imperialisten«[225] eingefordert und damit die Angst vor einem neuen Krieg geschürt; diese Angst diente vor allem dem eigenen Machterhalt. Als die Anthologie 1966 erschien, war der Vietnamkrieg in vollem Gang und verstärkte diese Angst noch. Volker Brauns Kriegsfibel mit Bildern aus Vietnam, »KriegsErklärung« (1967), die ihn als Schüler von Brecht ausweist, läßt sich vor dem Hintergrund seiner Dresdner Erfahrung lesen. Sie ist aber auch ein Beleg für das politische Bewußtsein jener Generation von Lyrikern, die spätestens in den sechziger Jahren an die Öffentlichkeit traten und fortan die Dichtung in der DDR prägten. Zu diesen zählen neben Günter Kunert und Heiner Müller die Protagonisten der von Adolf Endler so genannten »Sächsischen Dichterschule«. Von einer zunehmenden Politisierung in dieser Zeit kündet auch eine Reihe von Gedichten, die vor den Folgen der atomaren Aufrüstung warnen. Subtiler gesetzt sind Motive der Gefährdung, die Verwandlung des Lebensraumes in eine Eislandschaft oder eine Marionettenwelt, wie sie sich etwa bei Mickel finden. Solche Motive gehörten, wie Ursula und Rudolf Heukenkamp schreiben, damals gleichsam zum Repertoire: »Die Vereisung bzw. der Schneefall, in Binden gewickelte Personen, Autofriedhöfe, selbst das ewige Skatspiel werden in den sechziger und siebziger Jahren auch bei Endler, Müller, Kirsch und Kunert verwendet, wo von Angst und Unsicherheit gegenüber der Weltsituation die Rede ist.«[226]

Durch die nukleare Nachrüstung und die Stationierung von Mittelstreckenraketen auf deutschem Boden wurde die Bedrohung Anfang der achtziger Jahre konkret. »Die apokalyptische Vision war rationales Gemeingut«, erinnerte sich später Uwe Kolbe.[227] In dieser Zeit schrieb der frühere Dresdner Oberbürgermeister Walter Weidauer das Vorwort zur vierten Auflage seiner 1965 erstmals erschienenen Polemik »Inferno Dresden«, in der er vorgab, mit »Lügen und Legenden« aufzuräumen. Bei dieser Gelegenheit hatte er selbst eine Legende in Umlauf gesetzt, als er sich zu der Behauptung verstieg, die erste amerikanische Atombombe habe nicht auf Hiroshima, sondern auf Dresden fallen sollen; nur der rasche Vormarsch der Roten Armee habe dies verhindert. Im Vorwort von 1982 erklärte Weidauer nun, daß »die großen imperialistischen Staaten in der NATO unter der Führung der reaktionären, antisowjetischen Monopolgruppen in den Vereinigten Staaten von Amerika gewissenlos einen atomaren Krieg vorbereiten, um andere Völker und damit natürlich auch unser Volk, unsere Städte und Dörfer mit neuen Massenvernichtungswaffen auszurotten«.[228] Das rhetorische Sperrfeuer des Kalten Krieges erfüllte Ältere wie Jüngere gleichermaßen mit Schrecken. Dachten die einen an die Bombennacht, standen den anderen die Ruinen ihrer Kindheit wieder vor Augen. Die apokalyptische Vision, von der Kolbe sprach, war in Dresden zugleich eine apokalyptische Erinnerung: Die trostlosen Rasenflächen in der Innenstadt wiesen nicht weniger nachdrücklich darauf hin als die schwarzgebrannten Trümmer der Frauenkirche.

»Nichts brennt mehr / Alles brennt«, heißt es einmal bei Michael Wüstefeld.[229] In vielen seiner Gedichte aus den achtziger Jahren spielt er auf den 13. Februar 1945 an oder kommt direkt darauf zu sprechen. In dem Gedicht »Kurzer Februar bis Aschermittwoch« zeichnet er Dresden als Erinnerungsort, dessen Anblick den Betrachter vor künftigen Katastrophen warnt: »Alles auf dem MittagsWeg / erfährt der Brände Narben / Häßliche Gestalt Sirenen / auf den Dächern spitz / rufen wenn es zu spät ist«.[230] Das Gedicht »Gesang über der Stadt« zeigt, wie stark die überlieferte Vergangenheit den Nachgeborenen prägt: Die Positionslichter eines Flugzeugs am Abendhimmel, heißt es, »zwingen meine Gedanken zum Sprung / sind Bomben im Leib oder / freundliche Botschaften«. In »wahnvoller Fiktion« unterscheidet das Auge im Licht der untergehenden Sonne »die gemütliche Kuppel der FrauenKirche / die leichten Doppeltürme der SophienKirche / den HausmannsTurm« – ein Ensemble, das dem

Nachgeborenen nur von Fotografien her bekannt ist; lediglich der Hausmannsturm des Schlosses hatte die Brandnacht als schwarzer Stumpf überstanden. Auf die Erwähnung der Türme folgt ein Szenario, das die apokalyptische Vision der achtziger Jahre mit Bildern vom Dresdner Feuersturm verbindet: »Christbäume der Abwehr reißen den Himmel auf / Brand liegt in den Dörfern südlichen Hochlands / Brand auf dem Schuttberg in Leuben / Brand in den Treppenschächten der Hochhäuser«.[231] Das Gedicht macht deutlich, daß auch noch 1987 die Brände nicht »überwunden« waren.

Auch Thomas Rosenlöcher breitet in seinen Texten ein ganzes Arsenal apokalyptischer Motive aus. In dem Gedicht »Bäumegetrappel« sucht eine Katastrophe die Stadt heim: »Unten die Stadt / war still, als schrien Sirenen. Vom Gaswerk / hob sich der Deckel und stand in der Luft. / Und drüben aus den Hochhäusern winzig / winkten noch Leute.« Der von Chausseebäumen verfolgte Heimkehrer rennt durch die Straßen, um Hilfe zu holen: »Aber das Rote Kreuz war schon tot / und hatte sich noch mit blutnaß / von den Stühlen hängenden Binden umwickelt.« Das Gedicht endet mit einem Bild, das an die Erzählungen erinnert, die Rosenlöcher als Kind hörte: »Aber du brennst ja, sagten die Bäume. / Ach laßt, sagte ich, das macht nichts.«[232] Auch das Gedicht »Der Engel mit der Eisenbahnermütze« spielt auf die Bombardierung Dresdens an. Der Engel, von dem es spricht, »steht im Schnee, wo alle Züge enden. / Und zählt die Toten, die man, Stück für Stück, / an ihm vorüberträgt«. Doch da er, wie es heißt, schon bei sieben nicht mehr weiter weiß, werden die Toten erneut an ihm vorbeigetragen: »So zählt er immer noch am letzten Krieg, / obwohl der nächste schon gesichert ist, / und wieder Tote angeliefert werden.«[233]

Die Engel in seinen Gedichten, so hat Rosenlöcher einmal erklärt, erinnerten zwar an das Jenseits, seien aber »doch nur mehr Bestandteil des Diesseits, der durch uns bedrohten Schöpfung«.[234] Die Bedrohung empfand er in den achtziger Jahren zweifach: Zur Angst vor einem neuen Krieg, auf den das Wettrüsten der beiden Großmächte zuzusteuern schien, trat die Bestürzung über die zerstörte Umwelt.

Die »Schornsteinwälder«, von denen der Schichtarbeiter und Fernstudent in Mickels Gedicht »Dresdner Häuser« gesprochen hatte, waren Wirklichkeit geworden; die Folgen waren verheerend. Die unterworfene Natur erwies sich als keineswegs beherrschbar – sie starb ab. Angesichts dessen erschien Rosenlöcher sogar die Schönheit nur mehr als unerfüllbares Versprechen, ja als Trugbild. »Denn Schönheit war / nur Lüge, die uns sanft macht für das Ende«, heißt es in dem Gedicht »Die Riesenengel«.[235]

Gedichte wie diese, schreibt Jürgen Engler, ließen sich mit der Kategorie des Schönen kaum mehr fassen; das Naturschöne weiche dem Erhabenen. »Die Natur als Erhabenes, das das Empfinden des Einzelnen überwältigt und sein Staunen, seine Bewunderung hervorruft, wird menschlicher Selbstüberhebung und Selbstzerstörung entgegengestellt.«[236] Das menschliche Ungenügen werde mit Schrecken erfahrbar. Rosenlöchers Gedicht »Das Schreckensbild« spricht von einer solchen Erfahrung. Der Gang des Wanderers über eine Müllhalde entspricht der endzeitlichen Stimmung jener Jahre: »Den Hang herab Erbrochenes aus Plast. / Noch zwischen den Matratzen totes Haar. / Brände von Gummi. Oben der gewisse / aus einem Stück in Blei gefaßte Himmel.«[237] In dieser Umgebung wird das Naturschöne selbst zum Schreckensbild: Der Wanderer flieht vor einem blühenden Kirschbaum, der plötzlich unerwartet vor ihm steht. »In jedem Hoffnungsschimmer bricht sich das Wissen um die Entfremdung des Menschen von der Natur und um die Gefährdung aller Lebensformen«, schreibt dazu Wulf Kirsten.[238] In diesem Sinne ist das Idyll für Thomas Rosenlöcher eine Entgegnung zur Wirklichkeit. Es entspricht ihr nicht, aber es zeigt, wie die Welt sein könnte. Damit gehört es in seinen Augen zur Kategorie des Entsetzlichen; weil es: »Die Nachricht einschließt, was rings schon nicht mehr existiert. Gerade an ihm sich Verluste ablesen lassen. Und es ein Hinterhauptflimmern erzeugt, des Inhalts, wie zu leben wäre.«[239] Das aber trifft nicht nur auf die Zerstörung der Natur zu, sondern auch auf den Verlust des alten Dresden. So wie der sterbende an den blühenden Baum erinnert, verweist das Bild der weiten Rasenflächen am

Dresdner Hauptbahnhof, auf denen Schafe weiden, auf die Häuser, die dort früher gestanden haben. »Allein durch die Schafe drücke ich aus, daß da eine Stadt verschwunden ist«, hat Rosenlöcher einmal erklärt.[240]

Das Staunen über die erhabene Natur und die Klage über ihre Zerstörung sind bei Rosenlöcher keineswegs Ausdruck pantheistischer Schwärmerei. Immer wieder spricht er davon, daß die Stadt an der Elbe ohne die sie umgebende Landschaft undenkbar wäre. Dresden gilt ihm als Entwurf, in dem das Urbane und die Landschaft zueinanderfinden: »Wenn man alte Schriften liest, stößt man genau darauf: Wenn die Menschen über die Brücken kamen, gingen sie in die Stadt und zur Kunst, und gleichzeitig überquerten sie den Strom, der ihnen Einblick in die Landschaft gewährte. Bis hinein ins Erzgebirge und in die Sächsische Schweiz. Und daß man so leben müßte, daß man beides hätte: das ist für mich die Utopie einer Stadt.«[241] Das Wort Utopie deutet es an: Die Realität ist eine andere. Lange schon ist die Balance von Stadt und Landschaft dahin. Wie eine Karikatur wirken Rosenlöchers Verse über das Dresden der DDR-Zeit: »Und die Reste der Barockstadt / wälzten sich vom Kraftwerk Mitte / her in Form von Rauchkonsolen / schwarz und schwer am Mond vorüber.«[242] Der Dreiklang von Stadt, Hang und Strom war seit 1945 ein Mißklang – und das lag nicht nur am zerstörten Elbflorenz. Rosenlöchers Gedicht »Die Elbe« ist ein Abgesang auf den anmutigen Strom, den einst August der Starke zum zweiten Canal Grande ausgerufen hatte: »An schwarzer Mauer schwarze Industrie / entleert sich schweigend in das schwarze Wasser. / Doch mitziehn Wiesen, und der Berghang, einst / Geleit und Halt, vor Schönheit fast verzitternd, / rollt noch sein Grün über die roten Dächer«.[243] Wulf Kirsten spricht von Rosenlöchers »Bekennermut gegenüber den innerweltlichen Zeitläuften, die wie die Elbe längst tot sind, aber die Eigenheit haben, dennoch fortzulaufen«.[244]

In den achtziger Jahren entstanden auch die ersten Gedichte von Durs Grünbein, der 1962 geboren wurde. Im zähen Dahinfließen der Elbe sah auch er den Stillstand gespiegelt, der die Endzeit des

Sozialismus prägte: »Und wie lernte man schlucken, was es heißt, an einem Fluß zu wohnen, der längst vergiftet sich bleiern und tot durch eine zersiedelte Uferlandschaft … so sanft, so weich … windet durch Brücken, über die täglich die gesammelte Gleichgültigkeit strebte, in Gespräche versunken, in Freuden der Wiederkehr weniger reflexhafter Akte … mit Sätzen von bloßer Wortfolgerichtigkeit wie dieser hier … unter dem Anprall lebendigster Augenblicke.«[245] So erinnerte er sich 1995 in dem Essay »Chimäre Dresden«. In seinem Gedicht »No. 8« aus dem Band »Grauzone morgens« (1988) wird das Hochwasser der Elbe als kurzzeitige Unterbrechung dieses Zustands der Lähmung freudig begrüßt – die Regenfluten, die »das Einerlei des / verdammten Elbtalkessels zum / Brodeln« bringen, wirken auf den Betrachter geradezu erfrischend.[246] Doch solche Ereignisse sind rar gesät.

»An der Elbe« heißt ein anderes Gedicht aus dieser Zeit, das Rosenlöchers Beschreibung an Drastik kaum nachsteht. Der Titel ist nicht neu: In dem Jahr, in dem Grünbein geboren wurde, erschien Czechowskis erster Gedichtband »Nachmittag eines Liebespaares«; darin steht das schon 1957 entstandene Sonett »An der Elbe«. Eine frühere Fassung findet sich in Gerhard Wolfs Anthologie »Bekannt-schaft mit uns selbst«. Als das Gedicht Anfang der achtziger Jahre erneut gedruckt werden sollte, ließ Czechowski nur noch die abge-wandelte erste Zeile stehen: »Sanft wie Tiere gehen die Berge neben dem Fluß.«[247] Alles andere verwarf er, weil ihm der idyllisierende Duktus mißfiel. Grünbeins drei Jahrzehnte später entstandenes Ge-dicht liest sich wie ein Gegenentwurf. Hatte Czechowski noch die »Schönheit der Welt« und das »Gurgeln des Wassers« besungen, so schwärmt Grünbein längst nicht mehr vom Duft der Gräser, von Wolken und Sternen.[248] Statt dessen streunt ein gelangweilter Fla-neur »ganz // grundlos diesen vergifteten Fluß entlang« und schaut dem »treibenden Unrat« nach – »Papierfetzen und / Blechkanister, etwas // Polystyrol«. Von der »kahlen Uferterrasse herab« beobachtet er angewidert, wie jeder Zufluß »neue Blasen zartleuchtender / Che-mikalien« aufwirft.[249] Christian Lehnert, geboren 1969, hat in den neunziger Jahren diese Bilder einer apokalyptischen Flußlandschaft aufgenommen. Sein Gedicht »spaziergang in übigau« läßt an das verbrannte Dresden denken, wenn es über den trüben Fluß heißt: »er trieb / wie asche, an den ufern braun gefroren«.[250]

Grünbeins Gedicht enthält keine Reminiszenz an Czechowskis Sonett oder an das, was davon übrig blieb. Gäbe es sie, wäre dies nichts Ungewöhnliches: Nicht nur in Czechowskis eigenen Gedichten kehrt das Bild der sanften Berge immer wieder; auch in den Augen anderer Dresdner Lyriker hat es als poetische Charakterisierung der Elblandschaft Gültigkeit. Mickel zitiert es als eine Art Leitmotiv in seinem Gedicht »Die Elbe« (1973) ebenso wie Tragelehn in der in den neunziger Jahren entstandenen letzten Fassung seiner Czechowski gewidmeten »Dresdener Elegie« (1956) und Volker Braun in seinem Material-Gedicht »Dresden als Landschaft« (1982) – »so wie ein Komponist ein bekanntes Motiv anspielt, als gäbe sich in dieser Zeile Dresdner Landschaft ursächlich zu erkennen«, wie Kirsten schreibt.[251] Mickel, der in seinem Essay »Naturform und Menschenwerk« die ersten Schreibversuche seiner Generation im Dresden der fünfziger und sechziger Jahre verwirft, läßt diese Verse von Czechowski als einzige gelten: »Sie sind die Summe der Mühe und der Mühe wert.«[252]

Dieser Ansicht war auch Michael Wüstefeld. In seinem Gedicht »Das Tal« (1998/99) ist die Rede vom »Fluß im Tal / in Hügeltiere eingebettet«.[253] Korrespondenzen wie diese finden sich vor allem in den Texten der von Adolf Endler so bezeichneten »Sächsischen Dichterschule«; doch auch bei jüngeren Autoren lassen sie sich entdecken. Die ähnlichen Erfahrungen, so erklärt es Thomas Rosenlöcher, stifteten Gemeinsamkeit: »Das Land, in dem man schrieb, war klein, und man kannte einander genau – wenigstens von den Büchern her. Man hatte jedes Gedicht vielleicht zwanzigmal gelesen. Und es trug einen das Gefühl, miteinander im Gespräch zu sein.«[254] Noch heute falle ihm manchmal auf, daß er mit einem Vers jemandem geantwortet habe. Doch das werde kaum mehr bemerkt; das Gespräch sei längst abgerissen.

Die sanften Hügel sind neben den brandgeschwärzten Ruinen
das zweite wichtige Motiv der Dresdner Dichtung seit 1945. Volker
Brauns Diktum, daß von Dresden nichts blieb als die Elbe und die
Hänge, hat eine Wahrheit jenseits der Provokation: Zwar lag keineswegs die ganze Stadt in Trümmern – in einiger Entfernung zum
Zentrum gab es Gründerzeitviertel, die den Krieg nahezu unbe-
schadet überstanden hatten; doch der historische Stadtkern, der gemeint war, wenn von Dresden gesprochen wurde, »das Herzstück der
Welt«, wie Erhart Kästner mit dem Pathos des Trauernden schrieb,
war zerstört.[255] Und wer nach einem Rest der verlorenen Schönheit
Ausschau hielt, dessen Blick mußte fast zwangsläufig auf die Elb-
hänge fallen, die »in weitem Bogen die Stadt umschließen und so, in
sachten Übergängen, eine südliche Enklave herstellen«.[256] Thomas
Rosenlöcher, von dem die Formulierung stammt, sieht heute in der
Elblandschaft das eigentliche Dresden. Am Stadtrand habe es sich
erhalten, zum Beispiel in dem Villenvorort Kleinzschachwitz, wo er
aufwuchs: unweit der Elbwiesen, mit Blick auf die am anderen Ufer
ansteigenden Hänge.

Als Kind kannte Rosenlöcher die Altstadt nur als kahle Fläche mit
einigen wenigen Ruinen. Auch durch die Neubebauung gewann sie
ihre frühere Bedeutung nicht zurück – jedenfalls nicht in den ersten
Jahrzehnten nach dem Krieg. So war es nur folgerichtig, daß er in
seinem ersten Gedichtband »Ich lag im Garten bei Kleinzschachwitz« (1985) das Zentrum neu bestimmte: »Im Garten sitze ich, am
runden Tisch, / und hab den Ellenbogen aufgestützt, / daß er, wie
eines Zirkels Spitze, / den Mittelpunkt der Welt markiert«, heißt es in
dem Gedicht »Der Garten«.[257] Für Rosenlöcher ist Dresden ohnehin
eher ein landschaftliches denn ein urbanes Erlebnis. Czechowskis
Vers entspricht seinem eigenen Empfinden. Geradezu wie eine Para-
phrase in Prosa lesen sich jene Sätze, mit denen er in den neunziger
Jahren die Landschaft beschrieb, die ihm bei einer Schiffsfahrt von
Meißen nach Dresden vor Augen stand: »Da rechts und links die
Wiesen flußab ziehen. Die flachen Berge aber eher mit dem Schiff
mitwandern, bevor sie plötzlich auch zurückbleiben und andere

Berge mitgehen; ein sacht hingleitendes Gegen- und Miteinander, das schon recht dresdnerisch ist.«[258]

»Dresdener Elegie« heißt ein Gedicht von B. K. Tragelehn, das von auffallend reduzierter Urbanität ist: »Heuduft, der schwere Geruch des Stroms / Immer noch das Geräusch der Stadt / Bei der Arbeit nahe, jetzt fern / Spaziergang die Wiesen entlang der Elbe«.[259] Ein Stadtgedicht ist das nur im weitesten Sinne. Auch das Bild, das Volker Braun in seiner Erzählung »Der Schlamm« (1959) von Dresden zeichnet, ist alles andere als das einer Großstadt: »Um drei kam ich an, halb vier war ich an den Hängen, ich sah den Fluß, der seinen ersten weichen Bogen macht und kalt und schmutzig gegen die helle Stadt schwappt, die kleinen Häuser in seinem Dunst, und die großen rücken vor den Straßenbahnen auseinander, dort, der Boden springt sanft auf, die Wälder.« Die Ruinen erscheinen dem Erzähler, der sie »durch Sträucher voller Knospen« sieht, »fast lieblich«.[260] Beschreibungen wie diese zeigen, daß etliche Dresdner Autoren ein Stadtbild verinnerlicht haben, das weniger auf der Trümmerwüste beruht als auf der Elblandschaft mit ihren Wiesen und Hängen. Dafür finden sie meist sogar dieselben oder ähnliche Attribute: »sanft« ist die Landschaft oder »sacht«.

Heinz Czechowski kam zuletzt in dem Gedicht »Vom Dachgarten der Yenidze« (2002) auf seinen Vers von den Bergen, die sanft wie Tiere neben dem Fluß gehen, zurück: »Die Stadt ein zerklüfteter Cañon, in dem sich / Alle Erinnerungen, die ich noch habe, / Verlaufen. Die Hügel der Lößnitz: / Hemingways weiße Elefanten«.[261] Die Stelle gibt einen Hinweis auf die Herkunft seiner bekanntesten Zeile. Offenbar entstand sie nicht nur, wie Gerrit-Jan Berendse in seiner Studie über die »Sächsische Dichterschule« schreibt, »in Korrespondenz«[262] mit Hölderlins Zeilen »[…] und wie Bezauberte fliehn / Die Wälder ihm nach und zusammensinkend die Berge« in dem Gedicht »Der Rhein«.[263] Das konkrete Bild ist wohl auch inspiriert von Ernest Hemingways Erzählung »Hügel wie weiße Elefanten«, in der es heißt: »Das Mädchen wandte den Blick ab, der Hügelkette zu. Sie lag weiß in der Sonne, und das Land war braun und trocken. ›Sie sehen wie weiße Elefanten aus‹, sagte sie.«[264]

Die Frage liegt nahe, ob die von vielen Autoren als weich empfundene Landschaft einen Einfluß auf ihren Stil hatte – in dem Sinne, daß sie einen spezifischen, weichen Ton hervorgebracht hat. Häufig ist angemerkt worden, daß aus Dresden erstaunlich viele Lyriker kommen. Für Czechowski ist das kein Zufall: »Dresden verführt ganz gewiß zum Lyrischen.«[265] Seine eigenen Gedichte scheinen dies zu bestätigen: der hohe Ton, in dem die Oden Hölderlins und Klopstocks anklingen, wenn er die Dresdner Landschaft feiert, oder ihre Elegien, wenn er um die wüste Stadt trauert. Auch Thomas Rosenlöcher hat über die stilbildende Wirkung der Dresdner Weichheit nachgedacht: »Wer als Dresdner in der Welt etwas werden will, muß rechtzeitig die Stadt verlassen. Allein schon des Sandsteins wegen, der nach den Worten eines, der die Stadt auch verließ, alles weich macht, was hier aufwächst«, heißt es in seiner Erzählung »Sandsteindresden«.[266] Gemeint ist Durs Grünbein, der seit 1985 in Berlin lebt; in seinem »Gedicht über Dresden« ist die Rede vom »Sandstein der alles weichmacht was hier aufwächst«.[267] Selbstverständlich zieht Rosenlöcher noch andere Ursachen in Betracht: etwa das milde Klima »unterhalb sachter Hügelketten, entlang des auch nicht gerade stürmisch auftretenden Flusses« sowie den Umstand, daß man sich in Dresden eines besonders nachgiebigen, »sprich: *babbschen* Idioms bedient, des sogenannten Sandsteinsächsisch, das, kaum im Mund des Sprechers geformt, sich seinerseits den Sprecher formt«.[268] Dieses Idiom geht laut Rosenlöcher einher mit einer bestimmten Mentalität, die eine »oft konstatierte, in Residenzdresden stärker als in Messeleipzig ausgeprägte sächsische Unterwürfigkeit« einschließe, die sich außerhalb des Elbtals nicht gerade als förderlich erweise.[269] Die Dresdner Mentalität aufzugeben, um anderswo zu reüssieren, weil »dafür Härte die Voraussetzung« sei, ist Rosenlöcher allerdings nicht bereit: »Besser weich in Dresden als in der Welt Granit.«[270]

Durs Grünbein spricht vom genetischen Code des Künstlers, der von seiner Ursprungslandschaft herrühre: »Man kann das sehr gut an den italienischen Malern der Renaissance studieren. Den umbrischen Meister erkennt man sofort, im Gegensatz zu einem, der in der Toskana gewirkt hat oder noch weiter im Süden. Da spielen so viele Faktoren zusammen: das Licht, die Landschaftsformationen, die Vegetation bis hin ins Mineralogische. Diese frühe Prägung ist offenbar etwas, was man kaum abstreifen kann.«[271] Doch lassen solche äußeren Bedingungen auch im Falle der Dresdner Dichter auf eine bestimmte Art des Schreibens schließen? Zumal diese mitunter sogar einen Kontrast zum Temperament des Autors bildet. So bekennt sich Volker Braun beim Schreiben zu der »Sucht, herauszufordern, die härtere Formulierung zu wählen«. Im persönlichen Umgang neige er hingegen eher zu sachten Haltungen und Freundlichkeit: »ich machte nicht den Bruch mit der Gesellschaft, den ich im Schreiben vollzog«.[272]

Thomas Rosenlöcher sieht dennoch Gemeinsamkeiten: »Ich weiß nicht, ob es so weit geht, daß man von einem eigenen Ton sprechen kann, aber ich denke schon, daß es bestimmte Züge gibt, die dem, was man die Sächsische Dichterschule genannt hat, eigen sind.« Viele dieser Autoren seien Empiriker, der regionale Ausgangspunkt sei ihnen wichtig. »Sie gehen zunächst von eigenen Erfahrungen aus, etwa von den Einzelheiten einer Landschaft. Es gibt unter den Sachsen kaum jemanden, der wie Erich Arendt gleich mit der Metapher beginnt. Zuerst wird etwas hergeleitet und beschrieben, und erst daraus ergibt sich die Metapher.« Diese Vorgehensweise schließe große Entwürfe nicht aus: »Bei Volker Braun sieht man das, der sich besonders ins Abstrakte und Utopische begeben hat, dafür aber über die unterdessen fast schon verschwundene Kategorie der Verzweiflung verfügt. Aber auch er erfindet nicht eigentlich, geht oft von einer Landschaft aus oder von etwas, das er gesehen oder gehört hat.« Auch Durs Grünbein habe diesen Zug ins Abstrakte, doch zugleich sei er Empiriker: »Er will wissen, wie die Welt zusammengesetzt ist.« Wenn er Grünbeins Gedichte lese, so erklärt Rosenlöcher, spüre er eine Empfindsamkeit, die sicher mit der Gegend zu tun habe. Auch der Umstand, daß Grünbein den Vers gegenüber der Zeile bevorzuge, sei charakteristisch für die Dresdner, die großen Wert auf den Rhythmus legten.[273]

Michael Wüstefeld sieht nur wenige Gemeinsamkeiten unter den Dresdner Dichtern; und auch dem Gedanken Czechowskis, daß Dresden zum Lyrischen verführe, steht er skeptisch gegenüber: »Vielleicht nähert man sich der Wahrheit eher, wenn man ins Gegenläufige denkt: Daß es die Loslösung aus der vereinnahmenden Idylle ist, die in Dresden eher als andernorts dazu führt, daß man zu schreiben beginnt, um sich damit auseinanderzusetzen und auch zu entfernen.«[274] Letzteres ist in Dresden besonders ausgeprägt: So groß die Anziehungskraft der Stadt auch sein mag – die Abstoßungskräfte sind nicht weniger stark. Rosenlöchers Satz, wer als Dresdner etwas werden wolle, müsse rechtzeitig das Weite suchen, läßt an das erste von Brauns »Berlinischen Epigrammen« denken: »Alle verließen wir, nassen Augs, die Heimat der Dichter / Um im preußischen Sand in dem Getriebe zu sein.«[275] Auch in seinem Gedicht »Dresden als Landschaft« kommt Braun darauf zu sprechen. Zuerst, heißt es da, gingen: »Einige Männer in schäbigen Anzügen / Mickel Czechowski Braun und Tragelehn«.[276] Drei von ihnen verschlug es nach Berlin. In den achtziger Jahren folgte Grünbein – getrieben von der »Sehnsucht nach Weltkultur«, wie er einmal erklärt hat. Dieser Begriff von Mandelstam habe ihn schon früh geleitet: »Der Wille, den innersten Zirkel des Geburtsortes zu durchbrechen, um hinauszugelangen in die Welt und in die großen Städte, in denen alles sich abgespielt hatte: Geschichte und Kunst.«[277]

Auch Tragelehn empfand seinen Weggang als einen »Schritt aus der Enge der Provinz in die weite Welt«. In Berlin, wo er 1955 Meisterschüler von Brecht wurde, begegnete er den heimgekehrten Emigranten: »Die Berliner Akademie war damals eine Götterversammlung.« Und im Berliner Ensemble lebte wieder auf, was 1933 abrupt zu Ende gegangen war. Hinzu kam die Nähe zu Westberlin mit seiner Theaterlandschaft, seinen Kinos und dem westdeutschen Buchmarkt: »Da war ungeheuer viel, was es in Dresden nicht gab. Oder was in Dresden sehr weit weg gewesen wäre.«[278] Die vom Krieg schwer gezeichnete Elbestadt, die einen Großteil seines Bürgertums verloren hatte, kam dagegen nicht an. In Dresden habe man nichts werden können, sagt auch Czechowski. Es sei keine Stadt für die Literatur gewesen. »Die sogenannte Sächsische Dichterschule entstand in Leipzig, weil es dort das Literaturinstitut mit Georg Maurer gab. Und nicht zuletzt auch Hans Mayer und Ernst Bloch als geistige Magneten und Magnaten.«[279] Im preußischen Sand in dem Getriebe der Macht sein, wie Braun die berühmte Zeile von Eich paraphrasierte, konnte jedoch nur, wer in der Hauptstadt lebte. Zwei Jahrzehnte später sah Grünbein, der sich keinerlei Illusionen hingab, in Berlin vor allem die Ausgangstür aus der DDR. Dresden erschien auch ihm provinziell – allerdings sieht er die Gründe dafür nicht nur in der Stadt selbst: »Ich vermute, daß jeder Ort, an den man durch den Zufall der Geburt gebannt ist, sich eines Tages als Provinz herausstellt. Selbst wenn jemand in New York geboren ist, wird ihn eines Tages das Provinz-Syndrom überfallen. Es geht immer darum, nicht stehenzubleiben. Für den Künstler gilt das in ganz besonderem Maße. Man muß aufbrechen, um wie Odysseus eines Tages wiederkehren zu können.«[280]

Von all diesen Autoren lebt als einziger Michael Wüstefeld nach wie vor in Dresden. In seinem Gedicht »Im Tal« (1995) heißt es: »Ob Wurzeln in die Asche trieben / Ich weiß es nicht Seh nur / Wie viele aus dem Februar gehn / Und mich im Tal geblieben«.[281] Vier Jahre später will er nicht mehr das Elbtal besingen: »Viel lieber geh ich weg als daß ich komme«.[282] Diesen Zwiespalt kennt auch Thomas Rosenlöcher, der seit einigen Jahren im Erzgebirge lebt, von wo aus er in der Nacht noch den Widerschein Dresdens sieht. Doch räumliche Distanz bedeutet nicht unbedingt auch emotionale Distanz. Auch nach vier Jahrzehnten in Berlin bekennt Volker Braun: »Dresden ist meine Heimat, der heimliche Grund, der überwachsene Abgrund.«[283] Selbst Durs Grünbein hat sich in den letzten Jahren wieder seiner Geburtsstadt zugewandt. Hatte er sie in einem frühen Gedicht noch als »Barockwrack an der Elbe« geschmäht, so widmete er ihr sechzig Jahre nach Kriegsende seinen großen Zyklus »Porzellan«, den er im Untertitel emphatisch »Poem vom Untergang meiner Stadt« nannte.

So kommt es, daß etliche Gedichte über Dresden anderswo entstanden sind. Die räumliche Distanz, so scheint es, schärft den Blick; die eigene Stadt läßt sich aus der Ferne unbefangener in den Blick nehmen. »Erst die Perspektive von draußen macht produktiv«, hat Czechowski einmal erklärt.[284] Berlin bot dafür offenbar die besten Bedingungen. »Hier halten sie mich nicht im Auge. / Und das Klima ist gut, kalt wie die Arbeit es braucht«, heißt es in Brauns »Berlinischen Epigrammen«.[285] Das Gegensätzliche der beiden Städte hat auch Grünbein inspiriert. In seinen Berliner Aufzeichnungen »Das erste Jahr« spricht er vom »Musennest« Dresden, dessen Zerstörung den Schönheitssinn des Spätgeborenen beleidigt habe. Und er fragt: »Wie ist dagegen Berlin?« Seine Antwort ist nichts für Ästheten: »Ein Kasernenhof von städtischem Ausmaß, ein pockennarbiges, mit Beton begradigtes Pflaster, der Kronkorken als öffentliche Anlage, ein Rekrutenstall als urbane Norm.«[286] Ganz sicher hat auch diese Umgebung Grünbeins Schreiben beeinflußt – man denke nur an seine Großstadtgedichte in dem Band »Schädelbasislektion« (1991). Doch viel stärker noch prägt ihn seine Herkunft. Anderthalb Jahrzehnte nach seinem Weggang aus Dresden hat er diesen Umstand gelassen kommentiert: »Dieses sandsteinerne Element, das ja auch ein Zug von Dresden ist: behauener gestalteter Sandstein, der aus dem nahen Gebirge hereingeholt wurde und in Portalen und Skulpturen wiederkehrt, das geht auch mit.« Und an dieser Stelle kam er doch einmal auf Czechowskis Vers zu sprechen, als er das Bild eines flötespielenden Orpheus entwarf, dem die sanften Berge an der Elbe wie Tiere folgen: »Die sind sehr anhänglich. Die laufen hinterher.«[287]

Heinz Czechowski

Die Brandnacht

Von den vier Autoren, die mit eigenen Augen das brennende Dresden sahen, kam keiner so oft und eindringlich darauf zu sprechen wie Heinz Czechowski. Als Zehnjähriger hatte er vom Dach eines Vorstadthauses auf die fünf Kilometer entfernte Altstadt geblickt. »Wie eine riesige Glocke wölbt sich weiße Glut, die höher am Himmel in Rot und undurchdringliches Schwarz übergeht«, erinnerte er sich zwei Jahrzehnte später.[288] Auf die Frage, was sein Schreiben vor allem geprägt habe, nannte er die Zerstörung Dresdens: »Das Eindringen von Bombenflugzeugen in einen Kindheitsraum [...] war natürlich im Maurerschen Sinne eine Welterfahrung, Erfahrung größerer Welt, eine tragische, eine vom Tod betroffene.« Seine Grunderfahrung sei: »Ich habe nicht Geschichte gemacht, Geschichte hat mich gemacht, ich bin Objekt gewesen.« Er sprach von einer Erschütterung seines Selbst- und Weltverständnisses, die ihn zum Schreiben dränge: »Von dort aus laufen alle Fäden, öffnen sich alle Perspektiven, in welche Richtung ich immer blicke.« So sehr er sich immer wieder bemüht habe, aus dem Schatten dieser Nacht zu treten, es sei ihm nicht gelungen: »die Reflexion, das Gedicht kehren dorthin zurück«.[289]

Was er damals erlebt hat, schilderte er in dem Bericht »Landschaft der Kindheit: Wilder Mann«, der im März 1969 in der Zeitschrift »Neue Deutsche Literatur« erschien; eine leicht veränderte Fassung enthält der Prosaband »Herr Neithardt geht durch die Stadt« (1983). Wilder Mann heißt das Viertel, in dem Czechowski aufwuchs und wo er die Brandnacht erlebte. Daß die Stadt bombardiert werden könnte, darauf deutet im Februar 1945 wenig hin; das ist jedenfalls der Eindruck des Kindes, das in dieser Ansicht von den Erwachsenen bestärkt wird. Einige versprengte Flugzeuge, so heißt es, hätten hinter dem Schauspielhaus ein paar Häuser getroffen – das sei alles. Zwar gibt es oft Fliegeralarm, und in der Ferne hört man das Krachen der Flak; aber die provisorischen Unterstände, die in der Innenstadt errichtet werden, lassen nicht auf eine ernsthafte Bedrohung schließen. Alles andere als schwunghaft verläuft denn auch der Tauschhandel auf dem Schulhof: Für zwei Flaksplitter mittlerer Größe erhält man nur einen kleinen Bombensplitter. »Denn die sind in Dresden noch selten, also begehrt.«[290]

Den Faschingsdienstag über liegt das Kind mit Fieber im Bett. Wenn alles gut geht, tröstet die Mutter, könne es übermorgen wieder zur Schule gehen. Doch es geht nicht gut; die Nacht bricht an, die Nacht vom 13. auf den 14. Februar. Als die Sirenen ertönen, eilen die Hausbewohner in den Keller. Fröstelnd, in Mäntel und Decken gehüllt, hören sie das Dröhnen von Flugzeugen und das Bersten der Bomben. Nach einer Stunde wird Entwarnung gegeben; man steigt die Treppen hinauf, einer öffnet die Tür zum Dachboden: »Spinnweben streifen die Stirn, ein rötlicher Schein dringt durch die Luken im Dach. Wir stehen auf dem Dach und sehen hinter dem Schwarz der Silhouetten gegenüberliegender Dächer und Türme das Feuer. Hier ist es fast windstill. Aber die Pappeln auf dem Platz vor der katholischen Kirche in Pieschen biegen sich unter den Böen eines Sturms.« In der Ferne wölbt sich die Glut in den Nachthimmel. Doch niemand glaubt, daß es die Altstadt ist, die brennt; vom Elbhafen ist die Rede und von Industrieanlagen in der Friedrichstadt. Auch auf den Dächern benachbarter Häuser stehen Menschen. »Zurufe gehn durch die Nacht: wir sind verschont!«[291]

Zum ersten Mal fällt hier dieses Wort, das für Czechowskis Selbstverständnis von zentraler Bedeutung ist. »Ich / Bin verschont geblieben, aber / Ich bin gebrandmarkt«, heißt es in dem Gedicht »Ich und die Folgen«.[292] Daß in jener Nacht seine Kindheit zu Ende war, hat Czechowski erst später begriffen. Während er den Erklärungen der Erwachsenen zuhörte, verbrannten, nur wenige Kilometer entfernt, Menschen. Erst der zweite Angriff drei Stunden später, der das Flächenbombardement auf die Stadtteile jenseits der Altstadt ausweitete, machte ihnen den Ernst der Lage schlagartig bewußt: »Die Dunkelheit bebt. Die Türen springen schreiend aus den Riegeln. Ein riesiges Rauschen und Dröhnen, in das sich wie dunklere Punkte die Detonationen einzelner, ganz in der Nähe einschlagender Bomben mischen, ist um uns. Meine Mutter hat mich an sich gepreßt. Die Angst macht uns stumm.« Sie bleiben verschont. Aber schon kurze Zeit später treffen die ersten Menschen ein, die nur ihr nacktes Leben gerettet haben, und die erzählen, »daß es die Stadt nicht mehr gibt«.[293]

Am nächsten Tag sah er es mit eigenen Augen. Drei Jahrzehnte später erinnerte er sich: »Schon vorher, wenn ich in Dresden gewesen war, hatte ich gespürt, was für eine Kostbarkeit diese Stadt war. Nun, beim Anblick der rauchenden Trümmerberge, der Leichen, der Bombensplitter und der abgeschossenen Flugzeuge am Neustädter Bahnhof und am Albertplatz, dämmerte mir etwas. Etwas war verlorengegangen, das unwiederbringlich war.«[294] Die Trauer um das Verlorene und der Versuch, wenigstens die Erinnerung daran zu bewahren, bestimmten später Czechowskis Schreiben über Dresden. Mit größtmöglicher Genauigkeit schilderte er, was er in den Tagen nach den Angriffen sah: »Kleine zottige Panjepferde ziehen die Wagen, auf denen, bedeckt mit einer dünnen Schicht Chlorkalk, die Toten liegen, die zum Heidefriedhof gebracht werden. Gleichgültig sitzt ein SS-Mann vorn auf dem Wagen und raucht. Die Hand eines Toten schleift auf dem Stahlkranz eines Rads.«[295] Impressionen wie diese geben eine Vorstellung von dem, was damals geschah. Neben den Zeichnungen von Wilhelm Rudolph und den Fotografien von Richard Peter gehören sie heute zu den wenigen authentischen Zeugnissen aus dieser Zeit. Czechowskis unprätentiöser Bericht bewahrt ein dunkles Kapitel der Dresdner Stadtgeschichte vor dem Vergessen.

Das Vergessen wurde schon kurz nach dem 13. Februar 1945 zum Gebot der Stunde. Die Nationalsozialisten versuchten in der Bevölkerung den Willen zum Widerstand zu wecken und schürten die Angst vor den angeblich rachsüchtigen Alliierten. Über die Zerstörung Dresdens empörten sie sich nur zu Propagandazwecken; im Grunde standen sie ihr so gleichgültig gegenüber wie der SS-Mann in Czechowskis Beschreibung. Für jene, die dem Feuersturm entkommen waren, ging es zunächst nur darum zu überleben, verlorene Angehörige zu finden und zu retten, was noch zu retten war. Nur Wilhelm Rudolph war monatelang zwischen den Ruinen unterwegs, um das Gesehene mit der Rohrfeder festzuhalten. Einem ähnlichen Impuls folgte damals Czechowski: »Ich bin fast jeden Tag in der Stadt gewesen, um die Trümmerberge zu betrachten und die Geschichte buchstäblich durch die Nase einzusaugen.«[296] Diese Beobachtungen gingen später in seine Gedichte ein. In dem Bericht über seine Kindheit nennt er Dresden eine Stadt »zwischen Feuer und Frost, ein Steinmeer in beunruhigender Gestaltlosigkeit zwischen lieblichen Hügeln, von einem sommerlichen Rinnsal durchflossen, bewohnt von Ratten und Toten, ausgetilgt in einer Nacht, dem Vergessen anheimgegeben, dem Vergessen entrissen, weil eine Stadt, zwar zum Sterben verurteilt, so lange nicht stirbt, wie es Menschen gibt, die nicht vergessen«.[297]

Obwohl Czechowski die Stadt bereits 1958 verließ, wurde Dresden über die Jahre zum beherrschenden Thema seiner Dichtung. Das zeigt der Auswahlband »Auf eine im Feuer versunkene Stadt« (1990), der Lyrik und Prosa aus der Zeit von 1958 bis 1988 versammelt. Wer darin nach jener »Schmerzensspur« sucht, die Sebald beim Blick auf die deutsche Nachkriegsliteratur vermißte, wird schon auf den ersten Seiten fündig. Das Gedicht »Frühe« (1962) scheint zwar zunächst Sebalds Behauptung, die Bombardierung deutscher Städte sei lange tabuisiert worden, zu bestätigen; die zweite Strophe reagiert anscheinend auf eben dieses Tabu: »Damit wir es nicht vergessen, / Woher wir gekommen sind, / Duldet der Tag keine Lüge: / Zwischen verbrannten Steinen / Blüht gelb der Ginster im Wind.«[298] Tatsächlich aber wendet sich Czechowski hier gegen jene ideologische Rhetorik, an die Sebald dachte, als man ihm entgegnete, daß in der DDR durchaus über das zerstörte Dresden gesprochen worden sei.

Dresden im Dritten Reich

Sein nüchterner Duktus unterscheidet Czechowskis Bericht grundlegend von der Beschreibung eines Bombenangriffs in Gert Ledigs Roman »Vergeltung«. Dessen expressive Schilderung entspricht einer derart extremen Erfahrung sicher in weit höherem Maße; doch dem konkret-dokumentarischen Charakter, den Sebald für die literarische Darstellung als einzig angemessen erachtete, kommt Czechowskis Text nahe. Zumindest darin läßt er sich mit Erich Nossacks Bericht »Der Untergang« oder auch mit Alexander Kluges Erzählung »Der Luftangriff auf Halberstadt am 8. April 1945« vergleichen. Verschieden sind jedoch die Perspektiven: Czechowski sah das brennende Dresden als Zehnjähriger; Nossack war über dreißig Jahre älter, als er die Angriffe auf Hamburg aus der Ferne verfolgte. Während der eine konsequent aus dem Blickwinkel des Kindes erzählt, schildert und reflektiert der andere das Erlebte als Erwachsener. Kluge wiederum war, als seine Heimatstadt kurz vor Kriegsende bombardiert wurde, dreizehn Jahre alt; anders als Czechowski befand er sich im Zentrum des Geschehens. Aus eigenem Erleben weiß er: »Die Form des Einschlags einer Sprengbombe ist einprägsam.«[299] Eine solche Bombe explodierte nur wenige Meter von ihm entfernt. Kluge setzt in seiner Erzählung auf die Nahsicht der Augenzeugen; zugleich versucht er, den Luftangriff in seiner Totalität zu erfassen, indem er den Blick sowohl auf die Strategie der Angreifer richtet als auch auf die der Angegriffenen.

Alexander Kluge hat mehrfach betont, daß er die Bombardierung seiner Heimatstadt als Folge der von den Deutschen begangenen

Verbrechen ansieht: »Ohne das Kapitel ›Verschrottung durch Arbeit‹, das sich mit einem KZ bei Halberstadt befaßt, mit dem ich mich vorher ausführlich beschäftigt habe, hätte ich auch den Luftangriff nicht erzählen können.«[300] Dieser Zusammenhang ist auch Czechowski wichtig. In etlichen Texten spricht er davon, was sich in den Jahren vor der Zerstörung in seiner Geburtsstadt ereignet hat. Die Dresdner Wirklichkeit, die Victor Klemperer in seinen Tagebüchern festhielt, bietet keinerlei Anlaß, von einer unschuldigen Stadt zu sprechen. Der Terror gegen die Juden geschah nicht im Verborgenen, sondern vor den Augen derer, die den Blick nicht abwendeten. Dresden war nicht weniger antisemitisch und nationalsozialistisch als andere deutsche Städte. Daran läßt Czechowski keinen Zweifel. Noch viele Jahre später erinnert er sich an den Klempnermeister Spoerke, der erblindet aus dem Krieg heimkehrte und erzählte, wie das Blut der Juden, die er erschossen hatte, an die Wand gespritzt war: »Sind das seine letzten Bilder, bevor der Flammenwerfer bei einem Partisaneneinsatz ihn blendete?«[301]

Seinem Bericht von der Dresdner Brandnacht geht die Schilderung des Unrechts voraus, das er als Kind wahrnahm. Einmal sieht er, wie im Hinterhof eines Hauses in der Prager Straße Gefangene in zerfetzter Kleidung eine Grube ausheben: »Auf dem Erdhaufen daneben sitzt schläfrig ein alter Volkssturmmann mit einem riesigen vorsintflutlichen Gewehr. Plötzlich springt er auf, schreit, schlägt auf einen der Männer mit dem Gewehrkolben ein. Der Mann versucht sich vergeblich mit erhobenen Armen gegen die Schläge zu schützen. Ich wundere mich, daß sich die Männer so behandeln lassen. Sie sind in der Mehrzahl.«[302] Auf seine Fragen erhält das Kind keine Antwort; doch es registriert genau, was in der Stadt geschieht. Es weiß auch von dem Lager am Wilden Mann, in dem die russischen Frauen untergebracht sind, die täglich zum Goehlewerk laufen, wo Zünder für Flakgeschosse hergestellt werden. Einmal schenkt seine Mutter einer der Frauen ein paar Zwiebeln; der Blockwart tobt, als er es erfährt. Auch mit ihrer Meinung hält seine Mutter nicht hinter dem Berg. Czechowski nahm ihr das übel, wie er sich später erinnert: »Wäre ich älter und in der Hitlerjugend gewesen, hätte ich womöglich gesagt: Ich zeige dich an!«[303]

Seit den achtziger Jahren finden sich in Czechowskis Texten immer häufiger solche Erinnerungen, die zeigen, wie präsent der Krieg in Dresden schon lange vor den Angriffen war. »Den Wilder-Mann-Berg herunter marschiert eine Kompanie SS mit geschultertem Gewehr«, schreibt er in dem Prosatext »Die Elbe bei Pieschen«.[304] Das Gedicht »Geschichtsbild« beschwört gleich dreimal das Bild der Uniformierten, die »mit ruhig-festem Schritt / Den Wilder-Mann-Berg emporzogen«. Der Schrecken des Krieges ist immer gegenwärtig: »Major Troitzsch kam ohne Füße / Aus Stalingrad wieder«, heißt es in dem Gedicht »Ich und die Folgen«.[305] Vor allem der Lyrik- und Prosaband »Nachtspur« (1993), in dem Czechowski die Wendejahre reflektiert, enthält eine Fülle von Beobachtungen aus dem nationalsozialistischen Dresden. Der Umbruch von 1989 scheint in ihm unzählige Erinnerungen an die erste Zeitenwende in seinem Leben geweckt zu haben – immer wieder kehren seine Gedanken dahin zurück: »Man sah, was man sah. Und hörte, was man hörte. Auch als Kind. Die KZ-Häftlinge, die eine Mauer um die SS-Kaserne bauten und uns, den Kindern, die wir an ihnen vorbei in den Wald zogen, etwas zuriefen, das wir nicht verstanden. Aber daß wir überhaupt so wenig verstanden haben in jenen Jahren?«[306]

In seiner Autobiographie »Die Pole der Erinnerung« (2006) charakterisiert Czechowski seine Familie als »alles andere als die im Dritten Reich erwünschte«. Nur sein älterer Bruder habe treu zur Hitlerjugend gestanden und bis zuletzt keinen Widerspruch geduldet; er selbst sei stolz auf ihn gewesen, wenn das Fähnlein vorbeimarschierte: »Ich beneidete ihn, wollte auch mitmarschieren, war aber noch zu klein.«[307] Die Mutter wiederum verbot dem Kind jeden Umgang mit den SS-Männern, die in dem Viertel häufig anzutreffen waren; diese, so lautete ihre Begründung, würden aus Verbrechern rekrutiert. Gegensätze wie diese prägten Czechowskis Kindheit. Damals waren sie ihm kaum bewußt: »Wir ahnten, daß es eine andere Zeit gegeben haben mußte, eine Zeit vor der Machtergreifung des

›Führers‹, dessen Bild uns begleitete, denn es war überall gegenwärtig. Und auch, daß der Gruß ›Heil Hitler!‹, absolviert mit aufgerecktem rechten Arm, eine Absurdität war, fiel uns natürlich nicht ein. Wir kannten nichts anderes und betraten auch das Milchgeschäft Frau Dickows mit diesem Gruß, obwohl die Milchfrau daraufhin nur unverständlich brummend zurückgrüßte.«

Im Rückblick sieht Czechowski diese Jahre als »beherrscht von einem diffusen Schrecken«. Hinter vorgehaltener Hand hätten sich die Erwachsenen verbotene Nachrichten zugeflüstert: von an der Front Gefallenen und von den Bombenangriffen auf Köln, Hamburg und Berlin. Berichtet wurde von Leuten aus der Nachbarschaft, die ihre Fenster nicht verdunkelt hätten und daraufhin zu »Volksschädlingen« erklärt und mit der »Grünen Minna« abgeholt worden seien. »Für mich hatte dieses Geflüster etwas Obszönes«, erinnerte sich Czechowski später. »Ich fühlte mich von ihm bedroht. Da ich nicht viel davon verstand, wähnte ich, von etwas ausgeschlossen zu sein, das auch mich anginge. Außerdem schien ich zu ahnen, daß das Furchtbare, das uns bedrohte, näherrückte.«[308]

Ein Zufluchtsort war für das Kind der Garten unweit der elterlichen Wohnung; von diesem erzählt Czechowski in dem Band »Nachtspur«. Er schildert eine geradezu paradiesisch anmutende Welt, eine Oase des Friedens in einer Zeit des Mordens: »Vor dem Drahtzaun links von der Bank wucherten die schwarzen und roten Johannisbeeren. Es gab ein großes Erdbeerbeet, das in der Obhut meiner Mutter lag, während mein Vater für das Obst, die Kohlrabis, das Kraut und die Bohnen verantwortlich war.« Doch der schöne Schein trügt; die Idylle birgt ein Geheimnis, das auf Gewalt und Tod verweist: In einem Schrank in der Gartenlaube befindet sich ein altes Gewehr mit silberbrüniertem Lauf und verschnörkeltem Hahn – offenbar ein Erbstück. Das Kind kennt das Geheimnis, und es kennt auch das Versteck des Schrankschlüssels. In den letzten Kriegsmonaten erhebt der Bruder das Gewehr, wie es heißt, »zur Abwehrwaffe gegen feindliche Tiefflieger«. Es bleibt bei dem Vorsatz: »Unseren Garten überflogen jedoch nur die auf dem Fliegerhorst in Klotzsche stationierten ME 109 und eines Tages sogar einer der ersten deutschen Jäger mit Düsenantrieb, der schrecklich heulend im Tiefflug über unseren Garten hinwegzog.«[309]

Czechowskis Autobiographie »Die Pole der Erinnerung« enthält eine weitere Episode, die dem Anschein von Idylle widerspricht: Erwähnt wird die Leiche eines Russen, die man in dem Gartengelände fand; wahrscheinlich war dieser aus einem der Lager am Stadtrand entflohen und dann verhungert. »Er war jung, ich habe ihn gesehen, kaum älter als mein Bruder.«[310] Den Garten beschwor Czechowski ein weiteres Mal in dem Gedicht »Gartenszene« (2002). Es setzt geradezu heiter ein: Die Ferien beginnen, und das Glück scheint in greifbarer Nähe. Doch schon bald überschattet der Krieg das vermeintliche Idyll, und die Heiterkeit weicht der Ernüchterung über die freudlose Realität: »Was wir wußten, / War wenig, immerhin / War es genug, / Um an den Endsieg zu glauben. / Im Garten / Baut ich mein Zelt auf, / Ungehindert / Schlug ich die Langeweile / Der Kriegsjahre / Tot.«[311]

Hinter den Ruinen

Das friedliche Bild des Gartens entsprach der Realität so wenig wie das der unschuldigen Kunststadt, das Dresdens strategische Bedeutung und seine Rüstungsindustrie, die KZ-Außenstellen und Fremdarbeiterlager ebenso ausblendete wie den Terror gegen die Juden und gegen Andersdenkende. Der 13. Februar 1945 stellte für viele Dresdner in den Schatten, was unter dem Hakenkreuz geschah; man breitete den Mantel des Schweigens darüber. Es hätte dem Mythos widersprochen, den die Nationalsozialisten schon kurz nach den Angriffen propagierten und der auch nach dem Krieg nur von wenigen in Frage gestellt wurde. Nicht nur in Dresden, sondern auch »in Teilen der Öffentlichkeit mindestens in den Ländern Westeuropas und

Nordamerikas« war das Bild der Kunststadt, wie Matthias Neutzner schreibt, weit verbreitet.[312]

Gegen diese Verdrängung schreibt Czechowski an. »Eingedenk der Opfer ist er es sich und ihnen schuldig, weder etwas zu vertuschen noch zu glorifizieren«, begründet Wulf Kirsten diese Haltung.[313] Ungeschminkt setzt er die selbst erlebte Geschichte in ihrer Alltäglichkeit ins Bild. Die Retuschen in den Schulbüchern kommentiert er dagegen sarkastisch: »Die Kinder«, heißt es in Czechowskis Gedicht »Später Nachmittag« (1987), »Lernen und lernen, und lernen auch, zu vergessen«.[314] Ulbrichts Doktrin, die die Deutschen zu Opfern der »Terrorherrschaft der reaktionärsten, chauvinistischen, imperialistischsten Elemente des deutschen Finanzkapitals«[315] und die Toten von Dresden zu Opfern des amerikanischen Imperialismus erklärte, widersprach den Beobachtungen des Kindes, das sich keineswegs von Opfern umgeben sah. Und sie widersprach dem, was Czechowski als Erwachsener begriff und was heute niemand mehr ernsthaft bestreitet: Hitlers Herrschaft war zwar eine Diktatur, aber sie wurde von der großen Mehrheit der deutschen Bevölkerung unterstützt. Diese trug die nationalsozialistische Ideologie mit und förderte sie oder war zumindest zu ängstlich, um Widerstand zu leisten. Nie gab es in Deutschland eine höhere Übereinstimmung zwischen Volk und Führung. Czechowskis Trauer um das zerstörte Dresden mündet daher in keine Anklage. Man habe, sagt er, keinen Grund, sich zu beschweren; die Deutschen hätten mit den Bombardierungen begonnen: »Und daß diese schrecklichen Verbrechen auf uns zurückfallen würden, war vorauszusehen.«[316]

Von dem aggressiv-anklagenden Duktus eines Max Zimmering ist der elegische Grundton seiner Gedichte weit entfernt. Nur in seinem Debüt »Nachmittag eines Liebespaares« finden sich noch Texte, deren kämpferische Parteinahme »gegen die Kriegstreiber« den ideologischen Mustern folgt. Davon heben sich zwei Gedichte ab, in denen Czechowski auf Dresden zu sprechen kommt. »Frühe« lenkt den Blick auf die verbrannten Steine, die dem Betrachter die Geschichte des Ortes in Erinnerung rufen. Ausdrücklich ist von einer

»Lüge« die Rede, die das Vergessen befördert: ein erster, deutlicher Hinweis auf die Fragwürdigkeit der offiziellen Sprachregelung.[317]

»Aus der Kindheit« ist ein früher Versuch, im Gedicht über die Brandnacht zu sprechen. Dieses Sprechen bleibt jedoch vage und merkwürdig abstrakt. Die Metaphorik verdeckt das Thema mehr, als daß sie ihm eine neue, einleuchtende Perspektive abgewinnen würde; und der Reim behauptet eine Harmonie, die mit dem Inhalt nichts zu tun hat: »Als das Stromtal der Dämmerung bebte, / das meine Kindheit geprägt, / hatten stählerne Schreie / die alten Kastanien zersägt.«[318] Der erste Vers läßt eher an ein Erdbeben denken als an ein Bombardement, und die »stählernen Schreie« könnten auch Ernst Stadlers »Fahrt über die Kölner Rheinbrücke bei Nacht« entstammen. Auf das Gedicht trifft zu, was Elke Erb 1966 in ihrer Rezension der Anthologie »In diesem besseren Land« zu dem Kapitel »Brände« angemerkt hat: Die Wirklichkeit, um die es hier gehe, sei so bestürzend, daß es selten gelinge, sie poetisch zu bewältigen. Häufig werde versucht, sie »in die Harmonie festgefügter Vers- und Reimstrukturen« zu überführen. »So entstehen eigentümliche, nicht immer beabsichtigte Diskrepanzen, die zuweilen eine Scheu und Unsicherheit, sich frei zu bewegen, verraten.«[319]

Czechowskis zweiter Gedichtband »Wasserfahrt« (1967) zeigt eine andere Haltung. Die Idyllisierung ist der Nüchternheit gewichen und die Zuversicht der Skepsis. Czechowski sprach später von einem »Abstreifen von Illusion, von Wunschdenken, von ideologisch flächig überlagerter Vorstellung«.[320] In diesem Neuansatz sieht Wulf Kirsten die Voraussetzung dafür, daß Czechowski das für ihn existentielle Erlebnis des zerstörten Dresden im Gedicht zur Sprache bringen konnte – jenseits ideologischer Formeln oder einer nur linearen Reproduktion von Kindheitserinnerungen: »Mit einer solch offenen Struktur, die formal sehr viele Möglichkeiten einschließt zwischen Erzählgedicht und elliptisch verknapptem Gleichnis, ließ sich ein tragfähiges Programm entwickeln. Ein Programm der kontinuierlich intensivierten und radikalisierten Selbstbefragung, die gleichermaßen zur kritischen Weltbefragung gerät.«[321]

Der Band enthält auch das Gedicht »Auf eine im Feuer versunkene Stadt«, in dem Czechowski der Fortschrittsgläubigkeit von Partei und Staat seine eigene Erfahrung entgegenhält. Statt optimistisch in die Zukunft zu blicken, so erklärte er 1981 in einem Gespräch, sehe er seine Aufgabe darin, das Zerstörte wahrzunehmen und zu fragen: »Was alles schwelte hinter den Ruinen? In dieser Asche?« Diese Aufgabe bleibe auch dann noch zu leisten, »wenn wir Ruinen im vordergründigen Sinn nicht mehr haben«.[322] Hier spricht der Überlebende, dessen Gedächtnis ihm das Verlorene vor Augen führt. Die Annäherung an die jüngste Geschichte beginnt für ihn als Selbstbefragung.

Czechowski hat den autobiographischen Charakter seiner Gedichte stets hervorgehoben. Diese, wie Kirsten sagt, »nachdrückliche Verteidigung der Subjektivität«[323] läßt sich auch an den Titeln seiner Lyrikbände aus den achtziger Jahren ablesen: »Was mich betrifft«, »Ich, beispielsweise« oder »Ich und die Folgen«. Seine Gedichte bezeichnet er selbst als Gelegenheitsgedichte – sie seien angeregt »durch Erlebnisse, auch durch innere, und durch das, was hinter mir liegt«.[324] Er schreibe von dem, was ihn betreffe; dadurch könne er Allgemeines konkret fassen. Chronist zu sein ist nicht nur sein Anspruch – er sieht darin sogar eine Pflicht. In dem Gedicht »Ich und die Folgen« (1982) spricht er davon: »Auf das weiße Papier / Hab ich zu bannen versucht, / Was mich bewegte. Doch als Chronist / Hab ich versagt, denn nichts / Hab ich berichtet / Von der Ziegenmartha aus Boxdorf, / Die mit ihrem Wägelchen kam, / Und der Warnung vor den Zigeunern / Im Garten des Wilden Mannes.« Das ist nur eine Erinnerung von vielen, die Czechowski anführt und somit bewahrt. Genannt werden noch andere, die inzwischen längst vergessen sind, denn: »Über dem Schicksal der einzelnen / Wölbte die Glutglokke sich.«[325] Der Versuch, der Vergangenheit in Gänze gerecht zu werden, ist zum Scheitern verurteilt, da der Chronist der Fülle der Geschichten nicht Herr werden kann. Das Wissen darum macht ihn mißtrauisch gegen die eine, angeblich unumstößliche Wahrheit in den Schulbüchern.

Dieser Gedanke liegt auch dem »Echolot«-Projekt von Walter Kempowski zugrunde, jener in zehn Bänden erschienenen Collage aus Briefen, Tagebüchern und Dokumenten der Jahre 1943 und 1945. Sie beruht auf dem Prinzip der Gleichzeitigkeit und Gleichheit: Alltagsgeschehen und historische Ereignisse stehen unvermittelt nebeneinander. Eine eigene Collage widmete Kempowski den Bombenangriffen auf Dresden.[326] Eine solche Rekonstruktion mag Czechowski vorgeschwebt haben, als er einmal den unaufhörlichen Verlust von Erinnerungen beklagte: »Ich leide darunter, daß ich nicht annähernd alles das aufschreiben werde, was ich gesehen und gehört habe.« Dabei seien doch die Erinnerungen des Einzelnen einmalig und deshalb unbedingt bewahrenswert: »Eigentlich müßte man ununterbrochen Geschichten aufzeichnen.«[327] Anfang der sechziger Jahre sei er mit der Straßenbahn öfters an einer Häuserzeile vorbeigekommen, die den Krieg überstanden hatte; dort mußten noch Leute wohnen, die die Angriffe miterlebt hatten. Immer wieder habe er sich vorgenommen, auszusteigen und die Leute zu fragen, was sie in dieser Nacht erlebt hätten. Er sei nie ausgestiegen. Es steht dahin, ob Czechowski die erbetenen Auskünfte erhalten hätte; nur zu gut weiß er, daß vieles verdrängt wurde. Bissig kommentiert er diesen Umstand in dem Gedicht »Inspiration Gefühl Poesie« (1989): »Friß, Feuer, friß, / Dresdner vergiß.«[328]

Die Gegenbewegung hat Walter Benjamin in einem seiner Denkbilder mit dem Titel »Ausgraben und Erinnern« beschrieben: »Wer sich der eigenen verschütteten Vergangenheit zu nähern trachtet, muß sich verhalten wie ein Mann, der gräbt. Vor allem darf er sich nicht scheuen, immer wieder auf einen und denselben Sachverhalt zurückzukommen – ihn auszustreuen wie man Erde ausstreut, ihn umzuwühlen, wie man Erdreich umwühlt.«[329] So geht auch Czechowski vor, wenn er über Dresden schreibt; wie ein Archäologe gräbt er im eigenen Gedächtnis, um der Vergangenheit auf den Grund zu gehen. Die Tätigkeit des Grabens ist dabei nicht weniger wichtig als das Ausgegrabene selbst; Benjamin zufolge ist der Weg zu den Erinnerungen untrennbar mit diesen verbunden: »So müssen wahrhafte Erinnerungen viel weniger berichtend verfahren als genau den Ort bezeichnen, an dem der Forscher ihrer habhaft wurde.«[330] Bei Czechowski geht der Anstoß, in die Geschichte einzutauchen, stets von einem Erlebnis in der Gegenwart aus. Auf diese Weise führt er zeitlich und räumlich Entlegenes, Erlebnis und Reflexion, Anschauung und Empfindung zusammen.

Landschaft und Stadt

Am 13. Februar 1945 wurde aus dem alten Dresden eine Erinnerungslandschaft, die nur mehr im Gedächtnis der Überlebenden existierte. Dem Kind, das Czechowski damals war, standen wie die versprengten Teile eines Puzzles einzelne Bilder vor Augen, die sich nicht mehr zu einem Ganzen zusammenfügen ließen. Anders als die Altstadt blieb jedoch der Stadtrand von Bomben weitgehend verschont. Die Peripherie ist der Ort vieler seiner Gedichte. Urbanität kommt allerdings auch in jenen Texten, die von Dresden sprechen, kaum vor. Das hat nur zum Teil mit der Zerstörung zu tun. Für Czechowski ist Dresden schon immer Teil der Landschaft gewesen. Er verweist darauf, daß die Dresdner Baumeister das Elbtal in ihre Architektur einbezogen: »Die Veduten vom Japanischen Palais aus zur Lößnitz oder zur Stadt hinüber belegen das.« Etwas Vergleichbares habe er nur in Florenz gesehen. In Fiesole, beim Blick auf die in die Landschaft gebettete Stadt, sei ihm erst bewußt geworden, was es mit dem Begriff Elbflorenz auf sich habe. »Da steht man dort oben und blickt hinunter auf Florenz, den Dom und die Stadt, und plötzlich wird es einem klar.«[331]

Nach 1945 konnte Dresden erst recht nicht mehr als urbanes Erlebnis empfunden werden. Wilhelm Rudolph nannte eine Folge von Aquarellen und Zeichnungen »Dresden als Landschaft«. Gemeint war eine Trümmerlandschaft. »Die Stadt war völlig eingeebnet:

eine Wüste, die an den Rändern ins Grün überging«, erinnert sich Czechowski.[332] Da es die Stadt nicht mehr gab, traten die Ränder für ihn in den Vordergrund. Sein Interesse galt vor allem den »rustikalen dörflichen Relikten« in den Randbezirken, die Wulf Kirsten so beschreibt: »Längst von der vordringenden Stadt eingekreiste und eingemeindete Dörfer haben ihre bäuerliche Herkunft noch immer nicht ganz abgeschüttelt. Die ursprüngliche Siedlungsstruktur ist in einigen Winkeln, an denen der großstädtische Verkehr vorüberbrandet, erkennbar geblieben, so in Alt-Trachau oder in dem abseits liegenden Selleriedorf Alt-Kaditz. Mitunter wechselt der architektonisch ausgestellte soziale Habitus, der einer Gegend ihr unverwechselbares Gepräge gibt und für eine bestimmte Atmosphäre sorgt, von einem Straßenzug zum andern. Wie Stein gewordene Lebensgeschichten reihen sich die Villen der Weinbergstraße, in ihrer Umgrünung strahlen sie noch heute etwas von ihrer saturierten Bürgerlichkeit aus. Einige Nuancen bescheidener geben sich die schäbig gewordenen Gründerzeitfassaden des Kleinbürgertums. Monotone Mietshausfluchten verweisen auf die proletarische Provenienz. Dazwischen Gartenkolonien oder ein Wohnviertel im Bauhausstil, ein rundum bewohntes Denkmal.«[333]

Diese Sätze charakterisieren nicht nur das Weichbild von Dresden, sondern geben auch die Perspektive wieder, aus der Czechowski es wahrnahm. Etliche Erkundungsgänge unternahm er zusammen mit Kirsten; viele Motive in seinen Gedichten beruhen auf gemeinsamen Beobachtungen. Kirstens Beschreibung der abrupten Aufeinanderfolge von dörflichen und städtischen Elementen am Stadtrand findet ihre Entsprechung in Czechowskis Gedicht »In der Elbaue« (1974): »Alt-Kaditz, Kötzschenbroda, Zitzschewig: / Selleriefelder, grün / Wie die Zäune der Siedler. // Hüstelnd / Auf sonnenbestrahlten Terrassen / Lagen im Fiedlerhaus / Dresdens mittlere Töchter: / Klein-Davos.« Die Erwähnung der Lungenheilanstalt im Fiedlerhaus wie auch, in der nächsten Strophe, des Bilz-Sanatoriums erinnert daran, daß Lößnitz und Weißer Hirsch Kurorte und die Sanatorien von Friedrich Eduard Bilz und Heinrich Lahmann weithin bekannt waren. Doch das ist Vergangenheit, das Gedicht spricht im Präteritum davon. Das Geräusch, das in der Gegenwart ertönt, ist keiner Lungenkrankheit geschuldet; es ist nur die Lößnitzbahn, die pfeift: »Auf die Unsterblichkeit«.[334]

Beschwörend rufen diese Gedichte die Vergangenheit auf; und tatsächlich erinnert am Stadtrand noch vieles an das unzerstörte Dresden. Czechowski, schreibt Kirsten, suche dort nach den Resten des einstigen Glanzes, um sie als geistigen Besitz zu bergen: »Die Fülle erinnerter Namen und Realien, die den Gedichten das Lokalkolorit geben, bilden das sichere Fundament seiner Poesie.«[335] Dazu zählen die Schlösser in Moritzburg und Pillnitz ebenso wie die proletarisch geprägten Viertel im Schatten der einstigen Residenzstadt. Oft sind es zugleich Erinnerungsorte der eigenen Biographie: »Die Bauernhöfe Alt-Reicks, / Die Kühe, / Im Landgraben weidend, / Der Fensterplatz neben der Mutter / Im rumpelnden Kasten der Linie 9, / Klein-Zschachwitz entgegen«. Diese Verse kommen ganz ungebrochen daher, die Szenerie erscheint heiter. Das Gedicht, das den Titel »Glück« trägt, endet so: »Peripheriegefühle, / Die immer wiederkehren, / Wie das Glück, / Das sich nicht abweisen läßt, / Auch hier.«[336] Deutlich unterscheiden sich diese Verse aus dem Jahr 1974 von denen in Czechowskis erstem Gedichtband, wo die Harmonie nur behauptet war, wenn das Ich in dem Sonett »An der Elbe« feierlich sinnierte, »wie ein Glücklichsein in uns sich vermählt / mit der begreifbaren Schönheit der Welt«.[337]

Solchen beinahe fröhlichen Versen begegnet man in den folgenden Gedichtbänden immer seltener. Czechowskis Augenmerk gilt nicht mehr dem Glanz von einst, sondern dem Verblassen dieses Glanzes und dem allmählichen Verfall. Das Gedicht »Das Elbtal« (1981) führt noch einmal vor Augen, was Dresden vor dem Krieg gewesen ist. Nur ein Abglanz ist davon geblieben: »Ahnung gewesener Stadt: *italischer Himmel,* / Böhmischer Süden, Fluß und Gebirge, wie / Von Caspar David Friedrich gemalt. / Alles Vergängliche: hier.« Die Tristesse der Gegenwart wird unverhohlen benannt: »Hier draußen / Zwischen Schrebergärten / Und Weinbergskirche, nahe bei / Thienemanns erhaltner / Verfallender Villa: die Schlucht, / Ausgefüllt / Mit Autowracks, IFA F8, und / Klosettbecken, die / Keinen Nutzen mehr haben / Außer dem: aufzunehmen, was / Sorgsam der Regen / Abwäscht, die / Beschissene Zeit.«[338] Diese nüchterne Sicht, bisweilen auch ein grimmiger Sarkasmus prägen bis heute Czechowskis Schreiben: »Die Illusion ist zerstört. Immer, wenn ich heute in Dresden bin, frage ich mich: Was nützt das Schöne? Und was soll dieses Blumige? Gewiß, Dresden hat viel Blumiges, aber es gibt auch das Kantige: die Canyons, die zersplitterte Stadt. Vielleicht ist das viel wirklicher als das Schöne.«[339]

Die einschneidenden Veränderungen im Dresdner Stadtbild seit 1989 haben an Czechowskis Haltung wenig geändert. Den Wiederaufbau der Altstadt im historischen Gewand sieht er mit Skepsis. »Mir gegenüber / Die edlen Maße eines Palais, / Die Gefahr der Schönheit markierend, / Die sprachlos bleibt und tatsächlich / Nichts anderes ist als des Schrecklichen Anfang«, zitiert das Gedicht »Vom Dachgarten der Yenidze« Rilkes erste Duineser Elegie.[340] Es leitet den Gedichtband »Seumes Brille« (2002) ein, in dem Czechowski nur sarkastisch von der »Dresdner Idylle« spricht. Er beklagt, daß nun die letzten Spuren der Zerstörung verschwinden, und schmäht seine Geburtsstadt als »Welt- / Meisterin in der Kunst des Vergessens«.[341]

Die Euphorie über den Wiederaufbau der Frauenkirche kann er nicht teilen; lange schon vor ihrer Fertigstellung verhöhnt er sie als »geklonte Kuh«.[342] Als die Kuppel schließlich in den Dresdner Himmel ragt, sieht er in ihr nur ein Phantom: »Das also // Ist sie, die ich / Als Kind sah, mitten / Im kalten Winter, das / Ist sie *nicht!*, sagte ich mir / Inmitten der Stadt: // Industrieziegeldächer / Auf Cosels Palais, Steigenberger / Läßt grüßen … Auch der Zwinger: / Die Steine / Zehnfach erneuert, gemetzt. // Am Ende, das weiß man, / Bleibt nichts«, heißt es in dem Gedicht »Zu Mickel« (2005).[343] Von historischen Rekonstruktionen hält Czechowski nichts, da sie im Sinne Benjamins nicht auratisch sind: Sie verweisen auf die Vergangenheit, doch sie sind kein Teil von ihr. Dieser »Widerspruch, der / In den Steinen sitzt«, ist seiner Ansicht nach nicht aufzulösen.[344] Im

Verzicht, hat er einmal erklärt, sehe er die einzige Möglichkeit, das alte Dresden auch städtebaulich zu überleben. Die Ruine der Frauenkirche hätte er erhalten – so wie die zerstörte Kathedrale von Coventry, der Partnerstadt Dresdens: »Ein besseres deutsches Denkmal ist kaum vorstellbar. Es wäre der Ort gewesen, uns unserer Geschichte bewußtzuwerden.«[345]

Volker Braun

Anmut und Wehmut

Volker Braun hat die Toten von Dresden nie aus den Augen verloren. Von seinem Schreibtisch aus blickt er auf einen Holzschnitt von Wilhelm Rudolph: Zwischen düster aufragenden Ruinen sind schattenhaft die Umrisse von Körpern zu erkennen. Es fehlte nicht viel, und Braun wäre selbst einer dieser Toten gewesen – im Alter von nicht einmal sechs Jahren. Hinter dem Haus in Rochwitz, in dem die Familie lebte, hatte die Flak gelegen. Kurz vor den Angriffen vom 13. Februar 1945 war sie abgezogen worden; fast alle Dresdner Luftabwehrbatterien hatte man zum Endkampf an die Front geschickt: nach Schlesien, Wien und in die Schlacht um Berlin. Diese Entscheidung rettete ihm das Leben: »Wenn sie geschossen hätte, wären wir hingewesen.«[346]

Fünfzig Jahre später erinnerte er sich daran, wie er sich als Kind diesen Gedanken ausmalte. »Ich sah den Toten über die Toten weinen«, berichtete er in seiner Dresdner Rede »Himmelhoch, zutode«.[347] Die Toten wären seine Mutter, seine Brüder und er selbst gewesen; der Tote war sein Vater, der kurz vor Kriegsende fiel. »Am letzten Schlachttag, war sein Oster- / Denn Ostern wars, spaziergang in den Tod«, heißt es in dem Gedicht »Der Teutoburger Wald« (1975).[348] Braun erzählte, wie er als Kind geradezu besessen war von dem Wunsch, daß sein Vater noch lebte. »Dafür, für diese Obsession, war ich bereit, Opfer zu bringen, ich ging so weit, mit dem Toten zu tauschen.«[349] Er stellte sich vor, daß sein Vater nach den Angriffen in die Stadt gekommen war und mitansehen mußte, wie auf dem

Altmarkt die Leichen zur Verbrennung auf Schienenrosten aufein-
andergestapelt wurden. Auch Wilhelm Rudolph erfuhr davon; der
Zutritt wurde ihm jedoch verwehrt. Später erinnerte er sich an den
»Todenernst in den Gesichtern; das war der Krieg bis auf die Knochen«.[350] Rudolph blickte in die Gesichter von SS-Leuten, die auf
diese Weise schon die Leichen ermordeter Juden verbrannt hatten,
wenn in den Vernichtungslagern des Ostens die Krematorien nicht
ausreichten oder wegen Überhitzung defekt waren oder die Koks-
lieferungen stockten.

Brauns Vater sieht, daß die Fuhrleute die Toten »wie eine Ern-
te« einbringen. Bei dem Gedanken an die Flak hinter seinem Haus
ergreift ihn Entsetzen. Vorbei an Zügen von verrußten Gestalten
hastet er nach Rochwitz, um in den Trümmern nach seiner Frau
und den fünf Kindern zu graben. Braun malt es sich aus: »Er suchte,
er wühlte sich in die Steine, um ein Ärmchen, einen kleinen Leib zu
finden (wir waren genug).« Die, die in Wirklichkeit lebten, waren
tot; doch der Tote lebte: »Mit ausgebreiteten Armen stand er über
dem Grauen, und ich atmete kaum –.« Hier bricht die kindliche
Phantasie ab. Braun widerruft das Gesagte: »So war es aber nicht, es
war anders, verwünscht; was ich ersehnte, ich konnte es nicht wollen. *Ich* lebte, das klang nun wie eine Verpflichtung«.[351] An diesem
Punkt, so erklärt Braun in seiner Rede, habe seine Kunst begonnen;
mit dieser stemmt sich der Überlebende gegen die Bedrohung durch
eine dunkle Geschichte.

Brauns Kunst ist ohne seine Heimatstadt nicht zu denken. Sie ist
die »Brandstätte«, auf der, wie Gustav Seibt gesagt hat, seine »Wort-
schöpfungen voller Pathos und Philosophie mit ihrer Spannung von
Scharfsinn und Versmaß, Eleganz und Entsetzen, Trauer und Witz
erst entstehen konnten«.[352] Seibt beruft sich auf Brauns Essay »Dresdens Andenken«, der zum fünfzigsten Jahrestag der Zerstörung
entstand. Darin spricht dieser vom unschöpferischen Neuaufbau
nach dem Krieg, vom »platten Willen zur Unform«, der sich in den
sozialistischen Bauten offenbart habe: »Dagegen setzte das dresdner
Dichten sein Formbewußtsein, den festen oder zertrümmerten Bau

der Gedichte, den gestischen Vers und darunterliegend das ernste Maß der Blankzeile.«[353]

Der Essay beginnt mit dem Satz: »Dresden ist meine Heimat, der heimliche Grund, der überwachsene Abgrund.«[354] Tatsächlich hat Braun im Laufe von vierzig Jahren nur wenige Gedichte über Dresden geschrieben. Die Erzählung »Der Schlamm« von 1959 war lange Zeit sein einziger Prosatext, in dem von seiner Heimatstadt die Rede ist. Erst in den letzten Jahren wandte er sich ihr öfter zu: 2004 schrieb er die autobiographische Erzählung »Das Mittagsmahl«; außerdem entstanden die Reden »Himmelhoch, zutode« (2001) und »Die dresdner Denkart« (2006). Allmählich wird der »heimliche Grund« sichtbar. Lange Zeit hatte sich Braun an den gesellschaftlichen Utopien seines Jahrhunderts abgearbeitet; erst im Laufe der achtziger Jahre wurde die Geschichte zum bestimmenden Thema seiner Dichtung. »Wenn die Ideen begraben sind / Kommen die Knochen heraus«, heißt es in dem Gedicht »Nach dem Massaker der Illusionen«.[355]

Dieses schmale Konvolut wirkt wie eine Essenz seines Nachdenkens über Dresden. Die »ziehende und zwiespältige Empfindung«, die seine Geburtsstadt bis heute in ihm hervorruft, scheint Braun nur in dieser verdichteten Form in Worte fassen zu können.[356] Denkt er an seine Kindheit zurück, so kommt ihm »der entsetzliche Widerspruch von Grauen und Schönheit« in den Sinn.[357] Ein und dieselbe Landschaft führte ihm diesen Widerspruch vor Augen; nur wenige Jahre lagen dazwischen: »Hier sah ich an der Hand des Vaters vom Waldhang zur Elbe hinab, hier starrte ich bei der Enttrümmerung in die hohlen Ruinen.« Braun spricht von Anmut und Wehmut. Die Anmut ergreift ihn jedesmal, wenn er sich Dresden nähert; er erwähnt die Schwelle der Hügel, die auf die flachen Striche des Nordens folge, die sachten Hänge, die Waldstücke und Mulden – »als wenn mir die Landschaft ans Herz führe«.[358] Er nennt sie hold. Es ist die Sprache Hölderlins, in dessen Ode »Die Heimat« es heißt: »euch, traute Berge, / Die mich behüteten einst«.[359] Diese Gefühle begleiten ihn noch bei der Ankunft; Braun gerät geradezu ins Schwärmen: »Kein Ort, wo ich ankam auf belebten, tosenden Bahnhöfen, hat mich so bedrängt und besänftigt.« Aber schon in diesem Augenblick ist die Anmut nicht ungeteilt. Zugleich ist da »ein Bangen, ein wehes Gefühl: die *Ankunft; da zu sein, von wo du bist* und wo du nicht sein willst«.[360]

Von Anmut und Wehmut spricht Braun auch in seiner Rede zum achthundertjährigen Stadtjubiläum: »Ich selber habe, mit vier Brüdern, Not gekannt, aber fühlte früh auch den Hunger nach Schönheit. Wir konnten uns ja nicht *sattsehn,* wir wuchsen in Trümmern auf. Die ragenden Reste bewahrten etwas wie Würde, auf den ausgeglühten Fassaden ein Abglanz von Anmut. Merkwürdig, die wüste Stadt hat mich nicht ruiniert … den Totenernst ertrug auch die Natur, die sie umblühte. Ich sah vom Rochwitzer Busch hinab, und die erste Liebe, oder ein lieblicher Steinweg trieb mich um, wie wenn es um mich geschehen wär … Erst als es mit seinen Brüchen eingegipst im sozialistischen Schnellverband lag, war mir Dresden fremd, und wie unrettbar geheilt von dem Phantasma.«[361] In diesen Sätzen ist alles enthalten, was die zwiespältigen Empfindungen auslöst: das Grauen und die Schönheit der Ruinen, der Trost der Landschaft und der unschöpferische Neuaufbau. Das Gefühl der Entfremdung war allerdings nicht von Dauer – der Titel von Brauns Dresdner Rede »Himmelhoch, zutode« zitiert ein Wort Goethes, das die Seelenlage des Liebenden umschreibt.

Brandnacht und Trümmerflora

Die Ruinen, die er als Kind vom Wachwitzer Weinberg aus sah, hat Volker Braun nie vergessen: »Es war eine Sehstörung, die zunahm. Ich sah den Frieden.«[362] Dieser Frieden sah jedoch anders aus, als er gedacht hatte; es war ein Frieden ohne Vater und Vaterstadt; und er trug die Züge des Krieges. Bedenkt man, daß Dresden lange Zeit nahezu unversehrt geblieben war, während anderswo die Städte im

Bombenhagel verbrannten, und daß Brauns Vater erst im April 1945
fiel, konnte der Widerspruch kaum größer sein. Über diesen Frieden konnte sich das Kind nicht freuen, auch wenn es ahnte, daß es
die Trümmer seiner Heimatstadt und das Grab des Vaters als Opfer
begreifen mußte, das der Frieden verlangte. Nicht anders erging es
Brauns Mutter, als sie die Nachricht vom Tod ihres Mannes erhielt. In
der Erzählung »Das Mittagsmahl« heißt es: »Plötzlich stand ihr das
ganze Rätsel vor Augen, der Widerspruch ihres glücklichen furchtbaren Lebens; daß sie so herzlich am Tisch gesessen und Blut in der
Suppe gewesen war. Daß ihre *schönste Zeit* eine dunkle gewesen
war.«[363]

Diese Zeit ist für Braun nur noch in wenigen Bildern greifbar.
Als erste Erinnerung überhaupt nennt er ein Erlebnis auf der Rochwitzer Höhe: Ein Tiefflieger zieht über Mutter und Kind hinweg; die
beiden haben sich in ein Gebüsch geflüchtet. Die Geborgenheit, die
er trotz der Gefahr empfand, blieb ihm im Gedächtnis. Das zweite
Erinnerungsbild zeigt den Vater: »wie uns fünf Söhnen der beste
Mensch, auf der Veranda sitzend, das schrecklichste Ding erklärt,
sein Gewehr«.[364] Wochen später war er tot. In dem Gedicht »Der
Teutoburger Wald« kam Braun darauf zurück: »Was soll ich sagen,
bald könnt ich sein Vater / Sein, und war einst vor was weiß ich viel
Jahren / Mit vielen Brüdern um den Urmensch, eine / Idylle mit ge-
ladenem Gewehr / Auf der Veranda, das er uns erklärt / Vorweg, den
äußerlichsten Mechanismus / Seines Ablebens.«[365] Diese beiden Erinnerungen zeigen: Krieg und Gewalt waren in Dresden schon vor
dem 13. Februar 1945 gegenwärtig. So wie der Tiefflieger die verheerenden Bombenangriffe anzukündigen scheint, weist das Gewehr
voraus auf den Tod des Vaters.

Der Brandnacht ging, wie sich Braun erinnert, ein »Sonnentag«
voran, an dem die Wäsche auf der Bleiche lag. In der Nacht gab es
Fliegeralarm: »Im Luftschutzkeller unter Wolldecken hörten wir
das Tosen in der Luft, nach der Entwarnung öffnete Herr Schmidt
die Stahltür und wir sahen den glutroten Himmel, ein Sandsturm
wehte aus der Stadt, wir drückten die Hände auf die Augen. Nach

dem zweiten Angriff wurden Schuhe und Mäntel anbehalten. Am Morgen flogen schwarze Flocken ans Fenster, die Ausgebombten kamen mit entsetzten verrußten Gesichtern die Straße entlang, die Wäsche blieb bis Freitag im Wasser.«[366] Was die Überlebenden erzählten, prägte sich dem Kind ein. Fast zwanzig Jahre später schrieb Braun das Gedicht »Vom irgendwie Lebenden« (1962): »Da ist ein Mann auf dem Postplatz gegangen neben einer Frau / Da hat der Sog des Feuers die Frau in die Luft gerissen / Da war die Frau erst neben ihm und nachher nicht mehr / Da sind die Leute rasend über den Altmarkt gerast in ein Bassin / Im Wasser zu sein diese Nacht, da sind sie zerkocht«.[367] Ein monotoner Rhythmus treibt diese Verse voran; geradezu atemlos folgen die Bilder aus der glühenden Stadt aufeinander – ein apokalyptisches Szenario: kaum vorstellbar für den, der nicht dabei war. Durch den Gestus, der den Augenzeugenberichten nachempfunden ist, wirkt das Gedicht dennoch authentisch.

Auch das Gedicht »LSR oder Die Flüchtlinge« entstand Anfang der sechziger Jahre. Braun greift darin den umgangssprachlichen Ausdruck Christbäume auf, mit dem die Lichtkaskaden bezeichnet wurden, die vor den nächtlichen Bombenabwürfen herabregneten und die Städte taghell erleuchteten. Er nimmt diesen Ausdruck wörtlich: »Christbäume sind am Himmel angesteckt / So spät im Februar. Ein wildes Sausen / Wie von der Engelschar. Mit jungem Grausen / Stehn wir im Luftschutzraum bedeckt.« Der Himmel leuchtet rot: »von der Bescherung«.[368]

Als die Feuer erloschen waren, kam das ganze Ausmaß der Zerstörung zum Vorschein. Bei der Enttrümmerung mußten auch die Kinder helfen. »In Schulklassen stellten wir uns in langer Reihe auf die Steinhaufen von Striesen und warfen die Ziegel in Loren«, erinnert sich Braun.[369] Den größten Teil der Arbeit verrichteten jedoch die Trümmerfrauen, deren Männer den sogenannten Heldentod gestorben oder auf Jahre hinaus in russischen Kriegsgefangenenlagern verschwunden waren. Sie wurden später zu geradezu mythischen Figuren. In seinem Gedicht »Die Trümmerflora« (1962/63) kommt Braun auf sie zu sprechen: »Die wilden Büsche über den

Ruinen. / Grün aus den schwarzen Steinen blüht es auf. / Erlosch-
ne Städte. Feurige Lupinen / Und Witwen ziehen in den Trümmer-
hauf.«[370] In einer späteren Fassung heißt es: »Grün aus den schwarzen Steinen loht es auf.«[371] Mit dem Blühen ist die Hoffnung, ist das
Feierliche, das Schwelgen aus dem Text verschwunden. Dagegen hält
das dunkle, bedrohlich klingende Verb lohen die Erinnerung an den
Feuersturm wach.

Den Anstoß zu diesem Gedicht gab ein Aufsatz mit dem Titel
»Die Trümmerflora Berlins«, den der Botaniker Hildemar Scholz
1957 in der Dresdner Zeitschrift »Natur und Heimat« publizierte.[372]
Was als Gegenstand einer botanischen Abhandlung unverfänglich
war, mußte als Thema eines Gedichts, das ein junger Lyriker der
DDR fast zwei Jahrzehnte nach Kriegsende schrieb, als Provokation
erscheinen. Von den Trümmern der Vergangenheit zu sprechen,
galt als reaktionär. Wenn Braun dem Phänomen der in den Schutt-
halden wuchernden Pflanzen ein Gedicht widmete, ignorierte er
die Forderung an die Dichter im Sozialismus, mit optimistischen
Liedern den Aufbau des Neuen zu begleiten. Zumal von diesem
Aufbau in dem Gedicht keine Rede ist: die Städte sind zertrümmert,
und das Bild der Witwen weist auf das Unglück und die Trostlosig-
keit der Nachkriegsjahre hin. Wie stark sich Brauns Realismus vom
ideologisch einwandfreien Ton dieser Jahre unterscheidet, zeigt die
folgende Strophe aus Max Zimmerings Poem »Melodie an der Elbe«
(1952): »Es schwanden Trümmer. Und die kahlen Flächen / erwarten
schon die stolzen Friedensbauten. / Und Augen, die in Feuersbrünste
schauten, / erlernten, strahlend von der Hoffnung sprechen.«[373] So
schief wie das Bild der Augen, die sprechen lernten, ist die Aussage
dieser Zeilen. Ruft man sich ins Gedächtnis, wie groß die Trauer und
der Schmerz der Überlebenden waren, wird ihr propagandistischer
Charakter deutlich.

Diese drei Gedichte blieben über einen Zeitraum von fast zwanzig
Jahren die einzigen, die Braun über Dresden schrieb. Untergründig
beschäftigte ihn das Thema jedoch weiterhin. In dem Rom-Gedicht
»Das Forum« (1976), in dem Braun in einem furiosen Monolog

Geschichte und Gegenwart ineinander spiegelt, findet sich Bechers Parole »Der Zukunft zugewandt«; und mit Blick auf Cäsars bis auf den Grundstein geschleiften Tempel heißt es: »Aufbau gleich Abbau, Häuser baun Ruinen / Touristen/Römer/Kühe auf den Wiesen / Sah ich Gras fressen«.[374] Wer um Brauns Herkunft weiß, der ahnt, was in diesen Versen mitschwingt. Als nach dem Krieg über den Wieder- oder Neuaufbau Dresdens diskutiert wurde, war einer der Vorschläge, »den Zwinger als Platz ordentlich aufzuräumen« und »die Reste der Bauwerke sich mit Rankrosen und wildem Wein bedecken zu lassen«.[375] Der Zwinger als Forum Romanum der Neuzeit – eine Zeitlang müssen weite Teile der Dresdner Altstadt tatsächlich so ausgesehen haben. Zwischen niedergesunkenen Mauern und zerbrochenen Statuen wucherte die »Trümmerflora«. Später grasten Schafe auf den Rasenflächen rings um die Ruine der Frauenkirche und vor dem Hauptbahnhof. »Wie wenn ich auf der Kuhweide aufgewachsen wäre, die das Forum Romanum gewesen war«, schrieb Karl Mickel 1997 mit Blick auf das Dresden seiner Kindheit.[376] Als Kuhweide hatte der französische Landschaftsmaler Claude Lorrain das römische Forum 1660 auf seinem Gemälde »Campo Vaccino« festgehalten.

Auch in Polen holte Braun der Gedanke an Dresden ein. »Gdańsk« heißt ein Gedicht von 1970: »Meine mögliche Heimat« nennt er die Stadt gleich im ersten Vers, »Die habe ich nicht verloren: / Hier lande ich glücklich an«. Die Annäherung geht nur allmählich vonstatten, Schritt für Schritt. Mit Erstaunen registriert der Betrachter die ihm unwirklich erscheinenden Bürgerhäuser der früheren Hansestadt. »Filmkulissen« nennt er sie skeptisch. Gdańsk präsentiert sich ihm als genaues Abbild des alten Danzig: »deutsch / Bis in die Schlüssellöcher«. Nichts deutet mehr darauf hin, daß die Stadt im Krieg zu 55 Prozent zerstört wurde. Nach dem Vorbild Warschaus rekonstruierte man in Danzig und Breslau ganze Viertel; bis Ende der fünfziger Jahre entsprach dies der architekturpolitischen Leitlinie Polens. Wo sich die Rekonstruktion auf die Fassaden beschränkt, kann der Fremde durch die Schlüssellöcher einen Blick auf die aus dem Stadtbild verbannte Geschichte werfen. Dabei kommt dem Dresdner die eigene Stadt in den Sinn: »Und hinter den Wänden / Seh ich, selber betroffen / Zerschmettert alles, und laufe / Zurück in den rauchenden Schutt, Feuer / Auf meinen Händen, im Nacken / Schüsse, unter den Knien der Donner der Küste«. Es sind Bilder vom Februar 1945: der brennende Phosphor, der aus Menschen Fackeln machte, die Schüsse der Tiefflieger, von denen viele Augenzeugen noch heute sprechen, der Donner der einschlagenden Bomben.

Braun blickt nun mit anderen Augen auf die wiedererstandenen Häuser: »gebaut / Gegen die aufräumende / Zeit, mit Zartsinn«.[377] An diesem Zartsinn hatte es in Dresden gefehlt. »Weidauers Verbrechen« nennt Braun in seinem Essay »Dresdens Andenken« den Abbruch der Barock-Häuser in der Rampischen Straße auf Geheiß des Oberbürgermeisters.[378] Die Skepsis gegenüber den rekonstruierten Fassaden weicht in seinem Gedicht der Bewunderung für den Respekt und die Liebe, die man in Danzig dem Alten entgegenbringt. Einen Augenblick lang glaubt der Betrachter, in die Vergangenheit einzutauchen: »Ich gehe plötzlich / Am Grunde des Märchens«.[379] Braun nimmt hier Fühmanns Formel von der »Richtung der Märchen« auf: »tiefer, immer / zum Grund zu, irdischer, näher der Wurzel der Dinge, / ins Wesen«.[380] Im geradezu märchenhaft wiederaufgebauten Danzig stößt er gleichsam auf Grund; es ist »der heimliche Grund, der überwachsene Abgrund« seiner Existenz.[381] »Meine mögliche Heimat« – das meint ein Dresden, das wie Danzig in seiner Vorkriegsgestalt wiedererstanden wäre. Noch fünfzig Jahre nach der Zerstörung spielt Braun mit diesem Gedanken: »Ich träumte kindlich davon, daß Dresdens barocker Stadtkern in zwei- oder dreihundert Jahren, inmitten der modernen Peripherie, rekonstruiert würde. Die Dürftigkeit der Neubauten schien das zu garantieren.« Inzwischen, heißt es in seinem Essay, sehe er die Sache düsterer. Der Hartbeton schaffe Tatsachen, der Abriß seines Traums schreite unter solventeren Verhältnissen nur um so rascher voran: »Dresden wird nicht auferstehn«.[382]

Das Gedicht als Ruine

Im August 1982 schrieb Volker Braun das Gedicht »Dresden als Landschaft«. Es ist das neunte in einer Reihe von Texten, die ab Mitte der siebziger Jahre entstanden und die er als »Material« bezeichnet hat. Die ersten vier dieser Texte erschienen 1982 unter dem Titel »Der Stoff zum Leben« in dem Gedichtband »Training des aufrechten Gangs«. In einer »Definition« heißt es: »Die Suche nach dem Stoff (zum Schreiben, zum Leben), um gegebenenfalls den Tod zu finden. Die Mechanismen des Zeitalters auseinanderschrauben, die Beziehungen zerfasern nach dem geheimen Blut der Geschichte.«[383] Dieser Suche entspricht die offene Struktur der Texte, die an die Montage- und Assoziationstechnik von T.S. Eliots Zyklus »The Waste Land« erinnert. Diesem entstammt auch das Motto, das Braun seinem eigenen Zyklus vorangestellt hat: »Am Ufer saß ich / Fischte, die öde Ebne im Rücken. / Werd ich denn wenigstens mein Land ordnen?«[384]

Keiner dieser Texte ist mit dem Begriff Material so treffend bezeichnet wie das Gedicht »Dresden als Landschaft«, das 1987 in dem Band »Langsamer knirschender Morgen« erschien. Es beruht auf dem essayistischen Porträt »Der alte Wilhelm Rudolph«, das Horst Drescher 1981 in der Zeitschrift »Sinn und Form« publizierte.[385] Das Gedicht ist über weite Strecken eine Montage aus Äußerungen des Malers über Dresden 1945. Dieses Material wird ergänzt durch Brauns eigene, bruchstückhafte Erinnerungen, Reflexionen über Dresden und Zitate von Heinz Czechowski, Erich Kästner, Heinz Knobloch, Jean Paul und Ludwig Renn. Hinweise auf die Herkunft einiger dieser Zitate finden sich in knapper Form am Ende des Bandes; dort wird auch Rudolph erwähnt. Wer dem nachgeht, stößt darauf, daß Brauns Gedicht nicht nur den »wirschen Ton« des Malers entlehnt, wie es in den Anmerkungen heißt, sondern passagenweise aus Rudolphs Worten gebaut ist.[386]

In den Gesprächen mit Horst Drescher, die dieser in seinem Essay wiedergibt, erzählt der Maler: »Dann der 7. Mai, ein herrlicher

Frühlingstag. Mittags bin ich mit meiner Frau die Elbe entlang. Eine Untergangsstimmung. Sprengkommandos an den Brücken. Die Geschichte hielt den Atem an. [...] Auf den Bänken saßen die Ostarbeiter. Hunderte. Wir mußten da lang, an denen vorbei. Böse Blicke, gefährliche Blicke. Schweigen, kein Wort fiel; die trauten sich nur noch nicht, einen zu überfallen. Feldgendarmerie war noch da. SS-Kommandos. [...] Gefährliche Gesichter; was man mit denen gemacht hatte all die Jahre! Die saßen da und warteten auf ihre Leute. In den Vororten wurde doch schon erbittert gekämpft! Ein Geschützdonner, aus Richtung Klotzsche! Und Tiefflieger! Und die russische Artillerie schoß rein; man mußte über zerschossene Bäume klettern, abgeschossene Äste. So frisches Grün! Ein furchtbarer Anblick, es waren doch herrliche Frühlingstage! Die Granaten rissen das frische Grün aus den Bäumen. Aber die Russen saßen auf den Bänken, störte die gar nicht; die warteten auf ihre Leute. [...] Es waren auch solche Verteidigungsnester in den Ruinen, die sah man nicht; Dresden sollte doch verteidigt werden. Die konnten einen abknallen wie einen Hasen. [...] Diese Hitze. Und diese Stille. So eine beängstigende Stille, mitten in einer großen Stadt. Kein Laut. Schon eine Katze wäre eine Wohltat gewesen. Auch kein Vogel! Kein Laut. Dem standzuhalten, das verlangte Kraft.«[387]

In Brauns Gedicht heißt es: »Die Ostarbeiter auf den Bänken lächelnd im Donner / Zerrissenes Grün / Es war doch ein herrlicher Frühlingstag! / Störte die gar nicht die / Trauten sich bloß noch nicht. // Die Hitze. Stille. Auch kein Vogel / Das verlangte Kraft. Die Brücken / Über den Schnüren / Hielten den Atem an / Die SS in den Nestern // Die konnten dich, wie Tiere neben dem Fluß«.[388] Es scheint, als habe sich Braun bei dieser Verdichtung des ursprünglichen Textes von dem fragmentarischen Charakter seiner zerstörten Heimatstadt leiten lassen. Das Gedicht, das auf diese Weise entstanden ist, erscheint neben Rudolphs Erzählung wie die Ruinenlandschaft neben dem alten Dresden. So wie der Maler in jeder seiner Zeichnungen nur einen Ausschnitt aus der Trümmerwüste zeigt, verwendet Braun nur wenige Wörter aus dessen Erinnerungen. Das

Gedicht erinnert mit seinem »zertrümmerten Bau«, seinen Abbrüchen und Leerstellen an ein Palimpsest: eine Handschrift, die Texte aus verschiedenen Zeiten enthält – den ursprünglichen, den man durch bestimmte chemische Reagenzien wieder lesbar zu machen sucht, und den jüngeren, der ihn ersetzte.

An eine solche Überschreibung läßt auch der Bedeutungswandel des Titels »Dresden als Landschaft« denken, der auf die Tradition der Dresdner Landschaftsmalerei zu verweisen scheint. Künstler wie Caspar David Friedrich, Philipp Otto Runge, Carl Gustav Carus und Johan Christian Clausen Dahl empfanden die zwischen sanfte Hügel gebettete Stadt im Elbtal als Teil einer Landschaft. Braun dagegen versteht unter dem Begriff Landschaft den vom Menschen verformten Raum, die gebrauchte, veränderte Natur: das Gebaute und wieder Zerstörte. In der Landschaft wird für ihn Geschichte greifbar. Diese Auffassung kommt dem nahe, was Wilhelm Rudolph unter der Formulierung »Dresden als Landschaft« verstand. Der Maler gab diesen Titel einer Folge von Aquarellen und Zeichnungen; sie stellt, wie er schreibt, »nach der unmittelbaren Kriegszerstörung den nachfolgenden Zerfall durch Frost und Schnee, Sturm und Regen dar. Der Blick schweift frei über bizarre zerbröckelte Trümmer. Der weite Himmel bestimmt mehr und mehr das Bild. Aus einst gepflegten Gärten wuchert Pflanzenwuchs. Die Natur gewinnt sich das weite Stadtgebiet zurück.«[389]

Brauns Gedicht, das den Titel von Rudolph aufnimmt, setzt mit dem Bild der Trümmerlandschaft ein: »Ziegelsteppe mit verstreuten Kaminen«.[390] Um das Außergewöhnliche zu benennen, bedarf es offenbar eines Wortes aus einer anderen, Breitengrade entfernten Wirklichkeit. Allerdings geht das Bild auf eine Beobachtung von Erich Kästner zurück. Nachdem dieser im September 1946 seine Geburtsstadt Dresden wiedergesehen hatte, notierte er: »Eine verstaubte Ziegellandschaft. Gleich vereinzelten, in der Steppe verstreuten Bäumen stehen hier und dort bizarre Hausecken und dünne Kamine in die Luft.«[391] Auf diese Eröffnung folgt bei Braun ein winterliches Bild von eindeutig heimischer Provenienz: »Wir rodelten auf dem

Soldatenweg«. So wurde, nach einer Auskunft Brauns, noch in den sechziger Jahren der Weg hinter dem Haus genannt, in dem die Familie in Rochwitz lebte. Der Schnee, den die Kufen des Schlittens durchschneiden, symbolisiert seit jeher Kälte und Erstarrung. Eine politische Lesart drängt sich auf, zumal das Bild nichts von einer Idylle hat: Wo ein »Soldatenweg« verläuft, kann es keine Idylle geben. Im nächsten Vers klingt die Bedrohung durch den Krieg noch deutlicher an: »Die Flak am Mittagstisch vierhändig vom Blatt«.[392] In seiner Dresdner Rede hat Braun erzählt, wie sein Vater auf dem Klavier »das süße *Di-damdam, Di-damdam* von Schubert gespielt hatte, als ich ihm aus der Küche das Salatblatt mit der Schnecke brachte«.[393] So heiter wie diese Erinnerung ist Czechowskis Vers, der als poetische Charakterisierung der Elblandschaft auch für Braun Gültigkeit hat und den er deshalb an dieser Stelle zitiert: »Sanft gehen wie Tiere die Berge neben dem Fluß«. Der geradezu arkadisch anmutenden Natur stellt Braun in den folgenden Zeilen die Realität des Krieges gegenüber: »Flüchtlinge«, die in der Brandnacht zwischen »Häuser- / Fackeln« umherirren, bevor es ihnen gelingt, sich »IN SICHERHEIT« zu bringen. In den Dörfern rund um Dresden werden sie »eingekellert«.[394] Eigentlich verwendet man diesen Begriff für Kartoffeln; doch im sechsten Kriegswinter waren diese rar und die Keller leer. Nicht nur die Ausgebombten fanden auf dem Land Zuflucht, sondern auch die Flüchtlinge aus dem Osten, die sich am 13. Februar 1945 zu Tausenden in Dresden aufgehalten hatten.

Wilhelm Rudolph erzählte Drescher, was geschah, als die Brände erloschen waren: »Noch im Februar habe ich begonnen zu zeichnen. Man mußte sich doch aufraffen. Das erste Blatt war die Ruine meines eigenen Hauses.«[395] Braun fügt daraus einen Vers, der an einen Torso erinnert: »Zuerst zeichnete ich mein eignes«. Das Wort Haus fehlt – nach den Angriffen war nichts mehr da, was man hätte Haus nennen können. Der Abbruch hat etwas Bestürzendes. Leerstellen wie diese prägen auch den weiteren Text, der vor allem aus Bruchstücken von Rudolphs Erinnerungen besteht. Die Auslassungen wirken wie Gedächtnislücken; Brauns harte Fügungen entfalten dadurch eine noch größere Wucht: »Grinsend der Alte querte ins Kellerloch heraus / Mit der Bauklammer blutig der graue Buschen / Ein Mensch war gar nichts, wenn er was hatte«.[396] Auch diese Verse beruhen auf einem Erlebnis des Malers: Während er inmitten der Trümmer zeichnete, sah er einen Mann in einem abgetragenen Soldatenmantel mit einem irren Lächeln aus einem Kellerloch steigen: »Dann kam er, stellte sich zu mir, lächelte. Da hatte er mit der Krampe einer Frau die Kopfhaut vom Schädel abgetrennt. Die hielt er so, stand bei mir, sah mir zu, wie ich zeichne. Dann ging er. Einen Menschen umbringen, das war gar nichts. Der Mensch wurde eben totgeschlagen, wenn er was hatte. Dann rein in ein Ruinenloch, den Rest besorgte die Zeit. Die Ratten.«[397] Nicht viel anders ging es in den letzten Kriegstagen zu. Die SS sei wild entschlossen gewesen, die zur »Festung« erklärte Ruinenstadt gegen die anrückende Rote Armee zu verteidigen, erinnerte sich der Maler: »Die konnten einen abknallen wie einen Hasen.«[398] Braun zitiert nicht nur Rudolphs Bemerkung, sondern spielt auch noch einmal auf Czechowskis Vers an: »Die konnten dich, wie Tiere neben dem Fluß«.[399] Die Dresdner Elblandschaft erscheint in dieser Zeile nicht mehr als arkadischer Ort, sondern als Schauplatz von Mord und Totschlag.

In dem devoten Verhalten der »Menschentrümmer«, die der Krieg hinterließ, erkennt Braun »das gekrümmte Schranzen-Volk« Dresdens – ein Jean Paul zugeschriebener Ausdruck, der allerdings auf einem verbreiteten Übertragungsfehler beruht. Jean Paul, der sich im Mai 1798 in Dresden aufgehalten hatte, schrieb in einem Brief an Christian Otto: »Ich habe dabei meine demokratischen Zähne geknirscht, am meisten über das gekrümmte Schwarzen-Volk von Dresden, das nicht schön, nicht edel, nicht lesbegierig, nicht kunstbegierig ist, sondern nur höflich.«[400] Noch heute spottet B. K. Tragelehn über den Untertanengeist und das provinzielle Gebaren in der einstigen Residenzstadt: »Grundsatz der Dresdner Erziehung ist: Mach deinen Diener, ja.«[401] Die Nöte der Nachkriegszeit scheinen diesen Wesenszug noch verstärkt zu haben: »Und der plattgedrück-te Troß / Kroch um die Türen drängelnd Neubeginn / Persilschein

Opernkarte / Schauspieler harmlosfröhliche Statisten«, heißt es in Brauns Gedicht.[402] Die Künstler, die sich vor den Türen der neuen Machthaber drängen und sich reinzuwaschen versuchen, indem sie erklären, im Dritten Reich nur »harmlosfröhliche Statisten« gewesen zu sein, erinnern Braun an Lakaien am Hofe des sächsischen Kurfürsten. Anderthalb Jahrzehnte und ein politisches System später, in dem Gedicht »6.5.1996«, beschreibt er eine ähnliche Situation. Über einen Empfang für die Mitglieder der Sächsischen Akademie der Künste in der Staatskanzlei des Freistaats heißt es: »Ein stummes Getümmel, statische Künstler / Sie halten sich unter jeder Regierung«.[403] Unter den Namen, die Braun keck aufzählt, ist auch der seine.

Die Dresdner Denkart

Ohne ein Blatt vor den Mund zu nehmen, »rück- / Sichtslos«, erzählt Wilhelm Rudolph in Dreschers Essay von der Nachkriegszeit. Das Enjambement in Brauns Gedicht hebt eine andere Bedeutung des Wortes hervor: Wer »der Zukunft zugewandt« ist, blickt nicht zurück. »Die wollten doch das NEUE LEBEN sehn«, heißt es bei Braun. Auf Rudolphs Zeichnungen sahen sie es nicht; diese zeigten Ruinen und die Reste der Wehrmacht: ausgemergelte Gestalten in zerrissenen Uniformen. Brauns Verse bilden die gegensätzlichen Haltungen ab: »Das *liebe Dresden* Tal der Ahnungslosen / Er griff sich in die Augen / in die Trümmer.«[404] Tal der Ahnungslosen wurde Dresden genannt, weil man zu DDR-Zeiten im Elbtal kein Westfernsehen empfangen konnte. Gemeint ist aber auch die vermeintliche Ahnungslosigkeit, mit der die eigene Stadt nur als das »liebe Dresden« wahrgenommen wird, das grundlos, gleichsam im Zustand der Unschuld, zerstört worden ist. »Das liebe Dresden« heißt ein Text von Heinz Knobloch, der 1974 in einer Anthologie über Sachsen erschien.[405] Darin stößt man auch auf die in Brauns Gedicht als »Material« eingegangenen Zitate von Erich Kästner, Jean Paul und Ludwig Renn. So unkritisch wie der Titel ist Knoblochs ganzer Text. Von der zerstörten Stadt ist nur in dem Zitat von Kästner die Rede und in einem Satz, der vom Einsturz der Frauenkirche handelt; das Dritte Reich und die Verfolgung der Juden sind überhaupt kein Thema. Breiten Raum nehmen dagegen die Passagen zu August dem Starken, zur Dresdner Eierschecke und zur Babisnauer Pappel ein; über die neue Prager Straße ist der Autor des Lobes voll.

Volker Braun ist eine solche Geschichtsvergessenheit fremd; im Fundament des alten Dresden sieht er den »Irrtum eingezeichnet« und meint damit den von Benjamin benannten Widerspruch aller Kultur – daß sie auf Barbarei beruht. Auch der neuen Stadt liegt eine barbarische Tat zugrunde: der Abriß etlicher Gebäude, die als Zeugnisse bürgerlicher Stadtkultur zum ideologischen Feindbild zählten. Unter dem Vorwand der »Materialgewinnung« glaubte man, die Geschichte entsorgen zu können; doch das Gegenteil war der Fall: Die schäbigen Plattenbauten, die seit den frühen sechziger Jahren entstanden, »Zentralsymmetrisch an den Fluß erstellt«, ließen die Sehnsucht der Dresdner nach der früheren Schönheit ihrer Stadt nur noch größer werden. Radikaler als Braun hat keiner dieser Sehnsucht Ausdruck gegeben: »Die Toten blicken in die rosige Zukunft / Nach dem Neutronenschlag«, heißt es in dem Gedicht.[406] In seinem Essay »Dresdens Andenken« wird er noch deutlicher: »Als dresdner Bestie bete ich zur Neutronenbombe.«[407] Der Gedanke ist ungeheuerlich: Hätte es 1945 schon die Neutronenbombe gegeben, wären bei ihrem Einsatz zwar die Bewohner Dresdens getötet worden, die Stadt aber wäre unzerstört erhalten geblieben. Man muß schon eine »dresdner Bestie« sein, um die vielen Menschenleben geringer zu achten als die Kunstdenkmäler. Doch Dresdner, so deutet Braun sarkastisch an, sind in ihrem Schmerz über den Verlust ihres »lieben Dresden« zu allem fähig.

Am Ende seines Gedichts hat Braun die Vision von der menschenleeren Stadt nach einem Neutronenschlag ironisch gebrochen. Er erwähnt den Fürstenzug, der die Bombennacht auf wundersame

Weise überstand; das Wandbild in der Altstadt zeigt die Regenten des Hauses Wettin hoch zu Roß, gefolgt von Künstlern, Wissenschaftlern und Handwerkern. Braun verlängert diesen Zug auf phantastische Weise bis in die Gegenwart: »Auf meißnischen Kacheln zu Fuße / Einige Männer in schäbigen Anzügen / Mickel Czechowski Braun und Tragelehn / Exilieren nach Preußen«.[408] Im ersten seiner »Berlinischen Epigramme« (1987) kam er darauf zurück: »Alle verließen wir, nassen Augs, die Heimat der Dichter / Um im preußischen Sand in dem Getriebe zu sein.«[409] Die schäbigen Anzüge für sich und seine Confratres hat Braun übrigens von Ludwig Renn geliehen, der in seinem Roman »Adel im Untergang« über den Fürstenzug schreibt: »Am Schluß folgten zu Fuß einige Männer in schäbigen Anzügen. Das waren die sächsischen Maler, Komponisten und sonstigen Helden des Geistes.«[410] Zurück in Dresden bleibt in Brauns Gedicht nur einer: »Hartknoch der Menschenfreund / Im Friedhof Maria am Wasser«. Auch das Oxymoron verdankt Braun dem Aufsatz von Knobloch; dieser entdeckte es auf dem Grabstein des einst bekannten Buchhändlers in Hosterwitz. Hartknoch »Hält die Festung glückliche Provinz«.

»Das habe ich gemacht«, lautet die Schlußzeile von Brauns Gedicht.[411] Auch sie geht auf Rudolph zurück. Horst Drescher hatte den Maler fotografiert, als dieser zwei Blätter mit nächtlichen Ruinenlandschaften betrachtete; in seinem Essay heißt es: »Die Bilder zeigen später einen lächelnden Menschen, einen tiefbefriedigt lächelnden Menschen: Das habe ich gemacht, das wird bleiben!«[412] Brauns Vers erinnert an eine Signatur, mit der der Dichter seine Autorschaft beglaubigt. Man kann dabei auch an Wilhelm Walther denken, der sich selbst an das Ende des von ihm geschaffenen Fürstenzugs gemalt hat. Und noch eine weitere Lesart ist möglich: F. C. Weiskopf hat erzählt, daß in Paris ein Offizier der Gestapo zu Picasso gekommen sei, in der Hand eine Reproduktion von »Guernica«, und ihn gefragt habe: »Haben Sie das gemacht?« Picasso habe ihn kühl angesehen und entgegnet: »Nein, das haben *Sie* gemacht.«[413] In diesem Sinne kann auch Brauns Vers verstanden werden: Der Mensch betrachtet

die Zeugnisse seines unseligen Wirkens und begreift, daß er selbst
dafür verantwortlich ist. Nicht der Einzelne ist gemeint, sondern
der Mensch als Gattung; er hat die Geschichte gemacht. In seinem
Essay »Dresdens Andenken« kommt Braun auch auf die Fotografie
von Richard Peter zu sprechen: »eine große steinerne Frauenfigur,
die leicht vorgebeugt auf die unabsehbare Trümmerfläche weist, sie
lächelt«, schreibt er, »und die offene Hand serviert uns das Unsere,
das Menschenwerk«.[414]

Rudolph nannte die Ruinen »rührend schön und einsam in tiefer
Trauer«.[415] Noch im Tode hätten sie den Formwillen der Erbauer
des alten Dresden bewahrt. Auf diese Spur stieß Braun schon als
Kind: »Es gab einen schmalen, auf schlechtem Papier gedruckten
Fotoband, den ich mit angehaltnem Atem durchblätterte: nebeneinander die köstlichen Gebäude und ihre Reste.« Fortan sah er die
Trümmerwüste mit anderen Augen: »Der entsetzliche Widerspruch
von Grauen und Schönheit, die Wirkung von Tod und Kunst, rück-
te mir die Geschichte in ein scharfes Licht, als etwas Gewaltsames
und Offenes, das Anteilnahme und Widerspruch fordert.« Braun
spricht von seiner »dresdner Haltung«; sein »An-Denken gegen die
Vernichtung« betrifft jedoch nicht allein Dresden. In den neunziger
Jahren bezog er vehement Stellung gegen die Kriegszerstörungen in
Bagdad, Beirut, Belgrad und Grosny. Sein Essay enthält Verse aus
seinem 1991, zur Zeit des zweiten Golfkriegs entstandenen Gedicht
»Wüstensturm«: »Saddam Hussein der lästige Lieferant / Dekoriert
mit den Waffen seiner alten Kunden / Der Norden lehrt den Süden
Mores / Und Bagdad mein Dresden verlischt …« Diese »Selbstur-
teilssucht«, wie Braun es nennt, trug ihm scharfe Kritik ein. Doch
als Betroffener ist es ihm nicht möglich, eine andere Haltung ein-
zunehmen. In den neuen Zerstörungen sieht er die alten gespiegelt.
Der Rauch über Beirut erinnert ihn an seine Kindheit, und in den
Ruinen Bagdads erkennt er Dresden wieder.

Neben Peters Aufnahme vom Rathausturm hinab erwähnt Braun
in seinem Essay noch ein zweites Bild vom zerstörten Dresden. Es
zeigt »ein Haupt mit abgeschlagener Stirn, schräg auf einem Quader

ruhend, als höbe die zerschmetterte Skulptur den Kopf, zu einer
verzweifelten Frage. Wie soll sie sie denken.«[416] Jens Jessen sieht in
der abgeschlagenen Stirn das abgeschlagene bürgerliche Bewußtsein
des Dresdners, »vielleicht auch das behinderte Denken in der DDR,
die keine Geschichtstrauer zulassen wollte«.[417] Das Bild läßt sich
auch so deuten: Es ist unmöglich, nach dem 13. Februar 1945 weiter-
zuleben, ohne das bisherige Denken auf den Prüfstein zu legen. Es
muß noch einmal ganz neu nachgedacht werden – mit der Wunde
im Kopf, dem Loch im Schädel. Das Denken ist damit gleichsam
unbegrenzt. Das aber heißt auch: Von nun an wird nur noch unter
Schmerzen gedacht.

Der Schmerz, der aus der Erinnerung rührt, schärft das Bewußtsein für die Irrtümer der Gegenwart. Braun warnt davor, die Geschichte aus den Augen zu verlieren: »Lassen wir die Erfahrung wie
Sand aus den Händen rinnen, Davongekommene, die nichts von der
Furcht der Opfer wissen und den Hochmut von Tätern lernen?«[418]
Dieser Unbedachtheit hält er die »dresdner Denkart« entgegen: ein
»bedingtes, notwendiges Denken, das harmlose Antworten nicht
erträgt«. Höre er zum Beispiel, die Deutschen »sollten auch nach
Auschwitz selbstbewußt sein: so schweige ich und denke mir mein
dresdner Teil«. Dieses Schweigen ist jedoch die Ausnahme. Brauns
Festrede zum achthundertjährigen Stadtjubiläum, die er 2006 in der
Semperoper hielt, trug in manchen Passagen den Charakter einer
Philippika. Sie galt dem Irrglauben, durch die Wiederherstellung
der früheren Silhouette das Trauma des 13. Februar 1945 endgültig
überwunden zu haben. Thema der Rede war das Unüberwindba-
re, »der Ort, der Riß, die Erfahrung«. Die Trümmerwüste, erklärte
Braun, werde für immer ein Teil von Dresden bleiben: »Wir stehen
vor einem ebenso stolzen, aber lebendigen Panorama, einem Stadtbild, das gleichwohl ein Fragment ist, heiterschöne Pracht und neues
hartes Gepränge. Es zeigt die Skulpturen der Kuppeln in scheinbar
unberührtem Pathos, und auf den radierten Brachen die nüchterne
Neulast. Ein Bauen über dem Abgrund, im schmerzlichen Hochgefühl! Und in der Mitte der Feuerrost im Inferno von stinkendem,

beißendem Rauch umloht. Die Schafweide auf dem Neumarkt idyllisch zwischen 20 Millionen Kubikmetern Schutt. Denn es ist alles auch noch da, denn das, was man nicht mehr sieht, gehört auch zu uns. Die Stadt nimmt dieses Abservieren nicht hin ... sie stemmt sich dagegen mit ihren Steinen und Stirnen. Das ist ihre Denkart ...«[419]

Durs Grünbein

Der Nachgeborene

Durs Grünbein hat weder das alte Dresden gesehen noch den Feuersturm erlebt; und auch die Trümmerwüste war bereits Vergangenheit, als er 1962 geboren wurde. In der Stadt, in der er aufwuchs, erinnerte nur noch wenig an den Glanz von Elbflorenz. Was dem Fragment zugrunde lag, als das er Dresden früh begriff, wurde ihm erst allmählich bewußt. Jahrzehnte später erinnerte er sich an »die frühkindliche Trauer um etwas, das der Nachgeborene nur noch vom Hörensagen kannte. Von Anfang an definiert so das *Zu spät* alle Wahrnehmung, die wütende Ohnmacht vor soviel entschwundener Klasse.«[420] Doch zunächst galt es herauszufinden, was es mit dieser Stadt auf sich hatte: »Schon als Kind«, hat Grünbein einmal erzählt, »hatte ich den Wunsch, das Stadtbild sozusagen im Traum zu komplettieren. Während die Älteren genau wußten, was fehlte, weil sie immer diesen Kontrast sahen, mußte man als Jüngerer vermittels des Phantomschmerzes sich jenen Kontrast erst erarbeiten. Allmählich wurde einem immer klarer, wo genau die Lücken waren und was wo gestanden hatte.«[421]

Der Phantomschmerz des Nachgeborenen erwies sich als ebenso prägend wie das Trauma der Älteren, die den Untergang ihrer Kindheitswelt erlebt hatten. Darauf deutet die Häufigkeit hin, mit der Grünbein auf seine Heimatstadt zu sprechen kommt. Von seinem ersten Gedichtband »Grauzone morgens« (1988) an ist Dresden in seinem Schreiben präsent. Auf das geradezu programmatische »Gedicht über Dresden« (1991) folgte der elfteilige Zyklus »Europa nach dem letzten Regen« (1996), der aus verschiedenen Blickwinkeln die Zerstörung reflektiert und in dem man eine Vorstufe sehen kann zu »Porzellan«, dem 49 Teile umfassenden »Poem vom Untergang meiner Stadt« (2005). Auch in einer Reihe von Aufsätzen sowie in seinen Berliner Aufzeichnungen »Das erste Jahr« (2001) ist von Dresden die Rede.

In dem Essay »Vulkan und Gedicht« (1994) hat Grünbein die Situation des Nachgeborenen mit einem einprägsamen Bild beschrieben. Er erzählt dort von einem gewaltigen Müllberg, der zu DDR-Zeiten in der Nähe der Dresdner Vorstadt Hellerau aufragte: »unter dichten Rauchwolken wie ein Vulkan, kegelförmig mit breitem Plateau«, ein »Endlager aller verdaulichen Reste, die die Stadt täglich ausschied«. Die Berge urbanen Mülls zogen ihn an: »Dies war mein Kindheitsraum, eine verbotene Zone, in die wir mit Spürsinn einfielen, auf der Suche nach Glücksgefühlen, Abenteuern, verwertbarem Schrott.« Nicht nur Fahrradteile und schmierige Illustrierten fanden sich dort, sondern auch alte Münzen und Eiserne Kreuze, Fotografien längst Verstorbener, ja sogar eine Beinprothese. Später erfuhr er, daß unter seinen Füßen das alte Dresden begraben lag: »Hier am nördlichen Stadtrand hatte man seine Trümmer zu einem riesigen Tafelberg aufgetürmt, die gestürzten Kirchenportale über die leeren Balkone, die Emporen zerbombter Theater über Rümpfe brandgeschwärzter Statuen. Und als hätte der glorreiche Schutt alles spätere nach sich gezogen, war seither sämtlicher Müll aus den Wohnhäusern hierher geschafft worden, abgelagert auf dem Ruinenkehricht einer untergegangenen Stadt.«[422] An diesem Ort fernab alles Lebendigen war für ihn zum erstenmal die Geschichte mit Händen zu greifen.

Kaum weniger unwirtlich sind die Orte, die Grünbein in seinem Gedichtband »Grauzone morgens« beschreibt. Eine Farbe war zum Synonym geworden für ein System, dessen Eckpfeiler schon wankten. Das Grau in Grau des realen Sozialismus war spürbar in dem Ruß, der in der Luft lag und sich an Häuserwänden absetzte; er färbte alles, was Grünbein vor dem Mauerfall schrieb. Wie einen

Schwarzweißfilm sah er seine Umgebung: Kohlenstaub bedeckte
das Fensterglas, durch das er auf verfallende Häuser, verrottete In-
dustrieanlagen und zerstörte Landschaften blickte. Das Ich seiner
Gedichte streift durch eine bleierne Öde, ein »Waste Land« sozialisti-
scher Prägung. Michael Braun sprach von einer Lyrik und Poetik des
Fragments, für die »das zerbröckelnde Regime« Grünbein den Stoff
geliefert habe; die Müllhalden und Schrottplätze seien aus seinen
Epiphanien der DDR ebensowenig wegzudenken wie aus Wolfgang
Hilbigs erzählerischen Ruinenlandschaften.[423] Das war schon bei
Erscheinen dieser Gedichte die dominierende Lesart. Von dem Fragment Dresden war hingegen selten die Rede. Dabei ist Grünbeins
Geburtsstadt deutlich zu erkennen; einmal wird sogar ihr Name
genannt. Der Zwinger taucht auf, die Elbe, und bei »Europas Balkon«
hat der Dresdner die Brühlsche Terrasse vor Augen. Man bedarf
dieser Koordinaten kaum, um zu wissen, daß es sich bei der »Talver-
sunkenheit schwerer Kuppeln und // schmaler durchbrochener Türme«[424] und der »toten Ähnlichkeit aller toten arm- und / beinlosen
Engel auf den / Ruinen ringsum«[425] nur um Dresden handeln kann.
»Langsame Einfahrt in die zerstörte Stadt«: Noch Ende der achtziger
Jahre war das der Eindruck des Reisenden, der aus dem Zugfenster
auf die versehrte Silhouette blickte.[426]

Im Rückblick auf »Grauzone morgens« sprach Durs Grünbein
2005 von seiner großen Distanz zu diesen Gedichten. Ihre Exotik,
so erklärte er, verdanke sich der Tatsache sowjetischer Fremdherr-
schaft und der versunkenen Welt des Staatssozialismus. Das allein
Bleibende darin sei die Stadt Dresden: »ein Stück geschundener europäischer Barockkultur, und sie so früh schon besungen zu haben
in aller Sprödigkeit, der wahre Zweck des Büchleins«.[427] Tatsächlich
müßte man eher von einem Abgesang sprechen. Im Gedicht »No.
8« heißt es schroff: »ich habe es satt so ganz / gramgesättigt zu leben von einem / undurchdringlichen Augenblick an den // nächsten
gespannt in einer Stadt alternd / in notgedrungenem Schweigen«.
Geradezu euphorisch wird das Hochwasser der Elbe begrüßt, die
dadurch aufhört, nur eine »Kloake« zu sein: »mit ihren wenigen

quellebendigen // Wirbeln längst ölgeworden«; Regenfluten bringen »das Einerlei des / verdammten Elbtalkessels zum / Brodeln«.[428] Das Gedicht »Etwas das zählt« faßt die widerstreitenden Empfindungen des nachgeborenen Sprechers gegenüber Dresden in einem sarkastischen Bild zusammen: »Du // im Museumszwielicht am Fenster kaust / Kaugummi, weil es die beste / Arznei ist gegen / Barockphobie.«[429]

Da hat einer zu kauen – an seiner Herkunft, die er als geistige und ästhetische Hypothek empfindet: »Oft habe ich geflucht, weil ich gedacht habe, es wäre besser gewesen, an einem neutralen Ort aufgewachsen zu sein.«[430] Ein solcher war Dresden nicht, anders, als das Ich in »Grauzone morgens« sich einzureden versucht: »Also schön, / dachtest du: dieser Ort / so gut wie ein anderer / hier in Mitteleuropa«.[431] Nicht aus Unwissenheit spricht Grünbein in diesem kalten Ton von Dresden; es ist vielmehr ein kalkulierter Stilbruch. Sein Gedicht »An der Elbe« unterscheidet sich nicht nur von Czechowskis gleichnamigem Sonett; es steht auch im Gegensatz zur überlieferten Literatur, die über dem Dresdner Landschaftserlebnis oft ins Schwärmen geraten war. So heißt es in einem Brief, den Heinrich von Kleist am 4. Mai 1801 an seine Verlobte Wilhelmine von Zenge schrieb: »Ich blickte von dem hohen Ufer herab über das herrliche Elbtal, es lag da wie ein Gemälde von Claude Lorrain unter meinen Füßen – es schien mir wie eine Landschaft auf einen Teppich gestickt, grüne Fluren, Dörfer, ein breiter Strom, der sich schnell wendet, Dresden zu küssen, und hat er es geküßt, schnell wieder flieht – und der prächtige Kranz von Bergen, der den Teppich wie eine Arabeskenborde umschließt – und der reine blaue italische Himmel, der über die ganze Gegend schwebte«.[432] Der Ort, an dem Kleist die Aussicht auf die andere Elbseite genoß, ging in die Weltliteratur ein – spätestens mit Iwan Turgenjews Roman »Väter und Söhne« (1862), in dem der lebenssatte Pawel Kirsanow beschließt, sich auf seine alten Tage in Dresden niederzulassen, wo er alsbald jeden Nachmittag zwischen zwei und drei Uhr beim Promenieren auf der Brühlschen Terrasse anzutreffen ist.

Statt einer arkadischen Landschaft unter einem *italischen* Himmel beschreibt Grünbein eine düstere Welt, die an die Zone in Andrej Tarkowskis Film »Stalker« erinnert. Wie der Stalker streift das Ich in dem Gedicht »An der Elbe« durch graue Kulissen und spuckt »von der // kahlen Uferterrasse herab« in den »vergifteten Fluß«, in dem sich nur noch ein paar Enten und die »un- / verwüstlichen Schwäne« halten. Statt eines elegant gekleideten Pawel Kirsanow beim Spaziergang bewundert der Sprecher »ein Paar strom- / abwärts keuchender / alter Männer / beim Jogging«.[433] Nicht nur der Blick über das Elbtal läßt den Betrachter kalt, sondern auch die Stadt, in der kaum noch etwas an das augusteische Dresden erinnert: »Entlang der Straßen tobt / architektonischer Kalter Krieg, stalineske / Fassaden, an denen noch immer / kein Riß sichtbar wird«.[434] In dem Gedicht »Anderswo« wird der Zwinger erwähnt; doch nicht die vielgerühmte Architektur Pöppelmanns erregt die Aufmerksamkeit des Flaneurs, sondern eine im Eis des Zwingerteichs festgefrorene »geriffelte Wodkaflasche«.[435]

Die Geste der Verachtung gegenüber dem, was den Ruhm Dresdens begründet hatte, war eine Provokation in einer Stadt, die noch immer von ihrer Vergangenheit zehrte. In seinem Essay »Chimäre Dresden« (1995) schreibt Grünbein: »Prachtvoll waren viele, einen tragischen Untergang hatten andere auch, aber keine kultivierte die Erinnerung an die Zeit vor der Zerstörung mit soviel schmerzvoller Nostalgie, keine lebte so sehr vom Phantombild ihrer einstigen weltstädtischen Silhouette.«[436] Von Kindesbeinen an habe er gewußt, daß es nicht irgendeine Stadt gewesen sei, deren Verlust die Älteren beklagten: »In all den Schilderungen der Großeltern und der Menschen, die das alte Dresden noch kannten, kam zum Ausdruck, wie außergewöhnlich diese Stadt gewesen sein muß. Wahrscheinlich war Dresden die schönste italienische Stadt nördlich der Alpen. Eine barocke Residenzstadt in all ihrer Pracht, eine der großen europäischen Kulturstädte. Und nun war diese Stadt auf fürchterlichste Weise zerstört und nur noch ein Schatten ihrer selbst. Aber noch dieser Schatten teilte sich den Jüngeren mit.«[437]

Schuld und Sühne

Die Trauer um das Verlorene wich mit der Zeit einem Gefühl ohnmächtiger Wut. Sie ist zu spüren in dem »Gedicht über Dresden« (1991), das die Stadt verhöhnt, ihr voller Ingrimm und dennoch mit kalter Präzision seine Sarkasmen entgegenschleudert: »Scheintote Stadt, Barockwrack an der Elbe / Schwimmend in brauner Lauge, spät fixiert / Taucht sie aus Rotz und Wasser auf, ein Suchbild / Ein Puzzle, königlich, mit dem der Krieg / Die Schrecken der Zerstörungswelt entschärfte.« Sogar der Schmerz der Dresdner wird zur Zielscheibe von Grünbeins Gespött: »Das beste Depressivum ist der genius loci / An einem Ort, gemästet mit Erinnerungen, / Schwammfäule, schön getönt als Nostalgie«.[438] Kühl seziert der Nachgeborene den Mythos von der unschuldigen Schönen und konfrontiert ihn mit den Realien der Geschichte. Inspiriert von Brechts bissigem Aperçu von 1948, »Berlin, eine Radierung Churchills nach einer Idee Hitlers«[439], weist er auf den wahren Urheber hin: »Auch Dresden ist ein Werk des Malerlehrlings / Mit dem in Wien verstümperten Talent / Der halb Europa seinen Stilbruch aufzwang. / In diesem Fall ergab sich wie von selbst / Die Technik flächendeckender Radierung / Durch fremde Bomber, Meister ihres Fachs / In einer Nacht mit schwarzem Schnee im Februar.«

Das Gedicht liest sich wie eine späte Antwort auf Victor Klempe-rers Vorhersage, dieser Krieg würde eine neue Ruinendichtung hervorbringen, die anders sei als die des 18. Jahrhunderts. Die Trümmer-felder von 1945 hätten mit deren sanfter Melancholie nichts mehr zu tun; bitter sei ihr Anblick und trostlos. Auch Grünbein spielt auf die Ruinen-Romantik von einst an und zitiert ihre nationalsozialistische Variante, die »Ruinenwerttheorie« von Albert Speer, die den »Stil-bruch« des Malerlehrlings ins rechte Licht rücken sollte: »Getreu den Plänen seines Kunstfreunds Speer / (»Die Zukunft, Albert!«) bleibt von *Bausubstanzen* / Nach tausend Jahren noch, groß im Verfall / Die Schönheit der Ruinen, ihr *Ruinenwert.* / So praktisch kommt Romantik in der Hand / Von Ingenieuren. Ein *Gesamtkunstwerk* / Singt unter

Trümmern noch in höchsten Tönen.«[440] So hatte noch keiner über
das zerstörte Dresden geschrieben. Ob das Gedicht jedoch dem entsprach, was sich Klemperer 1946 unter einer neuen Ruinendichtung
vorstellte? In ihm selbst lösten die Trümmer einen »trostlosen Gedankengang« aus.[441] Doch Grünbeins Perspektive ist eine andere als
die des jüdischen Romanisten, der mit knapper Not der Vernichtung
entkommen war; eine andere auch als die von Heinz Czechowski,
der als Kind das Gefühl hatte, die Geschichte durch die Nase einzusaugen. »Du, allein mit der Geschichte im / Rücken«, beginnt ein
Gedicht von Grünbein.[442]

Je früher man die Erfahrung von Verlusten mache, so hat Grünbein einmal erklärt, desto weniger anfällig sei man für Zukunftsideo-
logien. »Es ist gleichsam so, als hätte man schon sehr viel früher, in
einem Prozeß, der zum Erwachsenwerden gehört, die Trauerarbeit
um das Vergehen von Zeit, aber auch um das Vergehen von Raum,
gebautem Raum, bewältigen müssen.« In seinem Fall sei dieser Be-
wältigungswille gepaart mit Ironie und Sarkasmus.[443] Seine rationale
Betrachtungsweise dürfte auch eine Reaktion sein auf das emotionale
Verhältnis der Älteren zu ihrer Stadt. Für Grünbein steht allerdings
nicht das Schicksal des Einzelnen im Vordergrund, sondern die konkrete historische Situation: »Die Lektion, die man zu lernen hatte,
war, einzusehen, daß Dresden nicht zufällig untergegangen war. Es
gab darüber auch immer einen Streit zwischen Enkeln und Großeltern und auf meiner Seite die deutliche Gewißheit: Das habt ihr euch
selber mit zuzuschreiben. Es ging nicht um Schuldzuweisungen. Es
ging darum zu begreifen, daß es so gekommen war aufgrund einer
historischen Kausalität. Man kann nicht den Tod überall hintragen
ins ganze europäische Ausland und sich dann wundern, wenn man
die große Niederlage am eigenen Leib erlebt.«

In den Ohren der Überlebenden mag es zynisch klingen, wenn
Grünbein sagt: »Ganz brutal mit Hegel gesprochen, war die Zerstörung Dresdens eine historische Notwendigkeit.«[444] Auf seine Nach-
sicht können die Ausgebombten jedenfalls nicht zählen. Zumindest
durch ihr Schweigen tragen sie Schuld daran: »Daß ganze Städte, / Aus

denen Züge zur Vernichtung rollten, / Brachflächen wurden an den Ufern Lethes.«[445] So heißt es in dem elfteiligen Gedicht-Zyklus von 1996, den Grünbein nach einem Gemälde von Max Ernst »Europa nach dem letzten Regen« nannte. Der Zyklus enthält auch ein Gedicht, das seiner Großmutter Dora W. gewidmet ist. Als die Sirenen heulten, lag sie mit Scharlach im Krankenhaus, teilt Grünbein in seinen Berliner Aufzeichnungen »Das erste Jahr« (2001) mit: »Im bloßen Nachthemd, in eine Decke gewickelt, war sie zuerst an die Elbwiesen gerannt und später vor den Tieffliegern in Richtung Süden davongelaufen«.[446] So wie ihr erging es Tausenden, die panisch durch die brennende Stadt irrten. Das Gedicht ist in einem anderen Ton gehalten als das »Gedicht über Dresden«; ein elegischer Hauch ist zu spüren, wenn es heißt: »Aus einer Nacht im Zwanzigsten Jahrhundert / Flogen Maschinen eine zweite Steinzeit an. / In manchem Kellergrab, ein Höhlenwunder, / Fand man verbacken Kind und Frau und Mann.« Dennoch spricht auch aus diesen Versen unüberhörbar die Distanz des Nachgeborenen. Bei allem Mitgefühl bleibt am Ende die nüchterne Erkenntnis: »Da war kein Weinen, / Das auf den Trümmern noch verfing.«[447]

Ebenso wenig verfing das Gebrüll der Tiere aus dem Zirkus Sarrasani, zu dem noch am Abend des 13. Februar 1945 viele Dresdner gepilgert waren: »Ein Pferd, das rechnen konnte, und der Tiger, / Den William Blake rief. Keins ein Ungeheuer, / Verglichen mit den smarten Jungs, den Fliegern, // Die sich im Tiefflug Mensch und Bestie holten.«[448] So abschätzig hat Grünbein nur dieses eine Mal von den Bomberpiloten gesprochen; nirgendwo sonst findet sich bei ihm ein Wort der Anklage. Stets hat er betont, daß die Dresdner selbst die Verantwortung tragen für die Zerstörung ihrer Stadt. In seinem Zyklus »Porzellan« heißt es einmal salopp: »Dresden, Dresden, weißt genau, wer es zerdeppert hat. / Nicht der Tommy war es, Uncle Sam. Die eigne Bande / Gab ihn auf, Geburtsort, für ein Linseneintopfmahl.«[449] Und an anderer Stelle spricht er Arthur Harris, den umstrittenen Oberkommandierenden des Bomber Command und Luftmarschall der Royal Air Force, genannt »Bomber-Harris«, frei von aller Schuld: »Arthur, quäl dich nicht. Du hast nur deine Pflicht getan. / Beim Duell, wohl wahr, brauchts Nerven, Augenmaß. / Blitzkrieg, das war Moses: Aug um Auge, Zahn um Zahn. / Warst nur eisern, bibelfest, sonst nichts.«[450]

Der Zyklus »Europa nach dem letzten Regen« enthält ein Gedicht, das Grünbeins frühem Abgesang auf seine Heimatstadt an Sarkasmus kaum nachsteht. Er greift darin das Gerücht auf, daß die erste Atombombe im Elbtal zum Einsatz kommen sollte: »Ach Hiroshima war nur zweite Wahl. / Premiere haben sollte sie (sagt man) in Dresden«.[451] In seiner Polemik »Inferno Dresden« hatte Walter Weidauer dies als unzweifelhafte Tatsache dargestellt, die durch die von ihm angeführten Indizien angeblich bewiesen werde. Seine Argumentation war jedoch wenig überzeugend; sie diente offensichtlich nur dem Zweck, den Gegner im Kalten Krieg zu denunzieren und Moskau zu huldigen. Im üblichen Propagandaton verkündete Weidauer: »Wenn dennoch Dresden, das nach den angeführten Tatsachen mit an Sicherheit grenzender Wahrscheinlichkeit als Ziel für den ersten Atombombenabwurf vorgesehen war, das Schicksal von Hiroshima und Nagasaki erspart blieb, dann danken wir das in allererster Linie den Soldaten, Offizieren und Generalen der Sowjetarmee.«[452] Nur ihr schneller Vormarsch habe die Katastrophe verhindert.

Frederick Taylor hat in seiner Darstellung »Dresden. Dienstag, 13. Februar 1945« Weidauers Behauptung ins Reich der Legenden verwiesen. Das Gerücht, das bereits gegen Ende des Krieges aufkam, wird nach seiner Beobachtung aber noch heute von vielen Dresdnern »ohne den Hauch eines Zweifels als Tatsache« angesehen.[453] Grünbein kommt auch in seinen Berliner Aufzeichnungen darauf zu sprechen. Am 6. August, dem Tag, an dem die Bombe auf Hiroshima fiel, erinnert er sich an die existentielle Betroffenheit, die der Gedanke in ihm auslöste: »Ein einziges Mal, immerhin, bist du der logischen Verzweiflung nahegekommen.« Wäre der angebliche Plan ausgeführt worden, die erste Atombombe »im Herzen Europas« zu testen, schreibt Grünbein, hätte es ihn selbst nicht gegeben: »Bei einem Einsatz auf dem Kriegsschauplatz Deutschland wäre alles vernichtet worden, was dich ermöglicht hat: von der mütterlichen Eizelle über die zufällige Angestelltenfamilie bis hin zur Geburtsstadt selbst, jener kostbaren urbanen Sphäre, an die sich all die musischen Phantasien bis heute klammern.« Sich dies vorzustellen, nennt er eine »schöne Übung in posthumer Andacht oder besser in pränataler Genügsamkeit«.[454]

Den Schock, von dem diese Sätze erzählen, hat Grünbein in seinem Gedicht mit einem sarkastischen Bild gebannt: »Der Riesenpilz, die weltberühmte Abschiedsgeste / Der alten Opernhimmel. Wieviel schöner / Wäre der strahlende Bovist hier aufgeblüht // Über der sandsteinhellen Residenz als Krönung / Barocker Baukunst.« Doch auch sein Erschrecken wurde sichtbar: »Aufs Gemüt / Schlägt die Vision, wie stilvoll *hier* die legendäre / Finale Wolke aufgegangen wäre.«[455] Das Nachdenken über den Ast, auf dem man sitzt, und über die Säge, die ihn beinahe abgeschnitten hätte, läuft unweigerlich auf eine Aporie hinaus. Für den Metaphysiker hält eine solche Überlegung immerhin eine Erkenntnis bereit: »Die heilsamsten Gedanken sind jene, die an den Ort zurückkehren, an dem möglich und unmöglich zwei Seiten derselben Medaille sind«, heißt es in Grünbeins Berliner Aufzeichnungen. Trost spendet allein das Wissen, davongekommen zu sein: »Jedem Dresdner hilft der dreizehnte Februar hinweg über den sechsten August.«[456]

Das Dresdner Erbe

Noch in dem 2005 erschienenen Zyklus »Porzellan« halten sich elegische und sarkastische Verse die Waage. Doch die Härte von einst ist verschwunden, der Ton milder geworden. Grünbein sieht darin eine Wirkung der Zeit, die nicht nur den Sandstein des Zwingers dunkler färbt, sondern auch die Vergangenheit in einem anderen Licht erscheinen läßt: »Je mehr erlebte Zeit vergangen ist, desto untröstlicher wird alles, was man schreibt und damit tränenreicher, fließender. Jeder Jugend, überall auf der Welt, fällt es leichter, in harten Sätzen auszusprechen, was sie bedrückt oder was sie ablehnt. Dann kommen die Jahrzehnte, und man blickt auf dasselbe wieder, aber man wandelt sich, und aus der Ferne wird ganz unvermittelt Nähe. Aus brutaler Einsicht wird historische Gelassenheit.« Die Verse, die er in den achtziger Jahren schrieb, betrachtet er heute mit Skepsis: »Ich weiß ja, daß in der jugendlichen Härte der frühen Gedichte eine gewisse Unsinnlichkeit lauerte, ein Mangel an Erotik. Was durchaus sträflich war bei so einer Herkunft.«[457]

Für die Älteren ist die Frage nach der Herkunft untrennbar verbunden mit der Zerstörung; die Trümmerwüste prägte sie stärker als alles andere. Dagegen fühlt sich Grünbein eher dem Ruf Dresdens als Elbflorenz verpflichtet. Er vergleicht seine Situation mit der von Joseph Brodsky, der es stets als Vermächtnis ansah, aus Sankt Petersburg zu sein: »Wo immer er hinkam, suchten die Echos seiner Geburtsstadt ihn heim.«[458] Ihm gehe es ähnlich: »Dresden, die Heimatstadt mit ihrer barocken Atmosphäre, die Gemäldesammlungen dort, diese altmeisterliche Landschaft im Elbtal, Romantik, Italiensehnsucht und so weiter, das alles hat sicher geprägt. *The splendour of Dresden* hat die Seele zur Schatzkammer gemacht, lange bevor sie den Reichtum überhaupt würdigen konnte.«[459] So ausdrücklich hat sich sonst nur Karl Mickel zu diesem ästhetischen Erbe bekannt. Der klassische Ansatz seiner Gedichte, sein Bewußtsein für Form und Stil, sein barock anmutendes Pathos und die Hinwendung zu Goethe und Schiller – all das war Ausdruck dessen, was er als geistige Lebensform bezeichnete und was in seinen Augen auf seiner Dresdner Herkunft gründete.

Auch Mickels Liebeslyrik dürfte damit zu tun haben, folgt man Grünbein, der von einem »spezifisch sächsischen Eros« spricht: »In der königlichen Gemäldesammlung gab es die ›Schlafende Venus‹ von Giorgione und in den Boudoires leibhaftige Aphroditen wie jene Gräfin Cosel, eine Art sächsischer Marie-Antoinette. Und diese Legenden, die sich um August den Starken ranken, mit seinen über zweihundert unehelichen Kindern: Ein wahrer Liebhaber der schönen Töchter des Volkes!«[460] Die Venus »aus der Werkstatt des rätselhaftesten Venezianers« ist für Grünbein das passende Sinnbild für den amourösen Luxus und die ausschweifende Bildersucht bei Hofe. Sein Essay »Madonna und Venus« (2006) huldigt vor allem ihr: »Gegen ihre Verschwiegenheit, gegen dies unergründliche Gesicht einer Träumenden, den makellosen, aprikosenfarbenen, dem Betrachterblick absichtslos dargebotenen Körper hatte das barfüßige Landmädchen auf seinem Wolkensockel keine Chance.« Zwar erkannte er schon als Kind in Raffaels Madonna »das Allerheiligste dieser Stadt«, doch die geschlossenen Augen der träumenden Venus regten seine Phantasie mehr an.

Wie gut Giorgiones Gemälde zu Dresden paßt, wurde ihm erst später bewußt: »Affinität ist ein anzügliches Wort; in diesem Fall meint es die Anziehungskraft, die gewisse Dinge und Menschen, auch Kulturen, aufeinander ausüben, aufgrund ihrer Wesensverwandtschaft.« Seine Affinität zu Italien bewog August den Starken, seine Residenzstadt nach dem Vorbild Venedigs zu gestalten. »Und weil Gleiches sich anzieht«, schreibt Grünbein, »kam die Schlummernde schließlich nirgends so gut zur Geltung wie hier im Dresdner Tal, in Rufweite der Elbe und ihrer Hänge. Ihre Erscheinung fügte sich harmonisch in das Bild einer alten Flußlandschaft, die selber von ihren weiblichen Kurven und Hügelkonturen lebte.«[461] Eine ähnliche Verbindung von Landschaft und Eros stellt Mickel in seinem Gedicht »Die Elbe« her: »Mit lockern Knien die Frauen zwischen Nummer / Und Nummer [...] Männer, Frauen / Vernetzt gekoppelt, schlagen Wellen, Fluß / Neben dem Fluß«.[462] Das amouröse Treiben an der Elbe spiegelt er in Czechowskis Vers von den »sanften Bergen«, auf dessen unterschwellige Erotik er in seinem Essay »Naturform und Menschenwerk« verweist. »Wo sind wir?« fragt er dort und antwortet selbst: »im Hohen Liede«.[463]

In dem Zyklus »Porzellan« nimmt Grünbein das Motiv der Venus auf. Die Stadt am Vorabend ihrer Zerstörung erscheint ihm als verführerische Frauengestalt, die wie auf Giorgiones Gemälde in eine

Hügellandschaft gebettet ist: »Eine Schönheit war sie, schwatzhaft, üppig, provinziell. / Um die Hüfte, silbern, lag als Schärpe ihr der Fluß, / Der bei Vollmond lockte«.[464] Als die Piloten der britischen Bomberstaffeln tief unter sich die markante S-Kurve erkannten, wußten sie, daß sie ihr Ziel erreicht hatten. Die Elbe, in der sich jahrhundertelang die berühmte Silhouette gespiegelt hatte, wurde Dresden zum Verhängnis. Doch nicht von einer unschuldigen Schönen ist in dem Gedicht die Rede; vielmehr sieht Grünbein in der prächtigen Residenz die Mätresse, die mit ihren Reizen nicht geizt. Ihre Attraktivität verleiht ihr eine trügerische Sicherheit; sie bietet sich an – doch auf die feindlichen Geschwader, die sich unter lautem Dröhnen auf sie stürzen, ist sie nicht gefaßt: »Bombe, Bombe – blankpoliert, fiel durch den Schacht / Tonnenweise Schrott in den Mätressenschoß.« In der Elbe spiegeln sich fortan nur noch Ruinen: »Von der Bella *ante bellum* – nichts mehr da.«[465]

Aus dem Abstand der Jahre gelingt es dem Nachgeborenen, den Verlust nüchtern zu konstatieren: »Alles ist aufs Spiel gesetzt worden, und man muß den Rest seines Lebens dazu verwenden, eine Einsicht in die historischen Prozesse aufzubringen, die dazu geführt haben.« Als Künstler könne man lediglich versuchen, die Splitter, die Fetzen, die Reste der vergangenen Pracht weiterzutragen; darin sehe er einen Auftrag. »So erklärt sich vielleicht auch ein gewisser frivoler Schönheitssinn, der sich im Schreiben behauptet. Ich glaube, das Schreiben ist ein Versuch, wenigstens Teile des zerstörten Puzzles wiederzufinden und hier und da auf linkische Weise zusammenzufügen.«[466] Das ist die Methode des Archäologen, der in der Erde gräbt, um Verschüttetes in die Gegenwart heraufzuholen. Grünbein selbst ging als Kind so vor, als er auf dem Müllberg auf die Reste vergangener Leben stieß. In seinem Essay »Mein babylonisches Hirn« (1995) erinnert er daran, daß viele antike Dichtungsfragmente, etwa die wenigen erhaltenen Verse der Sappho, nur in Form winziger Tonscherben überliefert sind. Um solche Scherben, »Bruchstücke einer früheren Erinnerung«, handelt es sich in seinen Augen bei jedem Gedicht: »Wie ganzheitlich es auch daherkommt, immer muß noch ein Teil ergänzt werden, und dabei ist es die Vergeblichkeit selbst, die sich hier demonstriert, ein unmögliches Verlangen nach umfassender Verständigung. Vor uns liegt ein Splitter manifest gewordenen Bewußtseins aus einem Leben, das wir niemals leben werden, weil es ein anderer schon gelebt hat, unwiederholbar, Lichtjahre entfernt in seiner Monade, und wahrscheinlich ist auch das Fenster, durch das wir hineinsehn jetzt, nur eine Täuschung.«[467] Die Fundstücke auf dem Müllberg ließen sich in diesem Sinne deuten; der Versuch einer Poetik, sagt Grünbein, müßte mit ihnen beginnen. Mit Walter Benjamin spricht er von Kapseln, aus denen die Denkbilder fallen: »Das wenige, worauf später die Spitzhacke stößt, der Pinsel des Ausgräbers, die Schaufel des Müllsammlers, dies ist der Stoff, aus dem die Gedichte sind.«[468]

Es liegt nahe, daß Orte wie Pompeji und Herculaneum Grünbein magisch angezogen haben. Nicht zufällig fällt der Name Pompeji in seinen beiden Gedicht-Zyklen über den Untergang Dresdens. Die Katastrophen, denen die zwei Städte im Abstand von zweitausend Jahren zum Opfer fielen, sind nicht vergleichbar; ihr postumes Erscheinungsbild aber war es. »Europa nach dem letzten Regen«, das Anfang der vierziger Jahre entstandene Gemälde von Max Ernst, zeigt eine wie von Säure zerfressene oder von Termiten zernagte Welt. Der Betrachter kann darin ebenso gut Dresden erkennen wie Pompeji. Für Grünbein war der Besuch der Ausgrabungsstätten am Golf von Neapel im Sommer 1994 eine Initiation. Die in demselben Jahr in dem Essay »Vulkan und Gedicht« formulierten poetologischen Überlegungen wurden durch dieses Erlebnis ausgelöst. Der Impuls, Schichten aufzudecken, »sowohl im eigenen Erinnerungsraum, in den mnemonischen Schichten des Gehirns, als auch im Außenraum«, hat mit seiner Herkunft zu tun, wie Grünbein selbst betont: »Von Pompeji kommt man in der Erinnerung zurück nach Dresden.«[469] Die Nähe und die Vertrautheit, die er empfand, als er durch die antike Ruinenstadt ging, wurde durch die zeitliche Distanz nicht beeinträchtigt. »Denn die Anziehungskraft ging weniger von der unendlich fernen Vergangenheit aus, von irgendeinem

grandiosen römischen Altertum. Sie kam vielmehr unmittelbar aus
dem frischen und, wie es schien, eben erst ausgehobenen Grab einer
hochzivilisierten Stadt, die erst der Aufklärung, ihren Techniken der
Archäologie und der Psychoanalyse, ihre Auferstehung verdank-
te.«[470]

Eine andere Auferstehung geschah zur selben Zeit an der Elbe.
Grünbein erzählt davon in seinem Essay »Chimäre Dresden«, in
dem er sich auch an die Jahrzehnte vor dem Mauerfall erinnert, als
die Stadt, »scheinbar von Leben erfüllt und doch eine Ruine«, wie
Rimbauds »Schläfer« im Tal lag. Damit war es 1990 vorbei: »Auf-
bruchstimmung, Putz zur Jahrtausendwende. Baukräne drehen sich
allerorts, Geschäftigkeit ist in die einst müden Straßen zurückge-
kehrt, neue Dächer und frische Giebel spiegeln sich in der gedul-
digen Elbe, die jetzt schneller zu fließen scheint. Hoch- und Tief-
bau verändern das Stadtbild in wenigen Wochen mehr als früher in
ganzen Jahrzehnten.« Staunend registriert der Betrachter, wie sich
die Zeitformen verwirren: »Plusquamperfekt und Futur schieben
sich verkehrt ineinander, mit dem Präsens gleitet die Gegenwart an
restaurierten Fassaden ab.«[471] Wie in einem Film, den man rück-
wärts laufen läßt, kehren die Steine an ihren früheren Ort zurück;
die Mauern richten sich wieder auf zu Gebäuden, die soeben noch
Ruinen waren. Eigentlich unvereinbar, stehen das barocke und das
sozialistische Dresden nun nebeneinander. Jedes für sich verweist auf
eine Vergangenheit, doch beide gemeinsam bilden sie die Gegenwart.
Nur der Gedanke an die Ruinenlandschaft von Pompeji ist plötzlich
wie ausgelöscht.

Aleida Assmann sieht in dem Archäologen einen Widersa-
cher der Zeit und Virtuosen der Erinnerung; das Durchstoßen der
Schichten, das Verlorenes zu neuem Leben erweckt, nennt sie einen
»Sprung durch die Zeit«.[472] Ein solcher Sprung war in den neunziger Jahren in Dresden erfahrbar. Und nichts anderes war das, was
Grünbein empfand, als er durch das ausgegrabene Pompeji ging; wie
selbstverständlich habe er sich in der antiken Stadt bewegt, erinnerte
er sich später: »Niemand hätte mich ansprechen dürfen dort, von

keinem verlangte ich Auskunft, so vertraut war mir alles. Nicht aus den Sachbüchern und melodramatischen Romanen, die ich gelesen hatte, sondern aus meinen Träumen und Unterredungen mit den Zeitgenossen der Katastrophe.«[473] Nicht nur der Philologe wird, wie Aleida Assmann schreibt, zum Komplizen des Archäologen, sondern auch der Dichter. Grünbein, für den der Dialog mit den Toten das Wesen der Literatur ist, schlägt in seinen »Historien« genannten Gedichten wie selbstverständlich den Bogen über zweitausend Jahre europäischer Literaturgeschichte. Er überträgt Tragödien von Aischylos und Seneca ins Deutsche, schreibt einen Brief in Versen »An Seneca« und vertieft sich in die Gedankenwelten von Horaz und Juvenal. »Seltsam«, sagt er, »aber für mich ist das Gespräch nie abgerissen.«[474]

Das alte Dresden mag Geschichte sein, doch als geistige Haltung ist es noch lebendig. Durs Grünbein hat diese Prägung längst angenommen und für sein Schreiben produktiv gemacht: die sächsische Italien-Sehnsucht ebenso wie die, wie er selbst es nennt, »Anschmiegsamkeit an große europäische Weltkultur«.[475] Die Faszination, mit der er rekonstruiert, wie Galilei Dantes Hölle vermißt und an den Maßen hängenbleibt, wie der Titel eines seiner Essays lautet, erscheint geradezu folgerichtig, wenn man weiß, daß der sächsische König Johann unter dem Pseudonym »Philalethes« die »Göttliche Komödie« ins Deutsche übersetzte. Und die starke Anziehungskraft, die die antiken Städte am Golf von Neapel auf Grünbein ausüben, findet ihre Entsprechung im Dresden des augusteischen Zeitalters: Drei der Statuen, auf die man Anfang des 18. Jahrhunderts bei der Entdeckung des verschütteten Theaters von Herculaneum stieß, gelangten 1736 an den Hof des sächsischen Kurfürsten Friedrich August II. Die Herkulanerinnen, die fortan einen der Glanzpunkte der Dresdner Antikensammlung bildeten, waren die ersten Zeugnisse aus den verschütteten Städten am Vesuv, die nördlich der Alpen zu sehen waren.[476] Der Gewandwurf der Figuren, in denen man römische Kopien nach griechischen Originalen erkannte, inspirierte Winckelmann zu seinem berühmten Wort von der »edle[n] Einfalt«

und »stille[n] Größe« der griechischen Kunst.[477] In Grünbeins Venedig-Gedichten schließlich klingt jene Verzauberung an, die schon August der Starke fühlte, als er von einem zweiten Canal Grande im Elbtal träumte. Das zerstörte Puzzle – an der Lagune ist es noch vollständig: »Am besten gibt man sich *andante* / Dem leichten Schwindel hin vor soviel Baukunst, nie gelichtet / Von Bomben und Beton.«[478] Der nachgeborene Dresdner sieht es voller Staunen. Doch die Freude ist getrübt, denn er weiß: »Natürlich gehört man hier nicht dazu. Wie soll man auch kennen / Was schon das Kind im Norden, an Zerstörtes gewöhnt, nie vermißte? / Jetzt geht man tagelang durch Venedig, und sagt sich: Das also war's.«[479]

Porzellan

»Poem vom Untergang meiner Stadt« nannte Durs Grünbein seinen 2005 erschienenen Zyklus »Porzellan«. Das Possessivpronomen bekräftigt seine veränderte Haltung gegenüber Dresden: Heimat ist für ihn nicht mehr nur ein »zynischer Euphon«.[480] Geradezu emphatisch bekennt er sich zu der Stadt, in der er geboren wurde, aber seit zwei Jahrzehnten nicht mehr lebt. Der Grundton der Gedichte ist, wie der Untertitel bereits andeutet, elegisch. Das heißt jedoch nicht, daß Grünbein dem Sarkasmus abgeschworen hätte. Das Porzellan, das dem Zyklus den Namen gab, bietet schließlich allen Anlaß zur Klage, aber auch zum Zorn – denn es ist zerbrochen: »Porzellan, viel Porzellan hat man zerschlagen hier, / Püppchen, Vasen und Geschirr aus weißem Meißner Gold.« Doch schon lange vor der Bombennacht war in Dresden etwas kaputt gegangen: »Nein, kein Polterabend war, was Volkes spitze Zungen / Die *Kristallnacht* nannten, jener Glückstag für die Glaser.« In bitterstem Sarkasmus verweist Grünbein hier auf die Pogrome am 9. November 1938, als die von Semper erbaute Synagoge in Flammen aufging, die Schaufenster jüdischer Geschäfte eingeschlagen und 151 Juden verhaftet und in Konzentrationslager verschleppt wurden. Es bedarf nur weniger Zeilen, um den Mythos von der unschuldigen Kunststadt zu widerlegen. Die Zerstörung Dresdens, so sehr er auch darüber trauert, erscheint dem Sprecher nur folgerichtig: »Unschuld, sagt ihr? Lag die Stadt nicht längst geschändet?«[481]

Porzellan wird gebrannt; das ist Teil seines Entstehungsprozesses. Doch der Brand, um den es in Grünbeins Gedichten geht, härtete kein Porzellan, sondern zerstörte es: Nach der Bombardierung im Februar 1945 fanden sich in den Trümmern zahllose Scherben – die Reste von Kaffee- und Speiseservices. Nimmt man das Porzellan als Chiffre für die Barockstadt, war Dresden im Kleinen wie im Großen zerstört. Auf die Scherben stößt, wie Grünbein in seinem Essay »Vulkan und Gedicht« schreibt, die Schaufel des Ausgräbers. Als einen solchen versteht er sich selbst. Wie der Benjaminsche Allegoriker dreht und wendet er die Bruchstücke in seiner Hand und versucht, aus ihnen Geschichte zu rekonstruieren. Das Schreiben als ein Versuch, wenigstens Teile des zerstörten Puzzles wiederzufinden und sie zusammenzufügen – hier ist Grünbeins Gedanke zum Gedicht geworden.

Auch die einzelnen Gedichte lassen sich als Scherben verstehen, die erst in ihrer Gesamtheit ein Ganzes ergeben. Sie erinnern an einstige Vollkommenheit und sind zugleich Zeugnisse von deren Untergang. Jeder Scherbe entspricht eine Stimme, die auf wenigen Zeilen einen Gedanken verfolgt; mitunter geraten die Stimmen auch in inneren Widerstreit. Diese Uneinheitlichkeit von Grünbeins Poem entspricht der Gebrochenheit, mit der allein man nach den Katastrophen des 20. Jahrhunderts von Dresden noch als von einer »Sandsteinschönen« sprechen kann. Sie spiegelt sich auch in der Metrik: Die 49 Gedichte bestehen zumeist aus zehn unregelmäßig gereimten trochäischen Sechshebern; seit Klopstock kann dieses Versmaß als eine liberale Variante des Hexameters betrachtet werden, eines bevorzugten Verses antikisierender Dichtung, besonders des elegischen Genres. Behutsam greift Grünbein die klassische Form auf, doch sein

Umgang mit ihr ist frei. Bisweilen bricht er den Rhythmus, und statt mit einem Reim läßt er etliche Verse mit einer Assonanz enden. Das Poem erscheint nicht vollendet, sondern versehrt: wie die Stadt, von der es spricht.

Man könnte »Porzellan« als die Summe von Grünbeins Nachdenken über seine Heimatstadt bezeichnen; viele Motive aus früheren Dresden-Gedichten tauchen in dem Zyklus wieder auf. Schon in den ersten Versen wird die zeitliche Distanz benannt, die den Sprecher von Dresdens legendärer Vergangenheit trennt: »Wozu klagen, Spätgeborner? Lang verschwunden war / Die Geburtsstadt, Freund, als deine Wenigkeit erschien.«[482] Nicht weniger stark als die Erlebnisse in der Gegenwart prägten das Kind die Erzählungen vom alten Dresden und von der Brandnacht: »Nicht dort draußen spielt sie, die Musik – im Schädelinnern. / Hier, *mémoire involontaire*, hier geht sie aus und ein.«[483] Eine solche Erinnerung, die sich nicht nur auf die eigene Erfahrung bezieht, reicht noch weiter als die, von der Proust spricht. Das Eigene kommt erst dann wieder ins Spiel, wenn sich mit den Bildern der kollektiven Erinnerung die Imagination verbindet. So wie im 22. Gedicht, in dem das Ich von dem Verlangen getrieben ist, in die Geschichte einzutauchen: »Wirrer Traum, der zwanghaft wiederkehrt: ich bin dabei, / Anonym, ein stummer Zeuge, in der Bombennacht.« Der Sprecher stellt sich vor, ein steinerner Engel auf einem Kirchendach zu sein, der mitansehen muß, wie die Menschen verbrennen: »prasselnd da wie Eßkastanien / Zwischen Straßenbahnen, ausgeglüht bis aufs Metallgerippe«.[484] In diesem Wunsch, der den Überlebenden unverständlich sein, ja zynisch erscheinen muß, wird der Abgrund sichtbar, den der Nachgeborene zu überbrücken versucht.

Doch man muß nicht dabeigewesen sein, um Schmerz zu empfinden über die Zerstörung des alten Dresden. Davon spricht ein anderes Gedicht: »Ja, es tut noch weh. Geschluckt ist sie, die Kröte – / Doch verdaut niemals. Das alte Schamgefühl erwacht / Nach ein paar Takten schon aus Mozarts Zauberflöte. / Dann kehrt sie wieder, sternenklar, die Februarnacht.«[485] Dieser Schmerz prägt den gesamten Zyklus.

Er ist auch dann noch zu spüren, wenn der Sprecher die Trauer der Dresdner verärgert beiseite wischt oder sie mit leisem Spott quittiert: »Und fünf Wochen lang, am Altmarkt, schauen Pferde zu, / Wie auf Eisenrosten Leichen brennen, scharren Stroh. / Larmoyanz? Ach, spätes Seelchen du, gib endlich Ruh.«[486] Hin- und hergerissen von den einander widerstreitenden Empfindungen, fällt er sich gleichsam selbst ins Wort, stellt die eigene Haltung in Frage oder wappnet sich mit Ironie gegen das eigene Ansinnen: »Stop, wer spricht da? Dieses Schlitzohr, ist er Sachse? / Beißt sich durch die Gestrigkeiten, Clown und Historist, / Scherbensammler, Freizeit-Christ. Treibt seine Faxen / Mit der Scham, der Schande. Was uns Schicksal ist, / Scheint ihm Hekuba, dem Pimpf da, Pionier. Das flennt / Dicke Tränen und weiß nichts vom Heulen der Sirenen.«[487] Die wütende Ohnmacht des Nachgeborenen, die sich aus dem Phantomschmerz speiste, ist einer elegischen, mitunter heiteren Gelassenheit und leisem Spott gewichen. Seine neuerliche Wut entspringt nur mehr der ironisch getönten Eifersucht des Liebenden: »Arme Stadt, ich weiß, läufst heute außer Konkurrenz / Unter all den Schönen, die der Krieg verschonte. / Woher rührt sie, wütend, meine Liebe? Alles lacht, / Wenn sie sächselnd von ihr schwärmen, die Bewohner. / Jeder hier ein kleiner Kurfürst, um den Thron gebracht.«[488]

Epilog

Nur einige zufällige Passanten sahen am Morgen des 15. Februar 1945, wie die ausgebrannte Frauenkirche in sich zusammenstürzte und eine schwarze Staubwolke über dem Neumarkt aufstieg. Sechzig Jahre danach, am 30. Oktober 2005, war der Platz voller Menschen, und Kameras übertrugen ein Bild in alle Welt, an das in Dresden lange Zeit kaum jemand geglaubt hatte: Unter dem leuchtenden Blau eines sonnigen Herbsttages erhob sich die Sandsteinkuppel der wiedererrichteten Frauenkirche. An diesem Tag wurde sie geweiht. Der Neubau war nach den Originalplänen von George Bähr entstanden; etliche Steine der zerstörten Frauenkirche hatte man wiederverwendet. Deren schwarze Patina hob sich deutlich ab von der hellen Färbung des neuen Sandsteins. Dieser wird jedoch mit der Zeit nachdunkeln und sich dann nicht mehr von den alten Steinen unterscheiden.

Die dunkle Färbung kommt auf natürliche Weise zustande: durch die Oxidation des im Sandstein enthaltenen Eisens. Die Bauten des augusteischen Dresden sind darüber grau und schwarz geworden – die Hofkirche, das Schloß, der Zwinger, die Gemäldegalerie, die Semperoper. Thomas Rosenlöcher spricht von der Dresdner »Sandsteinfinsternis«. Die Heiligenstatuen auf der Attika der Hofkirche sind für ihn ein Sinnbild; durch »die rußharten Gesichter« sieht er wieder die Brandnacht schimmern. Der Sandstein ist in seinen Augen denn auch der wahre Dresdner: »Er weigert sich, das Gedächtnis zu verlieren.«[489] Rosenlöcher gehörte lange Zeit zu denen, die sich gegen einen Wiederaufbau der Frauenkirche wandten. Auch Heinz Czechowski hätte den Trümmerberg in der Altstadt lieber als

Mahnmal erhalten. Für den Neubau hatte er nur Spott übrig: »Ich bin gefahren, / Um sie wiederzusehn: drei / Strafmandate. Dann sah ich, / Mitten im Sand, / Die geklonte Kuh«, heißt es in seinem Gedicht »Zu Mickel« (2005).[490]

Durs Grünbein kann die Ablehnung der Älteren nachvollziehen: »Für diese Generation ist das meiste von dem, was da städtebaulich geschieht, plastische Chirurgie. Die Vernichtung der eigenen Biographie durch Spurenbeseitigung.« Er selbst sieht die Rekonstruktionswelle gelassen; sie sei eine logische Folge der politischen Umwälzungen seit 1989: »Die Barockstadt an der Elbe gehört zu den Kronjuwelen des wiedervereinigten Deutschland.« Es sei an der Zeit gewesen, daß Dresden aus dem Schatten des 13. Februar 1945 trete: »Das wirklich Traurige ist ja, daß es eine Stadt traf, die ein Ausdruck von Lebenslust und Repräsentationsfreude war und die überhaupt nicht dafür gebaut war, auf diese brutale Weise an ihre eigene Vergänglichkeit erinnert zu werden. Es lag immer etwas Mozartsches über dieser Stadt. Dresden, das war eine Krönungsmesse, kein Requiem.«[491]

Im Wiederaufbau der Frauenkirche erkennt Grünbein den Willen zum ästhetischen Weiterleben, der sich aus einem fundamentalen Verlustgefühl speist. Eines der Gedichte seines Zyklus »Porzellan«, entstanden im Juni 2004, als die äußere Gestalt der Kirche fertiggestellt war, spricht davon, daß der Bau George Bährs die Angriffe zunächst überstand und erst dann zusammenstürzte, als die ausgeglühten Innenpfeiler die Last der Kuppel nicht mehr tragen konnten: »Tage später, als der Spuk vorbei war, aufrecht bis zuletzt. / Frauenkirche: wahrlich Frau war sie. Gab ihren Lieben / Etwas Zeit noch, sich zu sammeln. Schwerverletzt, / Lange ist sie so, gebrochnen Rückgrats, stehngeblieben.« Wenn auch der Anblick der Ruine in dem Betrachter ein Gefühl von Trauer und Hoffnungslosigkeit auslöste, so konnte er bei dem Gedanken daran durchaus so etwas wie Ermutigung empfinden: »In all den Jahren / Die Lektion war: so wie sie die Haltung wahren.«[492]

Anders als Grünbein blickt Ingo Schulze, der ebenfalls 1962 in Dresden geboren wurde, mit gemischten Gefühlen auf das neu erbaute Ensemble. Sein 2006 erschienener Essay über den Mythos Dresden beschreibt den Versuch einer Annäherung: »Je näher ich der Frauenkirche kam, um so mehr schien sie sich zu verwandeln, um dann, vom Neumarkt aus betrachtet, zu ihrer eigenen Wachsfigur zu erstarren. Was war geschehen? Ich weiß es nicht. Wie ein Bergsteiger fand der Blick dankbar an jedem alten Stein halt – und glitt an der hellen Fassade wieder ab.« Doch Schulze will den Neubau nicht für alle Zeit verdammen: »Vielleicht gibt es für die neue Frauenkirche doch noch die Möglichkeit zu altern, die Hoffnung, dass ihr Odem eingehaucht wird, ihr Antlitz Lebendigkeit gewinnt.« Anders steht es um die kürzlich errichteten Gebäude am Neumarkt, die alte Häuser im Stil des Barock vorstellen sollen. Bei ihrem Anblick, schreibt Schulze, falle man aus der Zeit und verliere auch den Ort. Eigentlich, spottet er, müßten die Menschen auf dem Platz historische Kostüme tragen. »Was ist das«, fragt er, »für ein Geist, der aus Dresden ein Märchen machen will und es damit der Geschichts- und Gesichtslosigkeit preisgibt?«[493]

Wie Grünbein lebt auch Ingo Schulze seit zwei Jahrzehnten nicht mehr in Dresden. Das Bild, das er von den siebziger und achtziger Jahren bewahrt hat, sieht so aus: »Mein Dresden waren die endlosen Zäune und Mauern der ›Russenkasernen‹, die sich von Klotzsche bis hinein in die Stadt zogen. Unser Zeitalter war die Prager Straße, die Wohnblöcke der Johannstadt, das Hochhaus am Pirnaischen Platz mit der Leuchtschrift ›Der Sozialismus siegt‹, jene HO-Gaststätte, die wir nur ›Fresswürfel‹ nannten, die an Stelle der abgerissenen Sophienkirche errichtet worden war, der Kulturpalast mit dem Mosaik ›Der Weg der Roten Fahne‹, die ›Straße der Befreiung‹ samt Kügelgenhaus, die Ruinen von Schloss und Frauenkirche, auch die vielen kleineren Ruinen und das Devisenhotel ›Bellevue‹. Irgendwie gehörte sogar der schleppende Wiederaufbau der Semperoper dazu.«[494] Nicht viel anders hat Grünbein die Stadt seiner Kindheit in Erinnerung. Das Dresden der DDR-Jahre, schreibt er, sei so attraktiv gewesen »wie Minsk oder Swerdlowsk, so unverwechselbar sozialistisch wie jede andere sozialistische Stadt auch«.[495] Die Chimäre des

alten Dresden sei umgegangen wie das Heimweh nach einer besseren
Zeit. Die einstige Silhouette war nur mehr ein Phantombild, konserviert von nostalgischen Erinnerungen.

Gerade diese Zeit stößt auf Interesse bei Marcel Beyer, der erst seit
1996 in Dresden lebt. In seinem Essay »Riß im Bild« (2005) nennt
er die Stadt eine Leseschule: »Wer nach Dresden kommt, muß zum
Philologen werden, zumal wenn er, wie ich, Schriftsteller ist und
sich nicht nur in geschriebenem Text, sondern auch in einer Stadt
lesend bewegt. Gerade an den Punkten, wo magisches und konkretes
Dresden ineinandergreifen, ist meine Aufmerksamkeit geweckt –
die nötige Lesefertigkeit, um den Phänomenen zu begegnen, muß
ich allerdings erst erwerben, wenn diese Stadt für mich nicht eine
Ansammlung von Kulissen und Kostümen bleiben soll.«[496] Dresden
sei eine »Geschichtenstadt«, die sich für den Außenstehenden als
stete Aufforderung erweise, »etwas zu entziffern, als allgegenwärtige
Andeutung, unter ihrer Geschichtenoberfläche lägen ganz andere
Geschichten verborgen«.[497]

Diese anderen Geschichten haben es Beyer angetan. Der Mythos
von der Kunststadt hingegen vermag ihn nicht zu begeistern: »Mich
interessiert nicht die Geschichte auf dem Präsentierteller, das schon
Vorgedachte und gründlich Durchgearbeitete. Mich interessieren
Zufallsfunde, Dinge, die man irgendwo entdeckt und von denen man
nicht erwarten konnte, daß sie einmal Bedeutung erlangen würden.«
Ein solcher Ort ist der Plattenbau im Norden Dresdens, in dem bis
1990 der KGB-Offizier Wladimir Putin mit seiner Familie lebte. Für
Beyer ist dieses unansehnliche Gebäude »ein historisch wichtigerer
Ort als der Neubau der Frauenkirche«. In diesem sieht er lediglich
ein »Geschichtssignal«: einen Hinweis auf jene Kirche, die bis 1945
auf dem Neumarkt gestanden hat.[498] Viel stärker bewegt es ihn, wenn
er entdeckt, wie die Geschichte in die Gegenwart ragt. So stieß er am
Rande der Dresdner Altstadt auf Mäuerchen, die kniehoch aus der
Erde ragten. Als er die Kellerfenster bemerkte, wurde ihm klar: Da
hatte bis 1945 ein Haus gestanden, und das war der Rest. Die Lücken
und leeren Flächen weisen ihn auf etwas hin, das er nie gesehen hat.

»Ihr Bebauen«, sagt Beyer »würde dem Vergessen oder Verdrängen von Geschichte Vorschub leisten.«[499]

In diesen unterschiedlichen Haltungen gegenüber dem Wiederaufbau spiegeln sich die Lebenswege der Autoren und ihre jeweiligen Erfahrungen mit Dresden. Marcel Beyer verbindet mit der Stadt zwangsläufig etwas anderes als Heinz Czechowski, der sich in seinem Essay »Mit Dresden leben« (1987) eine größere innere Distanz zu seiner Geburtsstadt wünscht: »Unbefangenheit gegenüber ihrer Vergangenheit und Gegenwart besitze ich nicht.«[500] Der Satz gilt auch für die anderen Autoren aus dieser Generation; es ist kein Zufall, daß diese ein geradezu intimes Verhältnis zu Dresden unterhalten. Wer die Zerstörung seiner Heimatstadt mit eigenen Augen gesehen hat und selbst nur durch Zufall entkam, kann nicht unbefangen sein. Czechowski, der fern von Dresden lebt, bekennt immer wieder seine »unbezähmbare Sehnsucht«.[501] Und Volker Braun gerät buchstäblich ins Schwärmen: »Jeder hat eine Gegend, in der ihm, wie durch einen Zauber, das Herz aufgeht«. Diese Gegend ist für ihn das Elbtal.[502]

Wer die Texte dieser Autoren liest, der begreift, was für ein weiter Weg es war, den sie durch die Jahrzehnte zurückgelegt haben. Nach dem Erlebnis der Trümmerstadt erschien ihnen der sozialistische Aufbau als die einzige Möglichkeit, das Elend hinter sich zu lassen. In ihren frühen Gedichten feierten sie die »Schönheit der Bauplätze« und die »sozialistische Landschaft«.[503] Als anachronistisch taten sie ab, was mit dem »neuen Leben« nichts zu tun hatte. Thomas Rosenlöcher spricht von einer »Blindheit«, die auch seine Generation betraf: »Als die Prager Straße gebaut wurde, hatte ich das Gefühl, es könnte vielleicht doch etwas wirklich Neues entstehen. Ein paar Jahre lang habe ich das tatsächlich gedacht. Ich habe dieser Lüge geglaubt, die ununterbrochen hinausposaunt wurde: Dresden wird schöner denn je. Das war der Satz, der immer wieder fiel, diese Anmaßung, der auch das noch zum Opfer fiel, was nicht verbrannt war.«[504]

Erst später tauchten Zweifel auf. Die Fortschrittsgläubigkeit wich der Skepsis, die Affirmation dem Widerspruch gegen den, wie Braun wetterte, »platten Willen zur Unform«.[505] Bald war von der angeblichen Aufbau-Euphorie nichts mehr zu spüren. Karl Mickel verhöhnte die Armseligkeit und Kahlheit der neuen »Dresdner Häuser«. In seinem Gedicht »Neubauviertel« (1973) parodierte er ihre genormte Bauweise: »Mein Hut der hat vier Ecken, vier- / Eckig ist die Gegend hier / Jedes Haus acht Kanten und vier Ecken / Keiner kann sich verstecken / Ich sah eine Frau mit eckigem Hintern / Die kam aus der eckigen Krippe mit eckigen Kindern«.[506] Und die neue Prager Straße, jener sozialistische Boulevard, der den Reisenden am Hauptbahnhof empfing, weckte schon bald die Spottlust Rosenlöchers: »Ein notdürftig mit Springbrunnen kaschierter, steingewordener Bericht des Politbüros an das Zentralkomitee.«[507]

Nein, die neue Stadt würde niemals schöner sein als die alte. Weder durch den Verzicht auf das alte Dresden noch durch seine Rekonstruktion konnte das gelingen. Das war die feste Überzeugung der Überlebenden. Der Wiederaufbau der Frauenkirche mußte ihnen fragwürdig erscheinen. »Wer den Untergang selbst erlebt und sich in die Trümmer und Narben verliebt hat«, sagt Grünbein, »der muß natürlicherweise enttäuscht sein vom Wiederaufbau. Auf einmal ist seine Trauer, mehr noch, sein ganzes Lebensgefühl nichtig geworden.«[508] Diese Haltung war auch Rosenlöchers Generation vertraut. Sie lebte in dem Bewußtsein, nur knapp einer Katastrophe entgangen zu sein. Durch die Ruinen hatte man die Bombennacht immer vor Augen, das alte Dresden war weiterhin präsent. »Sehr früh ist mir klar geworden: Ich bin in einer Stadt, die es eigentlich gar nicht mehr gibt«, erinnerte sich Michael Wüstefeld später.[509] Man lebte im Schatten einer verschwundenen Legende.

Diesen Schatten spürten auch noch die Autoren, die in den sechziger Jahren geboren wurden. Politisch wuchsen sie unter völlig anderen Bedingungen auf; den gesellschaftlichen Utopien der Nachkriegsjahre standen sie distanziert gegenüber. Mit der Ausbürgerung von Wolf Biermann 1976 waren auch die letzten Hoffnungen auf einen »Sozialismus mit menschlichem Antlitz« zerstoben. In Grünbeins Gedichtband »Grauzone morgens« heißt es: »man / sah uns nicht an wie / uns zumute war beim / Verlöschen der Ziele«.[510]

Doch auch mit der Rückwärtsgewandtheit der Älteren konnten die
Jüngeren wenig anfangen. Das alte Dresden war für sie nichts wei-
ter als ein Mythos – fern und verklärt. Grünbein schmähte es als
»Ort, gemästet mit Erinnerungen, / Schwammfäule, schön getönt als
Nostalgie«.[511] Die Stadt, erklärte er, sei mehr als dieser Untergang:
»Man hat in Dresden die Requien gründlich satt.«[512] Für Christian
Lehnert markiert der 13. Februar 1945 eine kollektive Erinnerung, die
ihn zwangsläufig prägt; eine besondere Affinität dazu hat er nicht.
Es sei, sagt er, nicht seine Geschichte. Als Nachgeborener blicke er
von einem verkrusteten Rand auf ein Loch: »Die Erinnerung der
Toten haben wir nicht.«[513] Nicht einmal eine besondere Schwere des
Schicksals gesteht er Dresden zu. In jeder Stadtgeschichte, sagt er,
gebe es ein solches Datum.

Die überlieferte Auffassung war eine andere. »Was der Stadt
widerfahren war, zeichnete sie in unseren Augen vor anderen aus«,
erinnert sich Ingo Schulze.[514] Aus der Größe des Verlusts habe man
eine Art Selbstbewußtsein bezogen. Daß dies nicht nur für die Überlebenden galt, sondern auch für viele Nachgeborene, zeigt, wie stark
die Zerstörung Dresdens das kollektive Gedächtnis geprägt hat.
Das ist deshalb bemerkenswert, weil im Zweiten Weltkrieg zahllose
deutsche Städte bombardiert wurden – manche sogar noch schwerer
als Dresden. Im Feuersturm von Hamburg 1943 starben weit mehr
Menschen; und Darmstadt und Pforzheim verloren sogar einen
größeren Teil ihrer Bevölkerung. Aber zum Symbol für den alliierten Luftkrieg wurde Dresden. Über die Zerstörung keiner anderen
Stadt wurde so viel geschrieben; das gilt für Werke der Geschichtsschreibung ebenso wie für Literatur im engeren Sinn. Zwar wurde
auch das brennende Hamburg häufig thematisiert, doch die meisten
Gedichte, Erzählungen und Romane darüber erschienen kurz nach
dem Krieg; in den folgenden Jahrzehnten ebbte die Flut von Veröffentlichungen ab. Heute erregt allein noch der Untergang Dresdens
die Gemüter. Daß ein Nachgeborener einen langen Gedicht-Zyklus
über die Zerstörung seiner Stadt im Bombenkrieg veröffentlicht, ist
nur hier denkbar.

Auch die, die von anderswoher kamen, sahen in Dresden vor allem
die im Krieg zerstörte Stadt. In Thomas Klings 1978 entstandenem Gedicht »dresden« heißt es: »pappe zerstueckelt / als abfall verbrannt / am
kohlenden muell / waermt der krieg sich / die haende // leere fenster
in / schwarzen fassaden / praegen die miene / der stadt die / genau sich
erinnert«.[515] Und José F. A. Oliver, 2001 Stadtschreiber von Dresden,
ging noch im neuen Jahrtausend den Spuren der Brandnacht nach.
Sein Text »Altmarkt, KOPF stein« beschwört die »Toten / STAPEL«,
von denen schon Wilhelm Rudolph sprach. Und in dem Gedicht »pla-
stik« löst der Anblick der noch im Rohbau befindlichen Frauenkirche
in dem Betrachter eine Flut von Assoziationen aus. Dem »schutt-
gedächtnis« entsteigen Bilder vom Dresdner Inferno; und auch der
Gedanke an Hiroshima ist plötzlich ganz nah.[516]

Wie hatte W. G. Sebald in seiner Poetikvorlesung über »Luftkrieg und Literatur« gesagt? Die Zerstörung deutscher Städte sei
von der Literatur ignoriert worden; ja, die traumatische Erfahrung
der Bombennächte scheine kaum eine »Schmerzensspur« hinterlassen zu haben.[517] Was Dresden betrifft, kann davon keine Rede
sein. Auch jenseits der Instrumentalisierung durch Partei und Staat
war der Luftkrieg hier immer präsent. Der brandgeschwärzte Trümmerhaufen der Frauenkirche war ein Sinnbild dafür, wie die Stadt
mit ihrer Geschichte lebte. Und wovon sonst kündet die Dichtung
von Volker Braun, Heinz Czechowski und Durs Grünbein als von
einer Schmerzensspur? Wollten sich die Nachgeborenen »einzig auf
die Zeugenschaft der Schriftsteller verlassen«, so hatte Sebald geschrieben, könnten sie sich kein Bild machen »vom Verlauf, von den
Ausmaßen, von der Natur und den Folgen der durch den Bombenkrieg über Deutschland gebrachten Katastrophe«; das wenige in der
Literatur Überlieferte stehe »in keinem Verhältnis zu den extremen
kollektiven Erfahrungen jener Zeit«.[518] Bezieht man diese Sätze auf
die Gesamtheit der deutschen Literatur, mögen sie nicht ganz falsch
sein; auf Dresden aber treffen sie nicht zu.

Daß Sebald bei seinen Überlegungen Gedichte nicht einmal in
Erwägung zog, mutet merkwürdig an, zumal er damit das Spektrum

der in Betracht kommenden Literatur so stark einschränkt, daß man von einer Tabuisierung nicht mehr ernsthaft sprechen kann. Offenbar hielt er die Lyrik für keine angemessene Form, um die Schrecken des Luftkriegs darzustellen. Darauf ließe sich mit Brecht entgegnen, daß alle großen Gedichte »den Wert von Dokumenten« haben.[519] Die Dresdner Dichtung löst diesen Anspruch ein. Czechowskis Bilder einer Stadt »zwischen Feuer und Frost« gehören heute zu den letzten Zeugnissen vom zerstörten Dresden; und die Gedichte Grünbeins zeigen, wie stark die Erfahrung der Brandnacht auch in der nachfolgenden Generation weitergewirkt hat. »Dieser Untergang«, hat er einmal bekannt, »hat alles getränkt, was mir je einfiel und worüber ich schreibe.«[520]

Eines Tages werden sich die hellen Steine in der Fassade der Frauenkirche nicht mehr von den dunklen Steinen unterscheiden. Der Betrachter wird ihnen nicht mehr ihre Geschichte ablesen können. Und keiner der Augenzeugen wird mehr von der Brandnacht erzählen: von dem Dröhnen der Geschwader, dem Donner der einschlagenden Bomben, von dem roten Himmel über dem Elbtal. Dann wird die Dresdner Dichtung die Erinnerung an den 13. Februar 1945 wachhalten. Aber noch sind die Narben und Brüche im Stadtbild sichtbar. Und der Überlebende, der durch das Dresden von heute geht, sieht, schärfer denn je, was einst war und was in seinen Augen immer sein wird. Volker Braun, die »dresdner Denkart« demonstrierend, beschreibt diesen Gang: an einem frühen Morgen im Oktober 2005; der neue Flügel des Schlosses glänzt in der Sonne, die über dem Neumarkt steht: »Vor mir im Gegenlicht, fertig aber umzäunt, thront die Frauenkirche wie eine große synthetische Henne, unwirklich neu, aber ringsum das Treiben befestigt sie im Bewußtsein. Männer mit gelben Helmen unter dem Baukran verladen Fertigteile aus dem Betonwerk Oschatz, und tröstlich hantiert, am noblen Quartier F, ein Arbeiter mit einem Hammer. Vom Jüdenhof bis zum Landhaus ein geschäftiger Bauplatz, alle Gewerke zugange, Steinmetze, Klempner und Stukkateure. […] Ein Schwirren und Klirren in der Luft wie aus allen Zeiten, ein Schaffen und Machen, als würde sich alles noch einmal ereignen, ein festliches Werden! Ich sehe das Gehäuse aus Leben und Arbeit, den gebauten Ort – und jetzt folgen Sie mir –: die Straßen, Giebel, der Fluß und die Hänge; der bleibende Abdruck des Daseins. [...] Ich sehe unweigerlich drei Städte, die unbegreiflich eine sind: das alte Dresden, wie es Löffler beschrieb, mein Vater wies mir vom Waldschlößchen aus die barocken Türme; die Trümmerstadt, Rudolph hat sie gezeichnet, meine alte Mutter wandte vorm Bild der Waisenhausstraße ihr gefurchtes Gesicht zu mir um; und die heutige Stadt, durch die ich sehnsüchtig gehe, und noch immer die Ramme auf dem schön gewölbten Pflaster des Neumarkts dröhnend, ein Leiharbeiter im Pullover steht dabei mit dem Wasserschlauch, der graue Zementstaub überall auf dem Pflaster wie Asche, die Toten-asche, durch die ich laufe.«[521]

Nachbemerkung

Die Geschichtsschreibung, auch jene, die die Literatur betrifft, ist dem Fluß der Zeit unterworfen. Sie muß daher zwangsläufig Fragment bleiben. Ein solches ist auch diese kleine Studie über die Dresdner Dichtung seit 1945. Bereits kurze Zeit nach ihrer Entstehung lag ihre Unvollständigkeit offen zutage: Mit »Kaltenburg« von Marcel Beyer und »Der Turm« von Uwe Tellkamp erschienen 2008 zwei Romane, an denen niemand vorbeigehen kann, der sich mit diesem Thema befaßt. Verlockend erschien der Gedanke, sie nachträglich noch heranzuziehen und einige Überlegungen hierzu in das Manuskript aufzunehmen. Doch damit würde man diesen beiden höchst erstaunlichen Büchern nicht gerecht werden. Man müßte, um die Perspektiven von Beyer und Tellkamp nachzuzeichnen und ihren jeweils ganz eigenen Zugriff auf das Motiv des zerstörten Dresden zu beschreiben, noch einmal neu ansetzen. Doch das wäre ein anderes Buch.

So fragmentarisch diese Studie also ist, muß sie in anderer Hinsicht wie ein Schlußpunkt erscheinen. Mit Heinz Czechowski starb am 21. Oktober 2009 der älteste der drei Dresdner Dichter, denen dieses Buch gewidmet ist. Bleiben wird von ihm gewiß mehr als jene Zeile, die seine bekannteste ist: »Sanft wie Tiere gehen die Berge neben dem Fluß.«

Nachweise

1 Vgl. Wolfram Jäger, Dieter Rosenkranz, Der letzte Trümmerberg Dresdens sagt aus, in: Stadtmuseum Dresden (Hrsg.), Verbrannt bis zur Unkenntlichkeit. Die Zerstörung Dresdens 1945, Dresden 1994, 136–149, 137.

2 Carl Justi, Winckelmann und seine Zeitgenossen. Band 1, Köln 1956, 305 f.

3 Johann Wolfgang von Goethe, Aus meinem Leben. Dichtung und Wahrheit, Sämtliche Werke. Band 14, Frankfurt am Main 1986, 354.

4 Johann Joachim Winckelmann, Gedanken über die Nachahmung der griechischen Werke in der Malerei und Bildhauerkunst, Stuttgart 1969, 3 f.

5 Johann Gottfried Herder, Adrastea, Werke, Band 10, Hg. von Günter Arnold, Frankfurt am Main 2000, 407.

6 Fritz Löffler, Dresden. Vision einer Stadt, Hg. von Ingrid Wenzkat, Dresden 1995, 42.

7 August Wilhelm Schlegel, Die Gemählde. Gespräch, Hg. von Lothar Müller, Dresden 1996, 24.

8 Schlegel, Die Gemählde, 98.

9 Wilhelm Heinrich Wackenroder, Herzensergießungen eines kunstliebenden Klosterbruders, Leipzig 1981, 8.

10 Anna Grigorjewna Dostojewskaja, Die Lebenserinnerungen der Gattin Dostojewskis, Hg. von René Fülöp-Miller und Friedrich Eckstein, München 1925, 154.

11 Fritz Löffler, Das alte Dresden. Geschichte seiner Bauten, Leipzig 1987, 130.

12 Justi, Winckelmann und seine Zeitgenossen, 299 f.

13 Vgl. Nora Goldenbogen, Nationalsozialistische Judenverfolgung in Dresden seit 1938 – ein Überblick, in: Dresdner Hefte, Heft 45, 1/1996, 76–84.

14 Victor Klemperer, LTI. Notizbuch eines Philologen. Leipzig 1970, 315.

15 Klemperer, LTI, 331.

16 Ebd., 299.

17 Zitiert nach: Matthias Gretzschel, Dresden im Dritten Reich, in: Landeszentrale für politische Bildung (Hrsg.), Hamburg und Dresden im Dritten Reich – Bombenkrieg und Kriegsende, Hamburg 1993, 96.

18 Vgl. Matthias Lerm, Abschied vom alten Dresden. Verluste historischer Bausubstanz nach 1945, Rostock 2001, 21 ff.

19 Max Domarus, Hitler. Reden und Proklamationen 1932–1945, Band 3, Leonberg 1988, 1580.

20 Vgl. Matthias Herrmann, »Ein großes Charaktersterben hat eingesetzt«. Zur Entlassung Fritz Buschs durch die Nationalsozialisten im März 1933, in: Dresdner Hefte, Heft 77, 1/2004, 43–51.

21 Vgl. Christoph Zuschlag, Die Dresdner Ausstellung »Entartete Kunst« 1933 bis 1937, in: Dresdner Hefte, Heft 77, 1/2004, 17–25.

22 Vgl. Jäger, Rosenkranz, Der letzte Trümmerberg Dresdens sagt aus, 147.

23 Erich Kästner, … und dann fuhr ich nach Dresden, in: Ders., Werke, Band II, Wir sind so frei, München, Wien 1998, 90–95, 91 f.

24 Sebald, Luftkrieg und Literatur, 11.

25 Ebd., 75 f.

26 Ebd., 12.

27 Ebd., 17 f.

28 Ebd., 75.

29 Volker Hage, Der Luftkrieg in der deutschen Literatur, in: Ders., Zeugen der Zerstörung, Frankfurt am Main 2003, 7–131, 119.

30 Ebd.

31 Ebd., 116.

32 Sebald, Luftkrieg und Literatur, 101.

33 Hage, Der Luftkrieg in der deutschen Literatur, 46.

34 Sebald, Luftkrieg und Literatur, 103.

35 Sigmund Freud, Erinnern, Wiederholen und Durcharbeiten, in: Ders., Gesammelte Werke, Band 10. Werke aus den Jahren 1913–1917, Frankfurt am Main 1969, 126–136, 127.

36 Alfred Döblin, Schicksalsreise. Bericht und Bekenntnis, München, Zürich 1986, 276 f.

37 Sebald, Luftkrieg und Literatur, 16.

38 Alexander Mitscherlich, Margarete Mitscherlich, Die Unfähigkeit zu trauern. Grundlagen kollektiven Verhaltens, München, Zürich 1990, 40.

39 Sebald, Luftkrieg und Literatur, 21.

40 Svenja Goltermann, Im Wahn der Gewalt. Massentod, Opferdiskurs und Psychiatrie 1945–1956, in: Klaus Naumann (Hrsg.), Nachkrieg in Deutschland, Hamburg 2001, 343–363, 350.

41 Hannah Arendt, Die Nachwirkungen des Naziregimes – Bericht aus Deutschland, in: Dies., In der Gegenwart. Übungen im politischen Denken II, München, Zürich 2000, 38–63, 44 ff.

42 Hans Rumpf, Das war der Bombenkrieg. Deutsche Städte im Feuersturm, Oldenburg, Hamburg 1961, 139.

43 Ebd., 9.

44 Winfried Mönch, Städte zwischen Zerstörung und Wiederaufbau. Deutsche Ortsliteratur zum Bombenkrieg seit dem Zweiten Weltkrieg, in: Die alte Stadt, Stuttgart, 3/2003, 265–289, 277.

45 Vgl. Jörg Friedrich, Der Brand. Deutschland im Bombenkrieg 1940–1945, München 2002, 23 f.

46 Ebd., 505.

47 Ebd., 519.

48 Wolf Jobst Siedler, Elisabeth Niggemeyer, Die gemordete Stadt. Abgesang auf Putte und Straße, Platz und Baum, Berlin 1993, 73 f.

49 Ebd., 5.

50 Ebd., 195.

51 Sebald, Luftkrieg und Literatur, 6.

52 Vgl. Thomas W. Neumann, Der Bombenkrieg. Zur ungeschriebenen Geschichte einer kollektiven Verletzung, in: Klaus Naumann (Hrsg.), Nachkrieg in Deutschland, Hamburg 2001, 319–342, 325 f.

53 Sebald, Luftkrieg und Literatur, 76.

54 Vgl. Mönch, Städte zwischen Zerstörung und Wiederaufbau, 281–289.

55 Friedrich, Der Brand, 543.

56 Ebd., 76.

57 Ralph Giordano, Ein Volk von Opfern?, in: Lothar Kettenacker (Hrsg.), Ein Volk von Opfern? Die neue Debatte um den Bombenkrieg 1940–45, Berlin 2003, 166–168, 167.

58 Mönch, Städte zwischen Zerstörung und Wiederaufbau, 278.

59 Friedrich, Der Brand, 321.

60 Vgl. Nicholas Stargardt, Opfer der Bomben und der Vergeltung, in: Lothar Kettenacker (Hrsg.), Ein Volk von Opfern? Die neue Debatte um den Bombenkrieg 1940–45, Berlin 2003, 56–71, 58 f.

61 Hans-Ulrich Wehler, Wer Wind sät, wird Sturm ernten, in: Lothar Kettenacker (Hrsg.), Ein Volk von Opfern? Die neue Debatte um den Bombenkrieg 1940–45, Berlin 2003, 140–144, 142 ff.

62 Stargardt, Opfer der Bomben und der Vergeltung, 61 f.

63 Kurt Flasch, Warum ich vom Bombenkrieg geschwiegen habe, in: Berliner Zeitung, 21. März 2003, 11.

64 Mönch, Städte zwischen Zerstörung und Wiederaufbau, 278.

65 Hage, Der Luftkrieg in der deutschen Literatur, 128.

66 Ebd., 123 f.

67 Sebald, Luftkrieg und Literatur, 65.

68 Ebd., 59.

69 Ebd., 56.

70 W.G. Sebald, Zwischen Geschichte und Naturgeschichte. Über die literarische Beschreibung totaler Zerstörung, in: Ders., Campo Santo, Frankfurt am Main 2006, 69–100, 88.

71 Ebd., 90.

72 Sebald, Luftkrieg und Literatur, 87.

73 Vgl. Hage, Der Luftkrieg in der deutschen Literatur, 122 f.

74 Sebald, Luftkrieg und Literatur, 85 f.

75 Durs Grünbein, Chimäre Dresden, in: Ders., Galilei vermißt Dantes Hölle und bleibt an den Maßen hängen. Aufsätze 1989–1995, Frankfurt am Main 1996, 145–151, 149.

76 Johannes R. Becher, Gesammelte Werke, Band 6, Gedichte 1949–1958, Berlin, Weimar 1973, 61.

77 Matthias Neutzner, Die Erzählung vom 13. Februar, in: Dresdner Hefte, Heft 84, 4/2005, 38–48, 42.

78 Volker Braun, Dresdens Andenken, in: Ders., Wir befinden uns soweit wohl. Wir sind erst einmal am Ende. Äußerungen, Frankfurt am Main 1998, 112–116, 112.

79 Karl Mickel, Schriften 1. Gedichte 1957–1974, Halle, Leipzig 1990, 70.

80 Heinz Czechowski, Ich, beispielsweise. Gedichte, Leipzig 1982, 108.

81 Renatus Deckert, Gespräch mit Durs Grünbein, in: Ders. (Hrsg.), Die wüste Stadt. Sieben Dichter über Dresden, Frankfurt am Main 2005, 189–212, 190.

82 Durs Grünbein, Schädelbasislektion. Gedichte, Frankfurt am Main 1991, 112.

83 Gerhart Hauptmann, Sämtliche Werke. Band XI, Frankfurt am Main, Berlin, Wien 1974, 1205 f.

84 Joseph Goebbels, Tagebücher 1945, Bergisch Gladbach 1980, 468.

85 Thomas Mann, Tagebücher 1944–1.4.1946. Hg. von Inge Jens. Frankfurt am Main 1986, 206.

86 Thomas Mann, Lübeck, in: Ders., Essays, Band 5, Hg. von Hermann Kurzke und Stephan Stachorski, Frankfurt am Main 1996, 180–182, 181.

87 Thomas Mann, Tagebücher 1940–1943. Hg. von Peter de Mendelssohn, Frankfurt am Main 1986, 436

88 Matthias Neutzner, Vom Alltäglichen zum Exemplarischen. Dresden als Chiffre für den Luftkrieg der Alliierten, in: Wolfgang Hesse, Matthias

Neutzner, Oliver Reinhard (Hrsg.), Das rote Leuchten. Dresden und der Bombenkrieg, Dresden 2005, 110–127, 114 ff.

89 Ebd.

90 Friedrich Reichert, Zur Rezeptionsgeschichte des 13. Februar 1945, in: Stadtmuseum Dresden (Hrsg.), Verbrannt bis zur Unkenntlichkeit. Die Zerstörung Dresdens 1945, Dresden 1994, 150–161, 150.

91 Hermann Rahne, Die »Festung Dresden« von 1945, in: Dresdner Hefte, Heft 41, 1/1995, 19–31, 19.

92 Neutzner, Vom Alltäglichen zum Exemplarischen, 126 f.

93 Ebd., 127.

94 Friedrich Reichert, Zur Rezeptionsgeschichte des 13. Februar 1945, 151.

95 Ebd., 153.

96 Ebd., 152.

97 Ebd., 153.

98 Walter Ulbricht, Der faschistische deutsche Imperialismus (1933–1945), Berlin 1952, 99.

99 Jeffrey Herf, »Hegelianische Momente«. Gewinner und Verlierer in der ostdeutschen Erinnerung an Krieg, Diktatur und Holocaust, in: Christoph Cornelißen, Lutz Klinkhammer, Wolfgang Schwentker (Hrsg.), Erinnerungskulturen. Deutschland, Italien und Japan seit 1945. Frankfurt am Main 2003, 198–209, 204.

100 Ebd., 205.

101 Rudolf Mauersberger, Wie liegt die Stadt so wüst. Trauermotette nach den Klageliedern Jeremiae für vier- bis sechsstimmigen gemischten Chor a cappella, Kassel 1949, 2–5.

102 Wilhelm Rudolph, Das zerstörte Dresden, Leipzig 1988, 6.

103 Ludger Derenthal, Bilder der Trümmer- und Aufbaujahre. Fotografie im sich teilenden Deutschland, Marburg 1999, 67.

104 Jörn Glasenapp, Nach dem Brand. Überlegungen zur deutschen Trümmerfotografie, in: Fotogeschichte, Heft 91, Wien 2004, 47–64, 57.

105 Ebd., 61.

106 Richard Peter, Dresden – eine Kamera klagt an, Dresden 1949, o. S.

107 Becher, Gesammelte Werke, 61.

108 Max Zimmering, Dresden, in: Richard Peter, Dresden – eine Kamera klagt an, Dresden 1949, o. S.

109 Max Zimmering, Im herben Morgenwind. Ausgewählte Gedichte aus fünfundzwanzig Jahren, Berlin 1958, 277.

110 Ebd., 295.

111 Neutzner, Vom Alltäglichen zum Exemplarischen, 121.

112 Lerm, Abschied vom alten Dresden, 39.

113 Max Zimmering, Phosphor und Flieder. Vom Untergang und Wiederaufstieg der Stadt Dresden, Berlin 1956, 275.

114 Vgl. Adolf Endler, Karl Mickel (Hrsg.), In diesem besseren Land. Gedichte der Deutschen Demokratischen Republik seit 1945, Halle 1966.

115 Volker Braun, Texte *in zeitlicher Folge*, Band 2, Halle, Leipzig 1990, 59.

116 Zimmering, Im herben Morgenwind, 281.

117 Klemperer, LTI, 158.

118 Vgl. Aleida Assmann, Erinnerungsräume. Formen und Wandlungen des kulturellen Gedächtnisses, München 1999, 315 f.

119 William Wordsworth, Präludium oder Das Reifen eines Dichtergeistes, Stuttgart 1974, 56 ff.

120 Löffler, Dresden. Vision einer Stadt, 197 f.

121 Zitiert nach: Norbert Miller, Archäologie des Traums. Ein Versuch über Giovanni Battista Piranesi, München 1994, 159.

122 Vgl. Assmann, Erinnerungsräume, 317 ff.

123 Vgl. Walter Benjamin, Der Ursprung des deutschen Trauerspiels, in: Ders., Gesammelte Schriften, Band I, 1, Hg. von Rolf Tiedemann und Hermann Schweppenhäuser, Frankfurt am Main 1991, 203–430, 271.

124 Gerhard Wolf (Hrsg.), Bekanntschaft mit uns selbst. Gedichte junger Menschen, Halle 1961, 121.

125 Volker Braun, Texte *in zeitlicher Folge*, Band 3, Halle, Leipzig 1990, 65 f.

126 Ebd., 66.

127 Heinz Czechowski, Es geht um die Realität des Gedichts!, in: Sinn und Form, 4/1972, 897–902, 900 f.

128 Georg Maurer, Was vermag Lyrik?, in: Ders., Essay 1, Halle 1968, 12–24, 23.

129 Adolf Endler, DDR-Lyrik Mitte der Siebziger. Fragment einer Rezension, in: Amsterdamer Beiträge zur neueren Germanistik, 7/1978, 67–95, 72 f.

130 Renatus Deckert, Gespräch mit B. K. Tragelehn, in: Ders. (Hrsg.), Die wüste Stadt. Sieben Dichter über Dresden, Frankfurt am Main 2005, 73–94, 80.

131 Ebd., 73.

132 Heinz Czechowski, Kein näheres Zeichen. Gedichte, Halle, Leipzig 1987, 29.

133 Vgl. Assmann, Erinnerungsräume, 106.

134 Ebd., 265.

135 Ebd., 257.

136 Ebd., 276.

137 Renatus Deckert, Gespräch mit Heinz Czechowski, in: Ders. (Hrsg.), Die wüste Stadt. Sieben Dichter über Dresden, Frankfurt am Main 2005, 37–56, 45.

138 Assmann, Erinnerungsräume, 276.

139 Braun, Dresdens Andenken, 113.

140 Vgl. Karl Mickel, Lachmunds Freunde. Roman, Göttingen 2006, 457–481.

141 Karl Mickel, Naturform und Menschenwerk, in: Ders., Schriften 5. Gelehrtenrepublik. Beiträge zur deutschen Dichtungsgeschichte, Halle 2000, 371–394, 389.

142 B. K. Tragelehn, Nöspl. Gedichte 1956–1991, Basel, Frankfurt am Main 1996, 133.

143 Deckert, Gespräch mit B. K. Tragelehn, 77 ff.

144 Karl Mickel, Geisterstunde. Gedichte, Göttingen 2004, 95.

145 Volker Braun, Die dresdner Denkart. Die Sucht zu bewahren und die Lust des Beginnens – Eine Rede zum 800jährigen Stadtjubiläum, in: Die Zeit, 6. 4. 2006, 54–55, 54.

146 Mickel, Naturform und Menschenwerk, 389.

147 B. K. Tragelehn, Das andere Ende der Geschichte. Gedichte 1988–98, Aschersleben 2001, 21.

148 Mickel, Naturform und Menschenwerk, 389.

149 B. K. Tragelehn, Gedichte, in: Neue Deutsche Literatur, 4/1959, 102–103, 103.

150 Tragelehn, Nöspl, 25.

151 Walter Schmitz, ›Auslöschung‹. Das Gedenken der Literatur an die Zerstörung Dresdens, in: Ders. (Hrsg.), Die Zerstörung Dresdens. Antworten der Künste, Dresden 2005, 233–303, 248.

152 Tragelehn, Gedichte, 102.

153 Lerm, Abschied vom alten Dresden, 33 f.

154 Ebd., 146.

155 Ebd., 202.

156 Ebd., 43 f.

157 Wolf (Hrsg.), Bekanntschaft mit uns selbst, 148.

158 Ebd., 121.

159 Ebd., 126.

160 Ebd., 46.

161 Ebd., 148.

162 Ebd., 40 f.

163 Lerm, Abschied vom alten Dresden, 31.

164 Friedrich Schiller, Wilhelm Tell, in: Ders., Sämtliche Werke in zehn Bänden, Berliner Ausgabe, Band 5, Berlin 2005, 101–206, 178.

165 Zimmering, Im herben Morgenwind, 281.

166 Fritz Löffler, Otto Dix. Leben und Werk, Dresden 1977, 120.

167 Becher, Gesammelte Werke, 61.

168 Mickel, Schriften 1, 70 f.

169 Ebd., 73.

170 Friedrich Schiller, Wallenstein. Prolog, in: Ders., Sämtliche Werke in zehn Bänden, Berliner Ausgabe, Band 4, Berlin 2005, 7–11, 11.

171 Gerhard Wolf, Freier Umgang mit klassischen Formen bei täglichem Hofgeschrei. Zu den Gedichten Karl Mickels, in: Ders., Wortlaut Wortbruch Wortlust. Dialog mit Dichtung. Aufsätze und Vorträge, Leipzig 1988, 322–336, 330.

172 Mickel, Schriften 1, 70.

173 Vgl. Herf, »Hegelianische Momente«, 200 ff.

174 Karl Mickel, Gespräch mit Rudolf Heukenkamp, in: Ders., Schriften 5. Gelehrtenrepublik. Beiträge zur deutschen Dichtungsgeschichte, Halle 2000, 593–602, 593.

175 Mickel, Schriften 1, 73.

176 Assmann, Erinnerungsräume, 326 f.

177 Mickel, Schriften 1, 70 ff.

178 Marcel Proust, Auf der Suche nach der verlorenen Zeit, Band 1. In Swanns Welt, Frankfurt am Main 1979, 65.

179 Assmann, Erinnerungsräume, 163.

180 Franz Fühmann, Die Richtung der Märchen, Berlin 1962, 125 f.

181 Vgl. Endler, Mickel (Hrsg.), In diesem besseren Land, 373 f.

182 Georg Maurer, Das Märchenmotiv bei Franz Fühmann, in: Ders., Essay 1, Halle 1968, 179–203, 182.

183 Mickel, Lachmunds Freunde, 289.

184 Ebd., 293 ff.

185 Freud, Erinnern, Wiederholen und Durcharbeiten, 127.

186 Mickel, Lachmunds Freunde, 290.

187 Ebd., 294.

188 Vgl. Andreas Weigelt, Die Asche der jüdischen Häftlinge auf dem »Galgenberg« in Lieberose. Zum Umgang mit dem KZ-Nebenlager Jamlitz in der DDR, in: Annette Leo, Peter Reif-Spirek (Hrsg.), Helden, Täter und Verräter. Studien zum DDR-Antifaschismus, Berlin 1999, 37–64, 54.

189 Mickel, Lachmunds Freunde, 290 f.

190 Braun, Dresdens Andenken, 112.

191 Heinz Czechowski, Nachmittag eines Liebespaares. Gedichte, Halle 1962, 44.

192 Paul Celan, Gedichte in zwei Bänden. Erster Band, Frankfurt am Main 1975, 42.

193 Heinz Czechowski, Schafe und Sterne. Gedichte, Halle 1974, 11.

194 Wolf (Hrsg.), Bekanntschaft mit uns selbst, 46.

195 Heinz Czechowski, Wasserfahrt. Gedichte, Halle 1967, 34.

196 Max Zimmering, Das Maß der Zeit. Gedichte, Leipzig 1974, 132.

197 Czechowski, Es geht um die Realität des Gedichts!, 900.

198 Czechowski, Schafe und Sterne, 107.

199 Czechowski, Wasserfahrt, 34.

200 Gerrit-Jan Berendse, Die »Sächsische Dichterschule«. Lyrik in der DDR der sechziger und siebziger Jahre, Frankfurt am Main, Bern, New York, Paris 1990, 120–122, 121.

201 Czechowski, Wasserfahrt, 34 f.

202 Heinz Czechowski, Die Elbe bei Pieschen, in: Ders., Herr Neithardt geht durch die Stadt. Landschaften und Porträts, Halle, Leipzig 1983, 51–64, 64.

203 Klemperer, LTI, 299.

204 Czechowski, Wasserfahrt, 35.

205 Heinz Czechowski, Landschaft der Kindheit: Wilder Mann, in: Ders., Herr Neithardt geht durch die Stadt. Landschaften und Porträts, Halle, Leipzig 1983, 5–32, 10 f.

206 Czechowski, Wasserfahrt, 36.

207 Schmitz, ›Auslöschung‹. Das Gedenken der Literatur an die Zerstörung Dresdens, 241.

208 Bertolt Brecht, An die Nachgeborenen, in: Ders., Werke. Große kommentierte Berliner und Frankfurter Ausgabe, Hg. von Werner Hecht, Jan Knopf, Werner Mittenzwei, Klaus-Detlef Müller, Band 12, Gedichte 2. Sammlungen 1938–1956, Berlin, Weimar, Frankfurt am Main 1988, 85–87, 85.

209 Czechowski, Wasserfahrt, 36.

210 Deckert, Gespräch mit Heinz Czechowski, 44.

211 Ebd., 37.

212 Deckert, Gespräch mit B. K. Tragelehn, 74.

213 Braun, Dresdens Andenken, 112.

214 Wulf Kirsten, der bleibaum. Gedichte, Berlin, Weimar 1977, 109.

215 Michael Wüstefeld, Deutsche Anatomie. Gedichte, Dülmen-Hiddingsel 1996, 9.

216 Michael Wüstefeld, Schloß Pillnitz. Bilder und Ansichten, Dresden 1996, 10.

217 Renatus Deckert, Gespräch mit Michael Wüstefeld, in: Ders. (Hrsg.), Die wüste Stadt. Sieben Dichter über Dresden, Frankfurt am Main 2005, 157–176, 158 ff.

218 Michael Wüstefeld, Heimsuchung. Gedichte, Berlin, Weimar 1987, 59.

219 Renatus Deckert, Gespräch mit Thomas Rosenlöcher, in: Ders. (Hrsg.), Die wüste Stadt. Sieben Dichter über Dresden, Frankfurt am Main 2005, 121–143, 126 ff.

220 Deckert, Gespräch mit Michael Wüstefeld, 165.

221 Czechowski, Wasserfahrt, 37.

222 Mickel, Schriften 1, 17.

223 Elke Erb, In diesem besseren Land, in: Forum, Berlin, 11/1966, 18–19, 19.

224 Bertolt Brecht, Die Rückkehr, in: Ders., Werke. Große kommentierte Berliner und Frankfurter Ausgabe, Hg. von Werner Hecht, Jan Knopf, Werner Mittenzwei, Klaus-Detlef Müller, Band 12, Gedichte 2. Sammlungen 1938–1956, Berlin, Weimar, Frankfurt am Main 1988, 125.

225 Matthias Neutzner, Vom Anklagen zum Erinnern. Die Erzählung vom 13. Februar, in: Wolfgang Hesse, Matthias Neutzner, Oliver Reinhard (Hrsg.), Das rote Leuchten. Dresden und der Bombenkrieg, Dresden 2005, 128–163, 148.

226 Rudolf Heukenkamp, Ursula Heukenkamp, Karl Mickel, Berlin 1985, 71.

227 Uwe Kolbe, Renegatentermine. 30 Versuche, die eigene Erfahrung zu behaupten. Frankfurt am Main 1998, 19.

228 Walter Weidauer, Inferno Dresden. Über Lügen und Legenden um die Aktion »Donnerschlag«, Berlin 1983, 5 f.

229 Michael Wüstefeld, Stadtplan. Gedichte, Berlin, Weimar 1990, 70.

230 Ebd., 35.

231 Ebd., 117 f.

232 Thomas Rosenlöcher, Schneebier. Gedichte, Halle, Leipzig 1988, 45.

233 Ebd., 39.

234 Jürgen Engler, Der eigene Ton oder Das langsame Heraufkommen von Dampfschiffen aus der Flußbiegung. Gespräch mit Thomas Rosenlöcher, in: Neue Deutsche Literatur, 6/1998, 26–43, 40.

235 Rosenlöcher, Schneebier, 41.

236 Engler, Der eigene Ton, 39.

237 Rosenlöcher, Schneebier, 31.

238 Wulf Kirsten, Staat und Rose. Laudatio auf Thomas Rosenlöcher, in: Ders., Textur. Reden und Aufsätze, Zürich 1998, 117–129, 123.

239 Thomas Rosenlöcher, Wie ich dem Fernsehn Dresden zeigte, in: Ders., Ostgezeter. Beiträge zur Schimpfkultur, Frankfurt am Main 1997, 81–96, 91.

240 Deckert, Gespräch mit Thomas Rosenlöcher, 125.

241 Ebd., 132.

242 Thomas Rosenlöcher, Die Dresdner Kunstausübung. Gedichte, Frankfurt am Main 1996, 40.

243 Rosenlöcher, Schneebier, 8.

244 Kirsten, Staat und Rose, 120.

245 Grünbein, Chimäre Dresden, 147.

246 Durs Grünbein, Grauzone morgens. Gedichte, Frankfurt am Main 1988, 39.

247 Czechowski, Ich, beispielsweise, 5.

248 Czechowski, Nachmittag eines Liebespaares, 20.

249 Grünbein, Grauzone morgens, 35.

250 Christian Lehnert, Der gefesselte Sänger. Gedichte, Frankfurt am Main 1997, 21.

251 Wulf Kirsten, Die Stadt als Text, in: Ders., Textur. Reden und Aufsätze, Zürich 1998, 97–106, 99.

252 Mickel, Naturform und Menschenwerk, 390.

253 Michael Wüstefeld, Wegzehrung. Gedichte 1990–1999, München 2001, 9.

254 Deckert, Gespräch mit Thomas Rosenlöcher, 135.

255 Erhart Kästner, Die Lerchenschule. Frankfurt am Main 1974, 234.

256 Rosenlöcher, Wie ich dem Fernsehn Dresden zeigte, 81.

257 Thomas Rosenlöcher, Ich lag im Garten bei Kleinzschachwitz. Gedichte & zwei Notate, Halle, Leipzig 1982, 7.

258 Thomas Rosenlöcher, Dampfschiffnudeln – Methoden, sich Dresden zu nähern, in: Ders., Ostgezeter. Beiträge zur Schimpfkultur, Frankfurt am Main 1997, 45–55, 46.

259 Tragelehn, Nöspl, 15.

260 Volker Braun, Texte *in zeitlicher Folge,* Band 1, Halle, Leipzig 1989, 14 f.

261 Heinz Czechowski, Seumes Brille. Gedichte, Düsseldorf 2002, 9.

262 Berendse, Die »Sächsische Dichterschule«, 84.

263 Friedrich Hölderlin, Sämtliche Werke und Briefe, Band 1. Gedichte, Hg. von Jochen Schmidt, Frankfurt am Main 1992, 330.

264 Ernest Hemingway, Hügel wie weiße Elefanten, in: Ders., 49 Stories, Hamburg 1962, 292–297, 292.

265 Deckert, Gespräch mit Heinz Czechowski, 54.

266 Thomas Rosenlöcher, Sandsteindresden, in: Ders., Wie ich in Ludwig Richters Brautzug verschwand, Frankfurt am Main 2005, 39–67, 41.

267 Grünbein, Schädelbasislektion, 112.

268 Rosenlöcher, Sandsteindresden, 41.

269 Thomas Rosenlöcher, Sächsisch als Verlierersprache, in: Ders., Ostgezeter. Beiträge zur Schimpfkultur, Frankfurt am Main 1997, 11–14, 11.

270 Rosenlöcher, Sandsteindresden, 44.

271 Deckert, Gespräch mit Durs Grünbein, 207.

272 Volker Braun, Wir befinden uns soweit wohl. Wir sind erst einmal am Ende, in: Ders., Wir befinden uns soweit wohl. Wir sind erst einmal am Ende. Äußerungen, Frankfurt am Main 1998, 99–109, 107 f.

273 Deckert, Gespräch mit Thomas Rosenlöcher, 133 f.

274 Deckert, Gespräch mit Michael Wüstefeld, 170.

275 Volker Braun, Texte *in zeitlicher Folge*, Band 8, Halle 1992, 91.

276 Ebd., 87.

277 Deckert, Gespräch mit Durs Grünbein, 189.

278 Deckert, Gespräch mit B. K. Tragelehn, 87 f.

279 Deckert, Gespräch mit Heinz Czechowski, 51 f.

280 Deckert, Gespräch mit Durs Grünbein, 189.

281 Wüstefeld, Deutsche Anatomie, 9.

282 Wüstefeld, Wegzehrung, 36.

283 Braun, Dresdens Andenken, 112.

284 Deckert, Gespräch mit Heinz Czechowski, 52.

285 Braun, Texte *in zeitlicher Folge*, Band 8, 91.

286 Durs Grünbein, Das erste Jahr. Berliner Aufzeichnungen, Frankfurt am Main 2001, 88.

287 Deckert, Gespräch mit Durs Grünbein, 209.

288 Czechowski, Landschaft der Kindheit, 11.

289 Christel Hartinger, Walfried Hartinger, Gespräch mit Heinz Czechowski, in: Heinz Czechowski, Ich, beispielsweise, Leipzig 1982, 117–133, 118.

290 Czechowski, Landschaft der Kindheit, 8.

291 Ebd., 11.

292 Czechowski, Ich, beispielsweise, 108.

293 Czechowski, Landschaft der Kindheit, 12.

294 Deckert, Gespräch mit Heinz Czechowski, 38.

295 Czechowski, Landschaft der Kindheit, 12.

296 Deckert, Gespräch mit Heinz Czechowski, 42.

297 Czechowski, Landschaft der Kindheit, 14.

298 Heinz Czechowski, Auf eine im Feuer versunkene Stadt. Gedichte und Prosa 1958–1988, Hg. von Wulf Kirsten, Halle, Leipzig 1990, 8.

299 Alexander Kluge, ›Unheimlichkeit der Zeit‹. Neue Geschichten. Hefte 1–18, in: Ders., Chronik der Gefühle. Band II. Lebensläufe, Frankfurt am Main 2000, 9–453, 11.

300 Volker Hage, Lakonie als Antwort: Alexander Kluge, in: Ders., Zeugen der Zerstörung, Frankfurt am Main 2003, 201–209, 204.

301 Heinz Czechowski, Nachtspur. Gedichte und Prosa 1987–1992, Zürich 1993, 195.

302 Czechowski, Landschaft der Kindheit, 8.

303 Deckert, Gespräch mit Heinz Czechowski, 40.

304 Czechowski, Die Elbe bei Pieschen, 52.

305 Czechowski, Ich, beispielsweise, 108

306 Czechowski, Nachtspur, 195.

307 Heinz Czechowski, Die Pole der Erinnerung. Autobiographie, Düsseldorf 2006, 18.

308 Ebd., 24 f.

309 Czechowski, Nachtspur, 15 ff.

310 Czechowski, Die Pole der Erinnerung, 29.

311 Czechowski, Seumes Brille, 17.

312 Neutzner, Vom Alltäglichen zum Exemplarischen, 126.

313 Kirsten, Die Stadt als Text, 103.

314 Czechowski, Kein näheres Zeichen, 25.

315 Ulbricht, Der faschistische deutsche Imperialismus, 99.

316 Deckert, Gespräch mit Heinz Czechowski, 39.

317 Czechowski, Nachmittag eines Liebespaares, 42.

318 Ebd., 53.

319 Erb, In diesem besseren Land, 19.

320 Hartinger, Hartinger, Gespräch mit Heinz Czechowski, 133.

321 Kirsten, Die Stadt als Text, 105.

322 Hartinger, Hartinger, Gespräch mit Heinz Czechowski, 118.

323 Kirsten, Die Stadt als Text, 106.

324 Klaus Schumann, Konflikte sichtbar machen. Gespräch mit Heinz Czechowski, in: Neue Deutsche Literatur, 5/1978, 112–115, 114.

325 Czechowski, Ich, beispielsweise, 108.

326 Vgl. Walter Kempowski, Der rote Hahn. Dresden im Februar 1945, München 2001.

327 Deckert, Gespräch mit Heinz Czechowski, 44.

328 Heinz Czechowski, Mein Venedig. Gedichte und andere Prosa, Berlin 1989, 12.

329 Walter Benjamin, Ausgraben und Erinnern, in: Ders., Gesammelte Schriften, Band IV, 1, Hg. von Tillmann Rexroth, Frankfurt am Main 1991, 400–401, 400.

330 Ebd.

331 Deckert, Gespräch mit Heinz Czechowski, 47 f.

332 Ebd., 47.

333 Kirsten, Die Stadt als Text, 101.

334 Czechowski, Schafe und Sterne, 41 f.

335 Kirsten, Die Stadt als Text, 102.

336 Czechowski, Schafe und Sterne, 29 f.

337 Czechowski, Nachmittag eines Liebespaares, 20.

338 Czechowski, Auf eine im Feuer versunkene Stadt, 71 f.

339 Deckert, Gespräch mit Heinz Czechowski, 54.

340 Czechowski, Seumes Brille, 9.

341 Ebd., 22.

342 Ebd., 21.

343 Heinz Czechowski, Gedichte, in: Sinn und Form, 4/2005, 552–558, 558.

344 Czechowski, Schafe und Sterne, 11.

345 Deckert, Gespräch mit Heinz Czechowski, 46.

346 Braun, Dresdens Andenken, 112.

347 Volker Braun, Himmelhoch, zutode, in: Ders., Wie es gekommen ist. Ausgewählte Prosa, Frankfurt am Main 2002, 153–170, 159.

348 Volker Braun, Texte *in zeitlicher Folge*, Band 5, Halle, Leipzig 1990, 74.

349 Braun, Himmelhoch, zutode, 158.

350 Horst Drescher, Der alte Wilhelm Rudolph, in: Wilhelm Rudolph, Dresden 45. Holzschnitte und Federzeichnungen, Leipzig 1983, 5–32, 24.

351 Braun, Himmelhoch, zutode, 159.

352 Gustav Seibt, Das Wirklichgelungene, in: Volker Braun, Die Verhältnisse zerbrechen. Rede zur Verleihung des Georg-Büchner-Preises 2000, Frankfurt am Main 2000, 7–18, 17.

353 Braun, Dresdens Andenken, 114.

354 Ebd., 112.

355 Volker Braun, Tumulus, Frankfurt am Main 1999, 28.

356 Braun, Himmelhoch, zutode, 156.

357 Braun, Dresdens Andenken, 113.

358 Braun, Himmelhoch, zutode, 155 f.

359 Hölderlin, Sämtliche Werke und Briefe, Band 1, 245.

360 Braun, Himmelhoch, zutode, 156.

361 Braun, Die dresdner Denkart, 55.

362 Braun, Dresdens Andenken, 113.

363 Volker Braun, Das Mittagsmahl, Frankfurt am Main 2007, 53.

364 Braun, Dresdens Andenken, 112.

365 Braun, Texte *in zeitlicher Folge*, Band 5, 74.

366 Braun, Dresdens Andenken, 112.

367 Braun, Texte *in zeitlicher Folge*, Band 1, 83 f.

368 Braun, Texte *in zeitlicher Folge*, Band 3, 51.

369 Braun, Dresdens Andenken, 113.

370 Braun, Texte *in zeitlicher Folge*, Band 3, 65.

371 Volker Braun, Lustgarten, Preußen. Ausgewählte Gedichte, Frankfurt am Main 1996, 8.

372 Vgl. Hildemar Scholz, Die Trümmerflora Berlins, in: Natur und Heimat, Dresden, 11/1957, 344–348.

373 Zimmering, Im herben Morgenwind, 299.

374 Braun, Texte *in zeitlicher Folge*, Band 5, 76.

375 Lerm, Abschied vom alten Dresden, 34.

376 Mickel, Geisterstunde, 95.

377 Volker Braun, Texte *in zeitlicher Folge*, Band 4, Halle, Leipzig 1990, 112 f.

378 Braun, Dresdens Andenken, 114.

379 Braun, Texte *in zeitlicher Folge*, Band 4, 113.

380 Fühmann, Die Richtung der Märchen, 125.

381 Braun, Dresdens Andenken, 112.

382 Ebd., 116.

383 Braun, Texte *in zeitlicher Folge*, Band 5, 100.

384 T.S. Eliot, Das wüste Land, Frankfurt am Main 1975, 77.

385 Vgl. Horst Drescher, Der alte Wilhelm Rudolph, in: Sinn und Form, 5/1981, 955–977.

386 Braun, Texte *in zeitlicher Folge*, Band 8, 119.

387 Zitiert nach: Horst Drescher, Der alte Wilhelm Rudolph, in: Wilhelm Rudolph, Dresden 45. Holzschnitte und Federzeichnungen, Leipzig 1983, 5–32, 25 ff.

388 Braun, Texte *in zeitlicher Folge*, Band 8, 85 f.

389 Rudolph, Das zerstörte Dresden, 6.

390 Braun, Texte *in zeitlicher Folge*, Band 8, 84.

391 Kästner, … und dann fuhr ich nach Dresden, 92.

392 Braun, Texte *in zeitlicher Folge*, Band 8, 84.

393 Braun, Himmelhoch, zutode, 159.

394 Braun, Texte *in zeitlicher Folge*, Band 8, 84 f.

395 Drescher, Der alte Wilhelm Rudolph, 24.

396 Braun, Texte *in zeitlicher Folge*, Band 8, 85.

397 Drescher, Der alte Wilhelm Rudolph, 28.

398 Ebd., 26.

399 Braun, Texte *in zeitlicher Folge*, Band 8, 86.

400 Jean Paul, Sämtliche Werke. Historisch-kritische Ausgabe, Abt. III, Band 3. Briefe 1797–1800. Hg. von Eduard Berend, Berlin 1959, 66.

401 Deckert, Gespräch mit B.K. Tragelehn, 88.

402 Braun, Texte *in zeitlicher Folge*, Band 8, 86.

403 Braun, Tumulus, 25.

404 Braun, Texte *in zeitlicher Folge*, Band 8, 86.

405 Vgl. Heinz Knobloch, Das liebe Dresden, in: Klaus Walther (Hrsg.), Sachsen. Ein Reiseverführer, Rudolstadt 1974, 9–22.

406 Braun, Texte *in zeitlicher Folge*, Band 8, 86 f.

407 Braun, Dresdens Andenken, 113.

408 Braun, Texte *in zeitlicher Folge*, Band 8, 87.

409 Ebd., 91.

410 Ludwig Renn, Adel im Untergang, Weimar 1992, 95.

411 Braun, Texte *in zeitlicher Folge*, Band 8, 87.

412 Drescher, Der alte Wilhelm Rudolph, 29.

413 F.C. Weiskopf, Das Anekdotenbuch, Berlin, Weimar 1965, 110 f.

414 Braun, Dresdens Andenken, 113.

415 Rudolph, Das zerstörte Dresden, 6.

416 Braun, Dresdens Andenken, 113 f.

417 Jens Jessen, Heimlicher Grund, überwachsener Abgrund. Über ein Motiv bei Volker Braun, aus Anlaß seines 60. Geburtstages betrachtet, in: Berliner Zeitung, 7. Mai 1999, 13–14, 14.

418 Braun, Dresdens Andenken, 115.

419 Braun, Die dresdner Denkart, 55.

420 Grünbein, Das erste Jahr, 88.

421 Deckert, Gespräch mit Durs Grünbein, 192.

422 Durs Grünbein, Vulkan und Gedicht, in: Ders., Galilei vermißt Dantes Hölle und bleibt an den Maßen hängen. Aufsätze 1989–1995, Frankfurt am Main 1996, 34–39, 36 ff.

423 Michael Braun, »Vom Rand her verlöschen die Bilder«. Zu Durs Grünbeins Lyrik und Poetik des Fragments, in: Text + Kritik, Heft 153, 4–18, 5.

424 Grünbein, Grauzone morgens, 40.

425 Ebd., 16.

426 Ebd., 20.

427 Durs Grünbein, Revision »Grauzone morgens«, in: Renatus Deckert (Hrsg.), Das erste Buch. Schriftsteller über ihr literarisches Debüt, Frankfurt am Main 2007, 263–266, 264.

428 Grünbein, Grauzone morgens, 39 f.

429 Ebd., 11.

430 Deckert, Gespräch mit Durs Grünbein, 191 f.

431 Grünbein, Grauzone morgens, 16 f.

432 Heinrich von Kleist, Werke und Briefe in vier Bänden, Band 4. Hg. von Siegfried Streller, Berlin, Weimar 1978, 215 f.

433 Grünbein, Grauzone morgens, 35 f.

434 Ebd., 22.

435 Ebd., 55.

436 Grünbein, Chimäre Dresden, 151.

437 Deckert, Gespräch mit Durs Grünbein, 190 f.

438 Grünbein, Schädelbasislektion, 112.

439 Bertolt Brecht, Journal Berlin 1948/49, in: Ders., Werke. Große kommentierte Berliner und Frankfurter Ausgabe, Hg. von Werner Hecht, Jan Knopf, Werner Mittenzwei, Klaus-Detlef Müller, Band 27, Journale 2. Journale 1941–1955, Berlin, Weimar, Frankfurt am Main 1995, 277–300, 281.

440 Grünbein, Schädelbasislektion, 112.

441 Klemperer, LTI, 158.

442 Grünbein, Grauzone morgens, 53.

443 Deckert, Gespräch mit Durs Grünbein, 192 f.

444 Ebd., 193 f.

445 Durs Grünbein, Nach den Satiren. Gedichte, Frankfurt am Main 1999, 150.

446 Grünbein, Das erste Jahr, 293.

447 Grünbein, Nach den Satiren, 148.

448 Ebd., 191.

449 Durs Grünbein, Porzellan. Poem vom Untergang meiner Stadt, Frankfurt am Main 2005, 10.

450 Ebd., 13.

451 Grünbein, Nach den Satiren, 149.

452 Weidauer, Inferno Dresden, 69.

453 Frederick Taylor, Dienstag, 13. Februar 1945, München 2004, 493.

454 Grünbein, Das erste Jahr, 109 f.

455 Grünbein, Nach den Satiren, 149.

456 Grünbein, Das erste Jahr, 110.

457 Deckert, Gespräch mit Durs Grünbein, 208 f.

458 Ebd., 191.

459 Heinz-Norbert Jocks, Durs Grünbein im Gespräch mit Heinz-Norbert Jocks, Köln 2001, 23.

460 Deckert, Gespräch mit Durs Grünbein, 209 f.

461 Durs Grünbein, Madonna und Venus, in: Deutsches Hygiene-Museum Dresden (Hrsg.), Mythos Dresden. Eine kulturhistorische Revue, Köln, Weimar, Wien 2006, 69–77, 70 f.

462 Mickel, Schriften 1, 144.

463 Mickel, Naturform und Menschenwerk, 390.

464 Grünbein, Porzellan 45.

465 Ebd., 2.

466 Deckert, Gespräch mit Durs Grünbein, 212.

467 Durs Grünbein, Mein babylonisches Hirn, in: Ders., Galilei vermißt Dantes Hölle und bleibt an den Maßen hängen. Aufsätze, Frankfurt am Main 1996, 18–33, 26.

468 Grünbein, Vulkan und Gedicht, 39.

469 Deckert, Gespräch mit Durs Grünbein, 200.

470 Grünbein, Das erste Jahr, 36.

471 Grünbein, Chimäre Dresden, 149 f.

472 Assmann, Erinnerungsräume, 173.

473 Grünbein, Das erste Jahr, 36.

474 Deckert, Gespräch mit Durs Grünbein, 200.

475 Ebd., 211.

476 Vgl. Josef Mühlenbrock, Dieter Richter (Hrsg.), Verschüttet vom Vesuv. Die letzten Stunden von Herculaneum, Mainz 2005, 274.

477 Winckelmann, Gedanken über die Nachahmung der griechischen Werke in der Malerei und Bildhauerkunst, 20.

478 Grünbein, Nach den Satiren, 169.

479 Ebd., 179.

480 Grünbein, Schädelbasislektion, 111.

481 Grünbein, Porzellan, 4.

482 Ebd., 1.

483 Ebd., 20.

484 Ebd., 22.

485 Ebd., 11.

486 Ebd., 38.

487 Ebd., 42.

488 Ebd., 12.

489 Rosenlöcher, Sandsteindresden, 55.

490 Czechowski, Gedichte, in: Sinn und Form, 4/2005, 558.

491 Deckert, Gespräch mit Durs Grünbein, 195.

492 Grünbein, Porzellan, 15.

493 Ingo Schulze, Nachtgedanken. Mythos Dresden, in: Ders., Was wollen wir? Essays, Reden, Skizzen, Berlin 2009, 215–227, 227.

494 Ebd., 221.

495 Grünbein, Chimäre Dresden, 151.

496 Marcel Beyer, Riß im Bild. Dresden als Leseschule, in: Dresdner Hefte, Heft 84, 4/2005, 80–87, 81.

497 Ebd., 87.

498 Renatus Deckert, Gespräch mit Marcel Beyer, in: Sinn und Form, 1/2005, 72–85, 75.

499 Ebd., 74.

500 Heinz Czechowski, Mit Dresden leben. Anmerkungen zu Christian Borchert, in: Christian Borchert, Semperoper Dresden. Bilder einer Baulandschaft, Dresden 1987, 245–263, 248.

501 Heinz Czechowski, Mein Westfälischer Frieden. Ein Zyklus 1996–1998, Köln 1998, 24.

502 Braun, Himmelhoch, zutode, 155.

503 Tragelehn, Gedichte, in: Neue Deutsche Literatur, 103.

504 Deckert, Gespräch mit Thomas Rosenlöcher, 129.

505 Braun, Dresdens Andenken, 114.

506 Mickel, Schriften 1, 103.

507 Rosenlöcher, Dampfschiffnudeln, 46.

508 Deckert, Gespräch mit Durs Grünbein, 195.

509 Deckert, Gespräch mit Michael Wüstefeld, 158.

510 Grünbein, Grauzone morgens, 61.

511 Grünbein, Schädelbasislektion, 112.

512 Deckert, Gespräch mit Durs Grünbein, 196.

513 Renatus Deckert, Gespräch mit Christian Lehnert, in: Ders. (Hrsg.), Die wüste Stadt. Sieben Dichter über Dresden, Frankfurt am Main 2005, 227–247, 233.

514 Schulze, Nachtgedanken, 220.

515 Thomas Kling, brennstabm. Gedichte, Frankfurt am Main 1991, 118.

516 José F. A. Oliver, nachtrandspuren. Gedichte, Frankfurt am Main 2002, 90 ff.

517 Sebald, Luftkrieg und Literatur, 12.

518 Ebd., 75 f.

519 Bertolt Brecht, Kurzer Bericht über 400 (vierhundert) junge Lyriker, in: Ders., Werke. Große kommentierte Berliner und Frankfurter Ausgabe, Hg. von Werner Hecht, Jan Knopf, Werner Mittenzwei, Klaus-Detlef Müller, Band 21, Schriften I. Schriften 1914–1933, Berlin, Weimar, Frankfurt am Main 1992, 191–193, 191.

520 Deckert, Gespräch mit Durs Grünbein, 196.

521 Braun, Die dresdner Denkart, 54.

Literaturverzeichnis

ARENDT, HANNAH, In der Gegenwart. Übungen im politischen Denken II, München, Zürich 2000.

ASSMANN, ALEIDA, Erinnerungsräume. Formen und Wandlungen des kulturellen Gedächtnisses, München 1999.

BECHER, JOHANNES R., Gesammelte Werke, Band 6, Gedichte 1949–1958, Berlin, Weimar 1973.

BENJAMIN, WALTER, Gesammelte Schriften, Band I, Hg. von Rolf Tiedemann und Hermann Schweppenhäuser, Frankfurt am Main 1991.

–, Gesammelte Schriften, Band IV, Hg. von Tillmann Rexroth, Frankfurt am Main 1991.

BERENDSE, GERRIT-JAN, Die »Sächsische Dichterschule«. Lyrik in der DDR der sechziger und siebziger Jahre, Frankfurt am Main, Bern, New York, Paris 1990.

BEYER, MARCEL, Riß im Bild. Dresden als Leseschule, in: Dresdner Hefte, Heft 84, 4/2005, 80–87.

BRAUN, MICHAEL, »Vom Rand her verlöschen die Bilder«. Zu Durs Grünbeins Lyrik und Poetik des Fragments, in: Text + Kritik, Heft 153, München 2002, 4–18.

BRAUN, VOLKER, Texte *in zeitlicher Folge*, Band 1–10, Halle, Leipzig 1989–1993.

–, Lustgarten, Preußen. Ausgewählte Gedichte, Frankfurt am Main 1996.

–, Wir befinden uns soweit wohl. Wir sind erst einmal am Ende. Äußerungen, Frankfurt am Main 1998.

–, Tumulus, Frankfurt am Main 1999.

–, Wie es gekommen ist. Ausgewählte Prosa, Frankfurt am Main 2002.

–, Die dresdner Denkart. Die Sucht zu bewahren und die Lust des Beginnens – Eine Rede zum 800jährigen Stadtjubiläum, in: Die Zeit, 6. 4. 2006, 54–55.

–, Das Mittagsmahl, Frankfurt am Main 2007.

BRECHT, BERTOLT, Werke. Große kommentierte Berliner und Frankfurter Ausgabe, Hg. von Werner Hecht, Jan Knopf, Werner Mittenzwei, Klaus-Detlef Müller, Bände 1–30, Berlin, Weimar, Frankfurt am Main 1988–2000.

CELAN, PAUL, Gedichte in zwei Bänden, Frankfurt am Main 1975.

CZECHOWSKI, HEINZ, Nachmittag eines Liebespaares. Gedichte, Halle 1962.

–, Wasserfahrt. Gedichte, Halle 1967.

–, Es geht um die Realität des Gedichts!, in: Sinn und Form, 4/1972, 897–902.

–, Schafe und Sterne. Gedichte, Halle 1974.

–, Ich, beispielsweise. Gedichte, Leipzig 1982.

–, Herr Neithardt geht durch die Stadt. Landschaften und Porträts, Halle, Leipzig 1983.

–, Ich und die Folgen. Gedichte, Reinbek 1987.

–, Mit Dresden leben. Anmerkungen zu Christian Borchert, in: BORCHERT, CHRISTIAN, Semperoper Dresden. Bilder einer Baulandschaft. Dresden 1987, 245–263.

–, Mein Venedig. Gedichte und andere Prosa, Berlin 1989.

–, Auf eine im Feuer versunkene Stadt. Gedichte und Prosa 1958–1988, Hg. von Wulf Kirsten, Halle, Leipzig 1990.

–, Nachtspur. Gedichte und Prosa 1987–1992, Zürich 1993.

–, Mein Westfälischer Frieden. Ein Zyklus 1996–1998, Köln 1998.

–, Seumes Brille. Gedichte, Düsseldorf 2002.

–, Gedichte, in: Sinn und Form, 4/2005, 552–558.

–, Die Pole der Erinnerung. Autobiographie, Düsseldorf 2006.

DECKERT, RENATUS, Auf eine im Feuer versunkene Stadt. Heinz Czechowski und die Debatte über den Luftkrieg, in: Merkur, Heft 3, März 2004, 255–259.

–, Der Nachgeborene auf dem Barockwrack. Durs Grünbein über Dresden, in: Sinn und Form, 2/2004, 240–250.

–, Gespräch mit Marcel Beyer, in: Sinn und Form, 1/2005, 72–85.

DECKERT, RENATUS (Hrsg.), Die wüste Stadt. Sieben Dichter über Dresden, Frankfurt am Main 2005.

DERENTHAL, LUDGER, Bilder der Trümmer- und Aufbaujahre. Fotografie im sich teilenden Deutschland, Marburg 1999.

DÖBLIN, ALFRED, Schicksalsreise. Bericht und Bekenntnis, München, Zürich 1986.

DOMARUS, MAX, Hitler. Reden und Proklamationen 1932–1945, Band 3, Leonberg 1988.

DOSTOJEWSKAJA, ANNA GRIGORJEWNA, Die Lebenserinnerungen der Gattin Dostojewskis, Hg. von René Fülöp-Miller und Friedrich Eckstein, München 1925.

DRESCHER, HORST, Der alte Wilhelm Rudolph, in: RUDOLPH, WILHELM, Dresden 45. Holzschnitte und Federzeichnungen, Leipzig 1983, 5–32.

ELIOT, T. S., Das wüste Land, Frankfurt am Main 1975.

ENDLER, ADOLF, DDR-Lyrik Mitte der Siebziger. Fragment einer Rezension, in: Amsterdamer Beiträge zur neueren Germanistik, 7/1978, 67–95.

ENDLER, ADOLF; MICKEL, KARL (Hrsg.), In diesem besseren Land. Gedichte der Deutschen Demokratischen Republik seit 1945, Halle 1966.

ENGLER, JÜRGEN, Der eigene Ton oder Das langsame Heraufkommen von Dampfschiffen aus der Flußbiegung. Gespräch mit Thomas Rosenlöcher, in: Neue Deutsche Literatur, 6/1998, 26–43.

ERB, ELKE, In diesem besseren Land, in: Forum, Berlin, 11/1966, 18–19, 19.

FLASCH, KURT, Warum ich vom Bombenkrieg geschwiegen habe, in: Berliner Zeitung, 21. März 2003, 11.

FREUD, SIGMUND, Gesammelte Werke, Band 10. Werke aus den Jahren 1913–1917, Frankfurt am Main 1969.

FRIEDRICH, JÖRG, Der Brand. Deutschland im Bombenkrieg 1940–1945, München 2002.

FÜHMANN, FRANZ, Die Richtung der Märchen, Berlin 1962.

GIORDANO, RALPH, Ein Volk von Opfern?, in: KETTENACKER, LOTHAR (Hrsg.), Ein Volk von Opfern? Die neue Debatte um den Bombenkrieg 1940–45, Berlin 2003, 166–168.

GLASENAPP, JÖRN, Nach dem Brand. Überlegungen zur deutschen Trümmerfotografie, in: Fotogeschichte, Heft 91, Wien 2004, 47–64.

GOEBBELS, JOSEPH, Tagebücher 1945, Bergisch Gladbach 1980.

GOETHE, JOHANN WOLFGANG VON, Aus meinem Leben. Dichtung und Wahrheit, Sämtliche Werke. Band 14, Frankfurt am Main 1986.

GOLDENBOGEN, NORA, Nationalsozialistische Judenverfolgung in Dresden seit 1938 – ein Überblick, in: Dresdner Hefte, Heft 45, 1/1996, 76–84.

GOLTERMANN, SVENJA, Im Wahn der Gewalt. Massentod, Opferdiskurs und Psychiatrie 1945–1956, in: NAUMANN, KLAUS (Hrsg.), Nachkrieg in Deutschland, Hamburg 2001, 343–363.

GRETZSCHEL, MATTHIAS, Dresden im Dritten Reich, in: LANDESZENTRALE FÜR POLITISCHE BILDUNG (Hrsg.), Hamburg und Dresden im Dritten Reich – Bombenkrieg und Kriegsende, Hamburg 1993.

GRÜNBEIN, DURS, Grauzone morgens. Gedichte, Frankfurt am Main 1988.

–, Schädelbasislektion. Gedichte, Frankfurt am Main 1991.

–, Galilei vermißt Dantes Hölle und bleibt an den Maßen hängen. Aufsätze, Frankfurt am Main 1996.

–, Nach den Satiren. Gedichte, Frankfurt am Main 1999.

–, Das erste Jahr. Berliner Aufzeichnungen, Frankfurt am Main 2001.

–, Porzellan. Poem vom Untergang meiner Stadt, Frankfurt am Main 2005.

–, Madonna und Venus, in: DEUTSCHES HYGIENE-MUSEUM DRESDEN (Hrsg.), Mythos Dresden. Eine kulturhistorische Revue, Köln, Weimar, Wien 2006, 69–77.

–, Revision »Grauzone morgens«, in: DECKERT, RENATUS (Hrsg.), Das erste Buch. Schriftsteller über ihr literarisches Debüt, Frankfurt am Main 2007, 263–266.

HAGE, VOLKER, Zeugen der Zerstörung, Frankfurt am Main 2003.

HAUPTMANN, GERHART, Sämtliche Werke. Band XI, Frankfurt am Main, Berlin, Wien 1974.

HEMINGWAY, ERNEST, 49 Stories, Hamburg 1962.

HERDER, JOHANN GOTTFRIED, Adrastea, Werke, Band 10, Hg. von Günter Arnold, Frankfurt am Main 2000.

HERF, JEFFREY, »Hegelianische Momente«. Gewinner und Verlierer in der ostdeutschen Erinnerung an Krieg, Diktatur und Holocaust, in: CORNELISSEN, CHRISTOPH; KLINKHAMMER, LUTZ; SCHWENTKER, WOLFGANG (Hrsg.), Erinnerungskulturen. Deutschland, Italien und Japan seit 1945. Frankfurt am Main 2003, 198–209.

HERRMANN, MATTHIAS, »Ein großes Charaktersterben hat eingesetzt«. Zur Entlassung Fritz Buschs durch die Nationalsozialisten im März 1933, in: Dresdner Hefte, Heft 77, 1/2004, 43–51.

HESSE, WOLFGANG; NEUTZNER, MATTHIAS; REINHARD, OLIVER (Hrsg.), Das rote Leuchten. Dresden und der Bombenkrieg, Dresden 2005.

HEUKENKAMP, RUDOLF; HEUKENKAMP, URSULA, Karl Mickel, Berlin 1985.

HÖLDERLIN, FRIEDRICH, Sämtliche Werke und Briefe, Band 1. Gedichte, Hg. von Jochen Schmidt, Frankfurt am Main 1992.

JÄGER, WOLFGANG; ROSENKRANZ, WOLFRAM, Der letzte Trümmerberg Dresdens sagt aus, in: STADTMUSEUM DRESDEN (Hrsg.), Verbrannt bis zur Unkenntlichkeit. Die Zerstörung Dresdens 1945, Dresden 1994, 136–149.

JEAN PAUL, Sämtliche Werke. Historisch-kritische Ausgabe, Abt. III, Band 3. Briefe 1797–1800, Hg. von Eduard Berend, Berlin 1959.

JESSEN, JENS, Heimlicher Grund, überwachsener Abgrund. Über ein Motiv bei Volker Braun, aus Anlaß seines 60. Geburtstages betrachtet, in: Berliner Zeitung, 7. Mai 1999, 13–14.

JOCKS, HEINZ-NORBERT, Durs Grünbein im Gespräch mit Heinz-Norbert Jocks, Köln 2001.

JUSTI, CARL, Winckelmann und seine Zeitgenossen. Band 1, Köln 1956.

KÄSTNER, ERHART, Die Lerchenschule. Frankfurt am Main 1974.

KÄSTNER, ERICH, Werke, Band II, Wir sind so frei, München, Wien 1998.

KEMPOWSKI, WALTER, Der rote Hahn. Dresden im Februar 1945, München 2001.

KIRSTEN, WULF, der bleibaum. Gedichte, Berlin, Weimar 1977.

–, Textur. Reden und Aufsätze, Zürich 1998.

KLEIST, HEINRICH VON, Werke und Briefe in vier Bänden, Band 4, Hg. von Siegfried Streller, Berlin, Weimar 1978.

KLEMPERER, VICTOR, LTI. Notizbuch eines Philologen. Leipzig 1970.

–, Ich will Zeugnis ablegen bis zum letzten. Tagebücher 1933–1945, Hg. von Walter Nowojski, Zwei Bände, Berlin 1995.

KLING, THOMAS, brennstabm. Gedichte, Frankfurt am Main 1991.

KLUGE, ALEXANDER, Chronik der Gefühle, Frankfurt am Main 2000.

KNOBLOCH, HEINZ, Das liebe Dresden, in: WALTHER, KLAUS (Hrsg.), Sachsen. Ein Reiseverführer, Rudolstadt 1974, 9–22.

KOLBE, UWE, Renegatentermine. 30 Versuche, die eigene Erfahrung zu behaupten. Frankfurt am Main 1998.

LEHNERT, CHRISTIAN, Der gefesselte Sänger. Gedichte, Frankfurt am Main 1997.

LERM, MATTHIAS, Abschied vom alten Dresden. Verluste historischer Bausubstanz nach 1945, Rostock 2001.

LÖFFLER, FRITZ, Otto Dix. Leben und Werk, Dresden 1977.

–, Das alte Dresden. Geschichte seiner Bauten, Leipzig 1987.

–, Dresden. Vision einer Stadt. Hg. von Ingrid Wenzkat, Dresden 1995.

MANN, THOMAS, Tagebücher 1940–1943. Hg. von Peter de Mendelssohn, Frankfurt am Main 1986.

–, Tagebücher 1944–1. 4. 1946. Hg. von Inge Jens. Frankfurt am Main 1986.

–, Essays, Band 5, Hg. von Hermann Kurzke und Stephan Stachorski, Frankfurt am Main 1996.

MAUERSBERGER, RUDOLF, Wie liegt die Stadt so wüst. Trauermotette nach den Klageliedern Jeremiae für vier- bis sechsstimmigen gemischten Chor a cappella, Kassel 1949.

MAURER, GEORG, Essay 1, Halle 1968.

MICKEL, KARL, Schriften 1. Gedichte 1957–1974, Halle, Leipzig 1990.

–, Schriften 5. Gelehrtenrepublik. Beiträge zur deutschen Dichtungsgeschichte, Halle 2000.

–, Geisterstunde. Gedichte, Göttingen 2004.

–, Lachmunds Freunde. Roman. Erstes und Zweites Buch, Göttingen 2006.

MILLER, NORBERT, Archäologie des Traums. Ein Versuch über Giovanni Battista Piranesi, München 1994.

MITSCHERLICH, ALEXANDER; MITSCHERLICH, MARGARETE, Die Unfähigkeit zu trauern. Grundlagen kollektiven Verhaltens, München, Zürich 1990.

MÖNCH, WINFRIED, Städte zwischen Zerstörung und Wiederaufbau. Deutsche Ortsliteratur zum Bombenkrieg seit dem Zweiten Weltkrieg, in: Die alte Stadt, Stuttgart, 3/2003, 265–289.

MÜHLENBROCK, JOSEF; RICHTER, DIETER (Hrsg.), Verschüttet vom Vesuv. Die letzten Stunden von Herculaneum, Mainz 2005.

NEUMANN, THOMAS W., Der Bombenkrieg. Zur ungeschriebenen Geschichte einer kollektiven Verletzung, in: NAUMANN, KLAUS (Hrsg.), Nachkrieg in Deutschland, Hamburg 2001, 319–342.

NEUTZNER, MATTHIAS, Die Erzählung vom 13. Februar, in: Dresdner Hefte, Heft 84, 4/2005, 38–48.

OLIVER, JOSÉ F. A., nachtrandspuren. Gedichte, Frankfurt am Main 2002.

PETER, RICHARD, Dresden – eine Kamera klagt an, Dresden 1949.

PROUST, MARCEL, Auf der Suche nach der verlorenen Zeit, Frankfurt am Main 1979.

RAHNE, HERMANN, Die »Festung Dresden« von 1945, in: Dresdner Hefte, Heft 41, 1/1995, 19–31.

REICHERT, FRIEDRICH, Zur Rezeptionsgeschichte des 13. Februar 1945, in: STADTMUSEUM DRESDEN (Hrsg.), Verbrannt bis zur Unkenntlichkeit. Die Zerstörung Dresdens 1945, Dresden 1994, 150–161.

RENN, LUDWIG, Adel im Untergang, Berlin, Weimar 1992.

ROSENLÖCHER, THOMAS, Ich lag im Garten bei Kleinzschachwitz. Gedichte & zwei Notate, Halle, Leipzig 1982.

–, Schneebier. Gedichte, Halle, Leipzig 1988.

–, Die Dresdner Kunstausübung. Gedichte, Frankfurt am Main 1996.

–, Ostgezeter. Beiträge zur Schimpfkultur, Frankfurt am Main 1997.

–, Wie ich in Ludwig Richters Brautzug verschwand. Zwei Dresdner Erzählungen, Frankfurt am Main 2005.

RUDOLPH, WILHELM, Das zerstörte Dresden, Leipzig 1988.

RUMPF, HANS, Das war der Bombenkrieg. Deutsche Städte im Feuersturm, Oldenburg, Hamburg 1961.

SCHILLER, FRIEDRICH, Sämtliche Werke in zehn Bänden, Berliner Ausgabe, Berlin 2005.

SCHLEGEL, AUGUST WILHELM, Die Gemählde. Gespräch, Hg. von Lothar Müller, Dresden 1996.

SCHMITZ, WALTER (Hrsg.), Die Zerstörung Dresdens. Antworten der Künste, Dresden 2005.

SCHOLZ, HILDEMAR, Die Trümmerflora Berlins, in: Natur und Heimat, Dresden, 11/1957, 344–348.

SCHULZE, INGO, Was wollen wir? Essays, Reden, Skizzen, Berlin 2009.

SCHUMANN, KLAUS, Konflikte sichtbar machen. Gespräch mit Heinz Czechowski, in: Neue Deutsche Literatur, 5/1978, 112–115.

SEBALD, W. G., Luftkrieg und Literatur. Frankfurt am Main 2001.

–, Campo Santo, Frankfurt am Main 2006.

SEIBT, GUSTAV, Das Wirklichgelungene. Laudatio auf Volker Braun zum Büchner-Preis 2000, in: BRAUN, VOLKER, Die Verhältnisse zerbrechen, Frankfurt am Main 2000, 7–18.

SIEDLER, WOLF JOBST; NIGGEMEYER, ELISABETH, Die gemordete Stadt. Abgesang auf Putte und Straße, Platz und Baum, Berlin 1993.

STARGARDT, NICHOLAS, Opfer der Bomben und der Vergeltung, in: KETTENAKKER, LOTHAR (Hrsg.), Ein Volk von Opfern? Die neue Debatte um den Bombenkrieg 1940–45, Berlin 2003, 56–71.

TAYLOR, FREDERICK, Dienstag, 13. Februar 1945, München 2004.

TRAGELEHN, B. K., Gedichte, in: Neue Deutsche Literatur, 4/1959, 102–103.

–, Nöspl. Gedichte 1956–1991 (2. erweiterte Auflage), Basel, Frankfurt am Main 1996.

–, Das andere Ende der Geschichte. Gedichte 1988–98, Aschersleben 2001.

ULBRICHT, WALTER, Der faschistische deutsche Imperialismus (1933–1945), Berlin 1952.

WACKENRODER, WILHELM HEINRICH, Herzensergießungen eines kunstliebenden Klosterbruders, Leipzig 1981.

WEHLER, HANS-ULRICH, Wer Wind sät, wird Sturm ernten, in: KETTENACKER, LOTHAR (Hrsg.), Ein Volk von Opfern? Die neue Debatte um den Bombenkrieg 1940–45, Berlin 2003, 140–144.

WEIDAUER, WALTER, Inferno Dresden. Über Lügen und Legenden um die Aktion »Donnerschlag«, Berlin 1983.

WEIGELT, ANDREAS, Die Asche der jüdischen Häftlinge auf dem »Galgenberg« in Lieberose. Zum Umgang mit dem KZ-Nebenlager Jamlitz in der DDR, in: LEO, ANNETTE; REIF-SPIREK, PETER (Hrsg.), Helden, Täter und Verräter. Studien zum DDR-Antifaschismus, Berlin 1999, 37–64.

WEISKOPF, F.C., Das Anekdotenbuch, Berlin, Weimar 1965.

WINCKELMANN, JOHANN JOACHIM, Gedanken über die Nachahmung der griechischen Werke in der Malerei und Bildhauerkunst, Stuttgart 1969.

WOLF, GERHARD, Wortlaut Wortbruch Wortlust. Dialog mit Dichtung. Aufsätze und Vorträge, Leipzig 1988.

WOLF, GERHARD (Hrsg.), Bekanntschaft mit uns selbst. Gedichte junger Menschen, Halle 1961.

WORDSWORTH, WILLIAM, Präludium oder Das Reifen eines Dichtergeistes, Stuttgart 1974.

WÜSTEFELD, MICHAEL, Heimsuchung. Gedichte, Berlin, Weimar 1987.

–, Stadtplan. Gedichte, Berlin, Weimar 1990.

–, Schloß Pillnitz. Bilder und Ansichten, Dresden 1996.

–, Deutsche Anatomie. Gedichte, Dülmen-Hiddingsel 1996.

–, Wegzehrung. Gedichte 1990–1999, München 2001.

ZIMMERING, MAX, Phosphor und Flieder. Vom Untergang und Wiederaufstieg der Stadt Dresden, Berlin 1956.

–, Im herben Morgenwind. Ausgewählte Gedichte aus fünfundzwanzig Jahren, Berlin 1958.

–, Das Maß der Zeit. Gedichte, Leipzig 1974.

ZUSCHLAG, CHRISTOPH, Die Dresdner Ausstellung »Entartete Kunst« 1933 bis 1937, in: Dresdner Hefte, Heft 77, 1/2004, 17–25.

Zum Autor

Renatus Deckert, geboren 1977 in Dresden, lebt in Berlin. Seine Essays und Gedichte erschienen in den Zeitschriften »Sinn und Form«, »Merkur« und »Akzente«. Zehn Jahre lang war er Mitherausgeber der Literaturzeitschrift »Lose Blätter«. Zuletzt publizierte er die Anthologien »Das erste Buch. Schriftsteller über ihr literarisches Debüt« (2007) und »Die Nacht, in der die Mauer fiel. Schriftsteller erzählen vom 9. November 1989« (2009).

Nach einem Studium der Literatur und Philosophie in Hamburg, Berlin und Paris wurde er mit dieser Arbeit an der Humboldt-Universität zu Berlin promoviert. Sie basiert auf Gesprächen mit Dresdner Autoren, die er 2005 in dem Band »Die wüste Stadt. Sieben Dichter über Dresden« veröffentlicht hat.

Die Arbeit an diesem Buch wurde von der Friedrich-Naumann-Stiftung mit einem Stipendium aus Mitteln des Bundesministeriums für Bildung und Forschung gefördert.